中国工业化进程与安全生产

黄群慧　郭朝先　刘湘丽　著

中国财政经济出版社

图书在版编目（CIP）数据

中国工业化进程与安全生产/黄群慧，郭朝先，刘湘丽著. —北京：中国财政经济出版社，2009.5

ISBN 978－7－5095－1344－6

Ⅰ. 中… Ⅱ. ①黄…②郭…③刘… Ⅲ. 工业化－关系－安全生产－研究－中国 Ⅳ. F424 X93

中国版本图书馆 CIP 数据核字（2009）第 049329 号

责任编辑：周桂元　　责任校对：张　凡

封面设计：邹海东　　版式设计：董生萍

中国财政经济出版社出版

URL：http：//www.cfeph.cn

E－mail：cfeph@cfeph.cn

社址：北京市海淀区阜成路甲 28 号　邮政编码：100142

发行处电话：88190406　财经书店电话：64033436

北京富生印刷厂印刷　各地新华书店经销

787×960 毫米　16 开　22.5 印张　285 000 字

2009 年 6 月第 1 版　2009 年 6 月北京第 1 次印刷

定价：45.00 元

ISBN 978－7－5095－1344－6/F·1141

目 录

导论

问题提出与研究视角

虽然早在1916年管理学家亨利·法约尔就将安全活动作为企业的六大活动之一，但企业安全生产活动决不仅仅具有企业微观研究意义，还与工业化进程及其宏观经济发展密切相关。改革开放以来，尤其是进入21世纪以后，中国快速推进自己的工业化进程，大规模的资源开采和工业化生产使得安全生产问题日益突出，安全生产问题与能源、环境问题一样，成为制约中国快速工业化进程的一个关键因素。如何有效地解决工业化加速阶段的安全生产问题，从而实现科学发展，成为我国发展的重大战略问题。

一般认为，安全生产是“指为预防生产过程中发生人身、设备事故，形成良好的劳动环境和工作秩序而采取的一系列措施和活动。”[①] 虽然在农业生产中也存在安全生产问题，但安全生产事故主要存在于工业生产中，这是与工业生产的特征有关的。工业生产是以机器和机器体系为劳动手段、对物质资料

① 辞海编辑委员会编：《辞海》（缩印本），上海辞书出版社1989年版，第1128页。

的加工以及同这一加工过程直接相关的生产性活动，包括从事自然资源的开采、对农副产品的加工和再加工、对采掘品的加工和再加工以及对工业品的修理和翻新等。工业生产过程是一个以现代科学技术为基础，由人与机器设备共同组合成的系统来完成的复杂的投入产出过程，投入人力、机器设备、工具、信息、矿产资源、原材料等要素，最终产出工业产品及工业废弃物。由于工业生产是复杂的人机系统，工业生产过程是一系列复杂的物理化学变化，因而安全生产问题十分重要，尤其是在矿产资源开采等方面，安全生产问题更为突出。

与“安全”一词相对应的是“伤害”、“损失”和“破坏”等，安全生产要解决的问题就是要避免生产过程中导致人身伤害、物质损失、环境破坏或者其他各种损害的发生。但是安全生产并不意味要保证在生产过程中完全没有人身伤害、物质损失、环境破坏等，只是要求各种伤害、损失或者破坏不超过人类所允许的承受限度。① 尤其是安全生产要求将各类生产事故降低到最低。所谓生产事故一般是指在生产过程中突然发生的、违反人类意志的、迫使生产活动暂时或者永久停止的、导致人身伤害、物质损失、环境破坏或者其他各种损害发生的意外事件。例如，在《企业职工伤亡事故分类》（GB/6441—1986）中，将伤亡事故类别划分为20类，包括物体打击、车辆伤害、机械伤害、起重伤害、触电、淹溺、灼烫、火灾、高处坠落、坍塌、冒顶片帮、透水、放炮、火药爆炸、瓦斯爆炸、锅炉爆炸、容器爆炸、其他爆炸、中毒和窒息、其他伤害等。安全生产事故会导致人身伤亡和经济损失，根据人身伤亡和经济损失状况可以把安全生产事故分为不同等级，如特

① 正是这个原因，美国哈佛大学劳伦斯教授认为“安全就是判断为不超过允许限度的危险性，也就是指没有受到伤害的危险或损坏概率低的通常术语”，转引自施式亮、王海桥：《矿井安全非线性动力学评价》，煤炭工业出版社2001年版，第6页。

别重大事故、重大事故、较大事故和一般事故。[①]

根据国际劳工组织的报告，目前全世界就业总人数为27亿人，每年因生产事故造成的死亡人数约21万人（指劳动者工伤事故死亡人数，不包括交通事故和职业病死亡），由生产事故和职业危害引发的财产损失、赔偿、工作日损失、生产中断、培训和再培训、医疗费用等损失，约占全球国内生产总值的4%。[②]

伴随着工业化进程的加速，我国安全生产问题日益突出。进入21世纪以来，每年因安全生产事故死亡人数在10万人以上。2001年是130491人，2002年是139393人，2003年是137070人，2004年是136755人，到2005年是127089人，2006年为112822人，2007年死亡101480人[③]。2005年，我国煤炭产量约占全球的37%，事故死亡人数约占全球的80%，按可比口径，我国煤矿百万吨煤死亡率是美国的80倍、南非的17倍、波兰的10倍、俄罗斯和印度的10倍。近些年，安全生产问题得到全国上下的重视，2003年以来安全生产死亡人数逐年下降。“十五”期间，我国煤矿百万吨死亡率逐年下降，2001年、2002年、2003年、2004年、2005年依次为5.13、4.93、3.72、3.08和2.81。但是，从真正反映现场工人安全生产水平的指标——煤矿百万工作日死亡率来看，我国

① 2007年国家安全监管总局在《关于调整生产安全事故调度统计报告的通知》中，将特别重大事故界定为一次造成30人以上（含30人）死亡，或者一次造成100人以上（含100人）重伤（包括急性工业中毒），或者一次造成1亿元以上（含1亿元）直接经济损失的事故；将重大事故界定为一次造成10—29人（含10人）死亡，或者一次造成50—99人重伤（包括急性工业中毒），或者一次造成5000万—1亿元直接经济损失的事故；将较大事故界定为一次造成3—9人（含3人）死亡，或者一次造成10—49人重伤（包括急性工业中毒），或者一次造成1000万—5000万元直接经济损失；将一般事故界定为一次造成1—2人死亡，或者一次造成1—9人重伤（包括急性工业中毒），或者一次造成100万—1000万元直接经济损失。

② 李毅中：《中国安全生产趋势研究》，《安全与健康》2007年第3期。

③ 除注明出处外，本部分中关于我国安全生产现状的数字均来自于国家安全生产监督管理总局网站，具体网址 http：//www.chinasafety.gov.cn/anquanfenxi/2007－01/11/content.htm，转引日期2008年7月30日。

“十五”期间加速工业化阶段的安全生产形势十分严峻。“九五”期间我国煤矿百万个工作日死亡率年平均2.72，而2001年、2002年、2003年、2004年、2005年该指标分别为3.36、3.96、3.68、3.50、3.94，“十五”期间煤矿百万个工作日死亡率年均提高到3.69。①

由于近些年我国安全生产问题十分突出，我国有关安全生产方面的研究文献也日益丰富。从研究内容看，可以将我国现有有关安全生产方面的文献分为三大类，第一类是为我国安全生产研究提供理论和研究分析基础的文献，这包括介绍国外安全生产的理论观点、实证结论、实践经验进行的文献，包括关于安全生产的各类教材、理论评述、考察报告、案例分析、安全生产标准引入等。② 这些文献引入了“事故倾向性格理论”、“事故因果连锁理论”、“事故流行病学方法理论”、“能量异常转移理论”、“事故系统理论”、“事故扰动理论”、“轨迹交叉理论”等事故致因理论，③ 将国外的安全管理体制、安全生产标准、国外标杆企业的安全生产管理经验介绍给了我国，对我国有关安全生产的研究和实践都有很好的指导作用；第二类是针对我国安全生产事故高发原因分析的研究文献，这既有从安

---

① 转引自郭朝先：《中国煤矿企业安全生产问题研究》，第41页，中国社会科学院研究生博士论文，2007。

② 这方面比较有代表性的文献包括罗云等：《安全经济学》，化学工业出版社2004年版；金龙哲、宋存义：《安全科学管理》，化学工业出版社2004年版；刘铁民、朱常有、王宇航：《国外职业安全卫生国家计划》，中国劳动社会保障出版社2005年版；刘铁民、朱常有、杨乃莲：《国际劳工组织与职业安全卫生》，中国劳动社会保障出版社2004年版；王显政：《美国煤矿安全监管体系》，煤炭工业出版社2001年版；科学技术部专题研究组编：《国际安全生产发展报告》，科学技术出版社2006年版；北京中电力企业管理咨询有限责任公司编：《ISO9001、ISO14001、OHSAS18001一体化管理体系及内审员培训教程》，中国标准出版社2004年版；王志平：“杜邦公司的安全信念与管理实践”，《外国经济与管理》2004年第4期，等等。

③ 有关这些理论的具体内容可参阅上一个注释中所罗列的相关文献。

全生产事故发生与经济社会发展关系角度的研究文献[①]，也有从煤矿产权、安全投入、事故赔偿水平、煤炭需求量、监管体制、安全科技、企业内部管理、企业文化、人为因素等众多方面进行单因素分析和多因素分析的研究文献[②]；第三类研究文献主要集中在对安全生产事故的治理和管制以及提高企业安全生产管理水平方面的研究，这既有宏观管理体制方面改革的政策建议，也有微观提高企业安全生产管理水平的具体措施。[③]实际上，由于安全生产工作既涉及宏观领域又涉及微观领域，既有管理方面的问题，也有技术方面的问题，因此从研究方法角度看，关于安全生产方面的研究文献主要集中在三个方面：一是从信息经济学、经济管制理论、外部性理论等经济学角度研究煤矿安全生产管理问题，这对应到我国的实际是有关煤矿安全生产的宏观管理体制问题研究；二是从生产管理理论、企业基础管理、企业安全文化等企业管理学角度来研究如何建立科学的煤矿安全生产管理制度，这对应到我国实际是有关煤矿安全生产的内部管理制度建设问题的研究；三是具体的煤矿安全生产管理的技术问题，这主要属于关于工程技术和技术经济方面。

上述各方面研究文献对于全面认识我国安全生产问题、指

① 这方面的研究的核心论点是现阶段我国安全生产事故高发与其经济发展阶段有关，有其必然性，其代表性的文献包括李毅中：《中国安全生产趋势研究》，《安全与健康》，2007年第3期；刘铁民：《橙色GDP及其演变规律》，《中国安全科学学部》2005年第4期；王显政：《安全生产与经济社会发展报告》，煤炭工业出版社2006年版；郭朝先：《他国安全生产状况与经济发展水平的关系》，《经济管理》2006年第9期，等等。

② 这方面代表性文献包括陈红：《中国煤矿重大事故中的不安全行为研究》，科学出版社2006年版；钱永坤：《煤炭工业经济实证研究》，煤炭工业出版社2005年版；汤凌霄、郭熙保：《我国现阶段矿难频发成因及其对策：基于安全投入视角》，《中国工业经济》2006年第12期；谭满益、唐小我：《产权扭曲：矿难的深层次思考》，《煤炭学报》2004年第6期，等等。

③ 这方面代表性文献包括罗云、黄毅：《中国安全生产发展战略——论安全生产保障五要素》，化学工业出版社2005年版；王显政：《完善我国安全生产监督管理体系研究》，煤炭工业出版社2005年版；程启智：《问责制、最优预防与健康安全管制的经济学分析》，《中国工业经济》2005年第1期；黄群慧：《我国安全生产长效机制的形成阶段》，《经济管理》2006年第9期，等等。

导和改善我国安全生产工作起到了很好的作用。但是，我们认为，将我国安全生产问题置于工业化进程背景下进行系统分析的研究文献还不多见。迄今为止，关于这方面的非常有代表性的研究文献是王显政主编的《安全生产与经济社会发展报告》(煤炭工业出版社 2006 年版)。在这本长达 140 万字的研究报告中，研究者通过对 27 个不同类型的国家在各个社会经济发展阶段的安全生产状况与经济社会发展水平的关系的研究，提出了一个安全生产阶段发展理论，认为安全生产状况与经济社会发展水平间关系十分密切，其关系呈现非对称抛物线函数关系，具体大致可以划分为 5 个阶段：第一阶段是农业经济为主的发展阶段，安全生产事故较少，从非对称抛物线图示看，该阶段属于非对称抛物线的左侧初始点以前区域；第二阶段为工业经济中级阶段，该阶段为安全生产事故多发阶段，如果按照非对称抛物线图示表示，该阶段处于非对称抛物线左侧陡升区；第三阶段为工业经济发展的高级阶段，为事故波动期，属于非对称抛物线顶部区域；第四阶段为后工业化发展阶段，安全生产事故快速下降，在非对称抛物线图示上该阶段处于抛物线右侧陡降区域；第五阶段为信息化经济社会发展阶段，该阶段安全生产状况平稳，事故死亡人数很少，在非对称抛物线图示上，该阶段为抛物线右侧底部直线延伸区域。该项研究认为，到 2003 年末，我国正处于工业经济中级阶段，属于安全生产事故高发、易发阶段，如不能采取强化监督监管措施，则工伤事故造成的死亡人数还会持续快速上升。因此，需要强化安全生产监管、加强安全生产法制建设、加快产业结构调整，尽可能缩短工业化进程中事故频发阶段，尽快实现我国安全生产状况根本好转。①

应该说，这些研究成果具有很强的创新性，对我国安全生产问题所处的社会经济发展背景有很好的分析，对我国安全生

① 王显政：《安全生产与经济社会发展报告》，煤炭工业出版社 2006 年版，第 6—33 页。

产理论和实践具有重要的意义。但是，迄今为止的这些研究文献中，对以下三方面问题还较少涉及：第一，工业化进程与安全生产关系背后的理论逻辑。也就是如何从理论上解释为什么在不同的工业化阶段会有安全生产事故概率的差异，二者存在怎样的逻辑联系；第二，中国工业化进程的特征与安全生产状况之间的关系。虽然总体上工业化阶段与安全生产有相应的对应关系，但是即使是处于工业化同样阶段的国家或者地区，其安全生产状况还是有明显差异，这不仅是因为安全生产影响因素众多，也因为不同国家或者地区的工业化进程具有不同的特征。那么，中国的工业化进程具有怎样的特征，这些特征又对中国的安全生产状况产生怎样的影响。第三，绝大数研究是将安全生产问题置于整个经济社会的发展背景进行分析，还缺少置于工业化背景下的专门研究，尤其是研究我国现有的工业化阶段下产业结构、市场结构、安全投入、管理体制、企业管理、法律法规等关键影响因素与安全生产的关系。

针对上述问题，作者试图将我国安全生产问题置于我国的工业化背景下进行研究。进入21世纪以来，整个“十五”期间以及最近两三年，中国整体上正处于加速的工业化阶段，这个阶段下中国的工业化具有怎样的特征对于中国安全生产状况又会产生怎样的影响，如何从理论上解释二者之间存在的联系，是本书研究的基本视角。本书在研究我国工业化进程特征与安全生产状况的关系的基础上，进一步具体从产业结构、市场结构、管理体制、企业管理、法律法规等方面来分析我国安全生产问题，并提出相应的政策建议。

第一章

工业化进程与安全生产的关系

安全，是指人的身心免受外界因素危害的存在状态及其保障条件。在生产领域，安全是人们在劳动生产中所处的一种状态，这种状态消除了可能导致人员伤亡、职业危害、设备及财产损失或危及环境的潜在因素或者条件。① 工业化虽然给人类带来了前所未有的高质量的现代生活，但同时复杂的工业劳动生产过程也产生了农业生产不可能出现的、巨大的人类伤害风险。机器设备的大量使用以及新技术的不断运用，在为人类创造大量社会物质财富的同时，也给人类、企业生产、社会环境带来了风险，带来了诸多安全问题。这使得随着工业化进程的推进，安全生产成为社会经济发展的重大问题。

① 中国科学技术协会、中国职业安全健康协会：《安全科学与工程学科发展报告（2007—2008）》，中国科学技术出版社2008年版，前言。

一、安全生产实践与安全科学的发展

安全生产问题甚至可以追溯到人类“钻木取火”的远古时代，人类逐步意识到利用火但同时要避免火给人类带来的危害。我国古代有许多利用水、火进行生产活动的案例，不仅有利用水的都江堰水利工程、水车等发明以及利用火进行冶炼、烧制陶瓷等生产活动，还有火烧赤壁、水淹七军等著名军事故事。古人不仅认识到利用水与火从事社会生产活动，同时对“水火无情”也有着深刻的认识。这可以认为是古代朴素的安全生产意识。在国外，公元12世纪，英国颁布了《防火法令》，17世纪颁布了《人身保护法》，这是早期的关于安全生产的法律。

现代安全生产问题是在第一次工业革命之后伴随着从工场手工业向机器大生产的转变而产生的。如表1－1所示，在第一次工业革命中，蒸汽机、汽轮船、火车等现代大机器相继产生，当蒸汽动力应用于航海、铁路和纺织工业，这些机器设备极大地提高了劳动生产效率，改变了人类的生产方式。但是，当人类历史上第一次发生蒸汽锅炉爆炸，第一次发生火车脱轨撞车，第一次出现轮船沉没，人们开始意识到随着科学技术的发展和社会的进步，工业事故和工业灾难也就伴随而来。到19世纪中后期，伴随着现代工业的发展，在英国、德国等早期工业发达国家中，工业生产中火灾、爆炸等重大生产事故和环境污染不断发生，造成了大量的人员伤亡和巨大的财产损失，给社会带来了极大危害。这些国家最早意识到安全生产问题的重要性，开始制定工厂安全法规，在企业设置专职安全人员，对工人进行安全教育，成立相应的保险机构。1858年，英国成立了蒸汽锅炉保险公司，1885年德国成立了工伤事故保险协会，开创了有组织的安全生产活动。与此同时，许多工业企业也在不断地探索和采取安全生产的措施，例如，成立于1802年的美国杜邦公司最初是一家黑火药工厂，杜邦公司将黑火药工厂作坊全部沿特拉华州白兰地河建造，作坊三面的围墙由很厚的石块砌成，而朝河的一面和斜屋顶的部分则采用薄木板。这样建造的目的是，一旦发生事故，可以把冲力引向河面的方向和屋顶，以减少对后面家属区和仓库的影响。当时，杜邦的工厂已经有了一套相当严密的安全规范：运输的马车进入厂区，马蹄要用布包住，以防止产生火花；员工进入工厂不得携带火柴；在操作区域不允许吸烟喝酒。而杜邦公司的创始人也把家搬进了厂区内，和员工一起承担安全管理的责任、风险和业绩。新作坊建成后，只有经过杜邦家族的人首先使用证明是安全的，员工才进去使用。杜邦还是美国第一家为员工提供保险的企业。

表1-1　英国工业革命时期主要机器设备发明一览表

年代	机器设备发明	发明制造者	效　果
1733年	飞梭织部布机	机械师凯依	提高织布效率一倍，并促进了纺纱技术的革新
1765年	“珍妮机”	织工哈格里夫斯	同时纺出16—18根纱线的手摇纺纱机，但纱丝易断
1769年	水力纺纱机	钟表匠阿克莱特	利用自然力纺纱，制造成本低，纺出的纱结实但较粗
1785年	水力织布机	工程师卡特莱特	提高织布效率40倍，1791年出现了第一个使用水力织布机的工厂，大规模织布生产的历史开始了
1769年	单动式蒸汽机	工程师瓦特	通过研制改进纽康门的蒸汽抽水机而成
1784年	联动式蒸汽机	瓦特	自1784年建成第一座蒸汽纺纱厂开始，蒸汽机在工业生产中广泛应用，大大提高了生产率
1807年	汽轮	美国人富尔顿	1811年英国仿制成功，将其在内河和沿海贸易中开始广泛使用，1819年第一艘汽轮横渡大西洋成功
1814年	机车	工程师史蒂芬森	实现了用蒸汽作为动力的铁路运输，这种火车机车可以带动34节小车厢
1825年	铁路	在英国	1825年建成第一条铁路,1830年第二条铁路建成通车，交通运输业的发展极大地推动了工业进一步发展

资料来源：李京文、方汉中：《国际技术经济比较——大国的过去、现在和未来》，中国社会科学出版社，第883页。

在19世纪后期和20世纪初期这一阶段，伴随着第二次工业革命，人类社会从“蒸汽时代”进入“电气时代”，汽车的发明又带来了交通运输的新纪元，随着整个世界工业化进程的不断推进和现代工业的迅速发展，很多国家设立了安全生产管理的政府机构，发布了劳动安全卫生的法律法规，逐步建立了比较完善的安全教育、管理、技术体系。20世纪50年代以后，伴随着经济的快速增长，使人们的生活水平迅速提高，工人不仅要求有工作的机会，还要求有安全与健康的工作环境。一些工业化国家，进一步加强了安全生产法律法规体系建设，在安全生产方面投入大量的资金进行科学研究，加强企业生产安全管理的制度化建设，“持续改进”、“以人为本”的安全健康管理理念逐渐被企业管理者所接受，以职业安全健康管理体系为代表的企业安全生产风险管理思想开始形成，现代安全生产管理的内容更加丰富，现代安全生产管理理论、方法、模式以及相应的标准、规范更加成熟。而且，伴随着第三次工业革命，电子技术和信息技术的发展，安全生产领域也经历着信息化革命。安全生产信息化的核心是应用现代电子信息与网络通信技术，提升安全从业人员获取和利用信息的能力，通过建立集监测监控、预测预警、风险评估、职能决策、应急联动和日常管理于一体，高度集成化、网络化和系统化的安全生产观及指挥决策体系，实现安全生产的科学化。

伴随着安全管理实践的发展，安全科学做为一门独立的科学在20世纪也取得了巨大的进展。这表现在：建立了安全专业组织和安全工程专业教育体系，形成了安全科学研究体系；发展了安全科学研究和分析的各种方法；提出了一些安全生产管理原理、事故致因理论和事故预防原理等风险管理理论，以系统安全理论为核心的现代安全管理模式、思想、理论基本形成；学科体系逐步完善，发展了安全工程学、安全心理学、安全经济学、安全教育学、安全人机学和安全管理学等学科，并在各个领域得到了广泛的应用。[①] 具体而言，可以把安全科学的发展划分为以下三个阶段，[②] 第一阶段是20世纪初到20世纪50年代，从安全科学发展内容上看该阶段属于经验的事故分析阶段，在理论上主要发展了事故致因理论、事故倾向性理论和事故流行病学理论等事故学理论，在该阶段，工业发达国家成立了专业安全机构和专业的安全研究团队；第二阶段是20世纪50年代到70年代中期，从安全科学发展的内容上看，该阶段是系统的危险分析与风险控制阶段。在该阶段，伴随着工业生产的大型化和现代化，以及重工业事故的不断发生，各领域的安全技术受到广泛重视，以安全系统工程、安全人机工程、风险分析与安全评价等为基础的风险控制理论和方法得到了发展。在该阶段安全科学在认识论和方法论上得到了质的飞跃，危险分析及风险控制理论和方法从事故的因果性出发，着眼于对事故前期事件的控制，对实现超前和预期型的安全对策，提高事故预防的效果有着显著的意义和作用；第三阶段是20世纪70年代中期以来，该阶段是现代的安全科学研究阶段。在该阶段，系统安全分析和安全工程学的方法得到了广泛的应用，从多学科分散研究各领域的安全技术问题发展到系统地综合研究安全基本原理与方法，开始以安全系统为研究对象，建立人—机—环境—管理四要素组成的安全系统。该阶段从一般安全工程技术研究逐步扩展到安全理论、技术、学科体系、方法论等全方位的研究，在该阶段发展了本质安全、过程控制、人的行为控制等事故控制理论和方法，该阶段安全科学还在不断的发展和完善之中。如表1－2所示，列出了这三个过程安全生产实践与安全科学发展的一些重要事件，从中我们可以清楚地看出安全生产实践和安全科学发展的大致脉络。

---

① 吴宗之：《20世纪安全科学的形成与发展》，《劳动保护》1999年第12期。

② 吴宗之：《20世纪安全科学的形成与发展》，《劳动保护》1999年第12期；张景钢：《安全科学的发展现状和趋势》，《建筑安全》2006年第3期。

表 1-2　　20 世纪安全生产实践与安全科学的发展

阶段	年份	重要事件
20 世纪初到 20 世纪 50 年代	1906	美国联合钢铁公司提出了“安全第一”的口号，指出了安全与生产的关系
	1911	美国成立安全工程师学会
	1913	美国成立了国家安全委员会
	1916	英国成立了伦敦安全第一协会
	1917	加拿大成立了工业事故预防协会，日本成立“安全第一”协会并发行《安全第一》杂志
	1919	格林伍德（Greenwood）和伍兹（Woods）研究了“事故倾向”问题，为后来贝尔德（Beid，1926）、法默（Famer，1939）提出事故倾向性理论奠定了基础
	1931	海因里希(Heinrich,H. W)在纽约出版了《工业事故预防》一书，提出了事故致因理论
	1938	纽约大学成立安全教育中心，率先开创了大学的安全教育培训
	1949	戈登（Gelden）提出事故流行病学理论
20 世纪 50 年代至 70 年代中期	1961	美国贝尔电话实验室承担美国空军委托的研究任务，研究导弹在未经批准即发射可能引起的各种事故及其后果，在研究过程中提出了事故树分析方法
	1962	美国成立了系统安全学会
	1964	美国道化学公司提出火灾、爆炸指数法第一版，该方法能够真实量化潜在火灾、爆炸和反应性事故预期损失。分别在 1966 年、1972 年、1976 年、1980 年、1987 年、1994 年提出火灾、爆炸指数法的第 2、3、4、5、6、7 版
	1967	日本国立横滨大学设立安全工程系并开设了反应安全工程学、燃烧安全工程学、材料安全工程学及环境安全工程学讲座
	1969	美国国防部正式颁布了《系统、相关子系统和设备的系统安全程序要求》标准(Mil-STD-882)，这是第一次通过标准的方式对系统安全的概念及系统安全工程有关名称进行界定。1977 年该标准又得到了修订，成为《系统安全程序要求》（Mil-STD-882A）
	1970	波皮(Pope)发表了“计算机在安全管理中的应用”，首次将计算机引入安全生产领域
	1974	美国原子能委员会发表了关于核电站的危险性评价报告书（Reactor Safety Study，RSS，WASH-1400），该报告推动了概率风险评价方法的研究和应用

续表

阶段	年份	重要事件
20世纪70年代中期以后	1975	美国出版《安全科学文摘》，这是安全科学作为独立学科的第一本刊物。在这一年，日本欧姆出版社出版了青岛贤司的《安全工程学》、《安全教育学》和《安全管理学》等著作
	1981	德国库尔曼发表了《安全科学导论》，利用信息论、控制论和控制论的理论和方法对安全科学的学科进行了研究
	1982	日本出版了桥本邦卫写的《安全人机工程学》一书
	1983	日本出版了井上威恭写的《新的安全科学》，福山郁生写的《安全工程学试验方法》
	1984	中国刘潜提出在中国建立安全科学
	1986	意大利出版了安德烈奥尼写的《职业事故与疾病的经济损失》一书
	1990	在德国科隆召开了第一次世界安全科学大会，来自40多个国家的1400多名代表参加了这次学术研讨会，这次大会被认为是安全科学的正式诞生

资料来源：吴宗之：《20世纪安全科学的形成与发展》，《劳动保护》1999年第12期。

二、工业化阶段与安全生产事故的相关性

从上述安全生产实践和安全科学发展的过程看，工业发展和工业化进程与安全生产密切相关。那么，具体而言工业化进程与安全生产有着怎样的相关性呢？这需要从工业化界定和阶段划分来具体分析。

虽然迄今为止经济理论界对什么是工业化还有不同的观点，但一般意义上的工业化是指一国或地区的经济结构由农业占统治地位向工业占统治地位转变的经济发展过程。《帕尔格雷夫经济学大辞典》对工业化（Industrialization）这样描述："工业化是一种过程。下面是一种明确的工业化过程的一些基本特征。首先，一般来说，国民收入（或地区收入）中制造业活动和第二产业所占比重提高了，或许因经济周期造成的中

断除外。其次，在制造业和第二产业就业的劳动人口的比例一般也有增加的趋势。在这两种比率增加的同时，除了暂时的中断之外，整个人口的人均收入也增加了。”① 这意味着，工业化是一国（或地区）随着工业发展、人均收入和经济结构发生连续变化的过程，人均收入的增长和经济结构的转换是工业化推进的主要标志。具体而言，工业化主要表现为：（1）国民收入中制造业收入所占比重逐步提高，乃至占主导地位；（2）制造业内部的产业结构逐步升级，技术含量不断提高；（3）在制造业部门就业的劳动人口比重也有增加的趋势；（4）城市这一工业发展的主要载体的数量不断增加，规模不断扩大，城市化率不断提高；（5）在上述指标增长的同时，整个人口的人均收入不断增加。根据上述对工业化的认识，衡量一个国家或地区的工业化水平，一般可以从经济发展水平、产业结构、工业结构、就业结构和空间结构等方面来进行。一般经济发展水平采用人均 GDP 作为具体衡量指标，而产业结构，可以根据三次产业结构的产值比重和就业比重来具体衡量。从工业结构看，通常存在两个具体衡量指标，一是制造业增加值占总商品生产增加值的比重，二是消费资料工业净产值与生产资料工业净产值之比，即霍夫曼系数；而空间结构则一般通过城市化率指标来衡量。另外，还可以从其他各个方面进行衡量，如从消费结构看，可以通过恩格尔系数来衡量工业化水平，因为工业化会提高国民收入，而随着收入的升高国民的食品支出比重（恩格尔系数）会降低。一些学者们还提出运用其他指标，如迂回生产的增加、外贸结构变化、工业效率提高等。

对于一国或者地区的工业化水平或者进程，可以进一步有相应的阶段划分。钱纳里等学者依据多国模型的标准模式，通

① 约翰·伊特韦尔等：《新帕尔格雷夫经济学大辞典》，中译本，经济科学出版社 1992 年版，第 861 页。

过将经济发展进程中典型的经济结构转换为对应的人均收入，把从不发达经济到成熟工业经济整个转变过程划分为3个时期6个阶段，即前工业化时期、工业化时期和后工业化时期3个时期，其中前工业化时期就是初级产品阶段，而工业化时期又划分为工业化初期阶段、工业化中期阶段和工业化后期阶段，后工业化时期又划分为发达经济初级阶段、发达经济高级阶段，总共有6个阶段。① 后面的研究者关于工业化过程的划分大多以此为基础，但具体划分有一定的差异。最新的一项对我国工业化进程的专门研究采用了如表1-3所示的划分方法。②该划分方法将工业化过程划分为前工业化阶段、工业化初期阶段、工业化中期阶段、工业化后期阶段和后工业化阶段，其中前工业化阶段大致对应钱纳里的初级产品阶段，而后工业化阶段大致对应钱纳里的发达经济初级和高级阶段，工业化初期、中期与后期则与钱纳里完全对应。表1-3给出了分别从经济发展水平、产业结构、工业结构、空间结构和就业结构五个方面具体的划分标准。经济发展水平方面，选择人均GDP为基本指标，表1-3中给出了在不同的工业化阶段以不同代表年份的美元为单位的标准值区间；产业结构方面，选择第一、第二、第三产业产值比为基本指标，伴随着工业化进程的推进，一般经历从“一、二、三”、“二、一、三”、“二、三、一”到“三、二、一”主导产业转换的规律，表1-3给出了三个产业产值比例具体的标准值；工业结构方面，选择制造业增加值占总商品生产部门增加值的比重为基本指标，随着工业化进程的推进，制造业增加值占总商品增加值比重从20%以下上升到60%以上；在空间结构方面，选择人口城市化率为基本指标，从前工业化阶段到后工业化阶段，人口城市化率从

① 钱纳里等：《工业化和经济增长的比较研究》，中译本，上海三联书店、上海人民出版社1989年版，第91—98页。

② 陈佳贵、黄群慧等：《中国工业化进程报告》，社会科学文献出版社2007年版，第19—56页。

30%以下上升到75%以上；就业结构方面，选择第一产业就业占比为基本指标，从前工业化阶段到后工业化阶段，第一产业就业占比从60%以上下降到10%以下。

表 1-3　　工业化阶段划分及其划分标志值

基本指标	前工业化阶段（1）	工业化实现阶段			后工业化阶段（5）
		工业化初期（2）	工业化中期（3）	工业化后期（4）	
1. 人均 GDP（经济发展水平）					
（1）1964 年（美元）	100—200	200—400	400—800	800—1500	1500 以上
（2）1996 年（美元）	620—1240	1240—2480	2480—4960	4960—9300	9300 以上
（3）1995 年（美元）	610—1220	1220—2430	2430—4870	4870—9120	9120 以上
（4）2000 年（美元）	660—1320	1320—2640	2640—5280	5280—9910	9910 以上
（5）2002 年（美元）	680—1360	1360—2730	2730—5460	5460—10200	10200 以上
（6）2004 年（美元）	720—1440	1440—2880	2880—5760	5760—10810	10810 以上
（7）2005 年（美元）	745—1490	1490—2980	2980—5960	5960—11170	11170 以上
2. 三次产业产值结构（产业结构）	A > I	A > 20%，且 A < I	A < 20%，I > S	A < 10%，I > S	A < 10%，I < S
3. 制造业增加值占总商品增加值比重（工业结构）	20%以下	20%—40%	40%—50%	50%—60%	60%以上
4. 人口城市化率（空间结构）	30%以下	30%—50%	50%—60%	60%—75%	75%以上
5. 第一产业就业人员占比（就业结构）	60%以上	45%—60%	30%—45%	10%—30%	10%以下

注：A 代表第一产业，I 代表第二产业，S 代表第三产业。

资料来源：陈佳贵、黄群慧等：《中国工业化进程报告》，社会科学文献出版社 2007 年版，第 27 页。

那么，在不同的工业化阶段，安全生产状况如何呢？表 1-4是在对 27 个处于不同工业化阶段国家安全生产事故进行实证分析后得到的结论。该实证分析主要以人均 GDP、农业产值占 GDP 的比重、城市人口的比重三个主要指标为标准划分工业化阶段，以 10 万人死亡率为安全生产状况衡量指标，

表 1－4　　工业化阶段与安全生产事故的相关性

阶段	前工业化阶段（1）	工业化实现阶段			后工业化阶段（5）
		工业化初期（2）	工业化中期（3）	工业化后期（4）	
典型经济特性描述	处于农业经济，人均收入很低，农业就业和产值在国民经济中都占主体地位，制造业还没有真正兴起，城市人口很少	工业发展比较迅速。伴随着工业的快速发展，人均 GDP 开始快速上升，城市人口不断增加，农业在国民经济中所占比重也逐步下降，但仍占有一定的比重	工业在国民经济中占据主体地位，人均 GDP 继续快速上升，城市人口仍不断增加，农业在国民经济中所占比重快速下降，服务业开始逐步发展	工业在国民经济中继续占据主体地位，人均 GDP 继续上升，城市人口还在不断增加，农业在国民经济中所占比重已经相当低，服务业快速发展，速度超过了工业	服务业在国民经济中占据了主体地位，人均 GDP 已经达到了很高水平，绝大多数人口是城市人口，工业仍在国民经济占有一定的比重，农业在国民经济中所占比重已经很低
典型安全生产状况描述	安全生产整体事故率低	安全生产事故率呈快速整体不断上升趋势	安全生产事故处于高发时期，安全生产事故率在高位上波动，在该阶段的后半时期，安全生产事故率开始从最高位下降	安全生产事故率总体上是呈现不断下降趋势	安全生产事故率很低，总体上也比较稳定
2000 年的代表性国家	孟加拉	中国、阿根廷、俄罗斯、委内瑞拉、罗马尼亚、保加利亚、埃及、土耳其	韩国、新加坡、波兰、匈牙利、捷克、泰国、巴西、墨西哥、白俄罗斯、马来西亚、乌克兰	加拿大、意大利	英国、瑞典、德国、美国、澳大利亚

资料来源：基于下述文献的研究结果进行整理，王显政：《安全生产与经济社会发展报告》，煤炭工业出版社 2006 年版，第 111 页。

针对1990年和2000年的情况进行交互聚类分析。① 表1－4汇总了在工业化5个阶段安全生产的状况，从中可以清楚看出工业化阶段与安全生产的对应关系，从前工业化阶段、工业化初期阶段、工业化中期阶段、工业化后期阶段到后工业化阶段，伴随着从农业经济在国民经济占据主体地位、到工业经济在国民经济占据主体地位、再到服务业经济在国民经济占据主体地位，安全生产事故经历了从低到高再到低的“抛物线”的演进过程。这意味着在工业化中期阶段前，随着工业化水平的不断提高，安全生产情况不断恶化，在中期阶段出现“拐点”，在中期阶段以后，伴随着工业化水平的提高，安全生产情况不断改善，到后工业化阶段，安全生产事故率很低。

当然，上述对应关系仅仅是一般的规律，但这种规律不是绝对的。由于安全生产状况并不是由工业化水平所惟一决定，它往往还和一个国家的法律制度、伦理文化、历史传统等有一定的关系，因此，也存在这样的现象，即处于相同发展阶段的国家，其安全生产状况差别往往很大。如表1－5所示，1987—1995年埃及、津巴布韦、玻利维亚、危地马拉、牙买加、印度、约旦、哈萨克斯坦和菲律宾的全社会平均生产事故死亡率分别为0.14‰、0.21‰、0.15‰、0.39‰、0.06‰、0.34‰、0.10‰、0.15‰和0.15‰，这些国家大体上都是处于工业化初期阶段，但它们的安全生产情况也各不相同，虽然处于中位数附近的国家较多，但牙买加低到0.06‰，而印度却高达0.34‰，后者为前者的5倍多。另外，从各国历年生产事故死亡率序列数据来看，也存在到工业化中后期阶段以后，安全生产状况仍没有呈现稳定好转的趋势，例如，意大利在人均达到7000美元以上（20世纪80年代），其安全生产仍然是比较差的，全社会生产事故死亡率仍在0.12‰以上。同

① 具体的聚类分析过程参见王显政：《安全生产与经济社会发展报告》，煤炭工业出版社2006年版，第101—112页。

样，新加坡也没有随着经济发展水平的显著提高，而使全社会平均事故率降下来，其职业死亡率基本上保持在0.1‰以上。又如，土耳其全社会生产事故死亡率保持在0.4‰以上，属于欧洲生产事故死亡率最高的国家之一。

表1-5　与我国经济发展水平比较接近的部分国家生产事故死亡率状况 单位：‰

年　份	埃及	津巴布韦	玻利维亚	危地马拉	牙买加	印度	约旦	哈萨克斯坦	菲律宾
1987	0.16	0.21	—	0.69	0.108	0.31	0.158	0.16	0.288
1988	0.13	0.23	—	0.36	0.056	0.33	0.062	0.159	0.096
1989	0.16	0.22	—	0.27	0.018	0.3	0.108	0.157	0.192
1990	0.15	0.21	—	0.25	0.038	0.32	0.046	0.155	0.12
1991	0.14	0.24	0.204	—	—	0.31	0.102	0.144	0.072
1992	0.14	0.18	0.098	—	—	0.33	0.134	0.151	—
1993	0.11	0.21	0.191	—	—	0.32	0.18	0.156	—
1994	0.12	0.19	0.156	—	—	0.44	0.082	0.15	—
1995	0.11	0.21	0.125	—	—	0.42	0.041	0.118	—
简单平均	0.14	0.21	0.15	0.39	0.06	0.34	0.10	0.15	0.15

资料来源：ILO，*Yearbook of labour statistics*（1997），转引自郭朝先：《他国安全生产状况与经济发展水平的关系》，《经济管理》2006年第9期。

三、工业化进程与安全生产关系的理论逻辑

为什么工业化化阶段与安全生产状况存在上述基本的对应关系呢？从工业化理论和伤亡事故动力学理论综合分析，可以给出相应的理论逻辑解释。

1. 工业化理论认为，一个国家或者地区从农业部门主导向工业部门主导、进一步向服务业部门主导的经济结构转变是经济现代化推进的必然过程，这意味着一个国家或者地区的现代化进程存在一个工业生产的总工作时间量由少向多、再由多向少的一个转变过程。

由于以下几方面原因，上述经济结构转变是发展中国家经济发展的必然过程。一是从需求角度看，如恩格尔系数表明，随着经济发展和人们收入水平提高，人们用于食物的支出将逐渐减少，而用于购买工业品和服务的支出将逐渐增多，对工业的巨大需求将促进工业的迅速发展。而且随着工业的发展，到工业化后期，人们对信息等服务业的需求和工业发展对现代生产性服务业的需求也将迅速促进服务业的发展。二是从生产率角度看，随着工业部门的发展，工业部门为农业部门提供了很多现代投入品，提高了农业部门劳动生产率，而随着经济发展和农业部门生产率的提高，农业部门将变得相对越来越小。而且，到工业化后期阶段，服务业的发展也将提高工业和农业的效率，随之服务业将逐步发展起来。三是从专业化分工角度看，分工和专业化不仅大大地促进新的工业行业的产生和现代化大工业的发展，而且将很多于农业生产相关的职能和活动都渐渐地从农业部门中分离出来，从而使得非农部门变得越来越多，农业部门变得相对越来越小。到工业化后期阶段，随着专业化分工进一步发展，更多工业服务部门也将逐步从工业中分离出来，例如企业内部所需要的原料、半成品和工业品等的运输，原来都是由工业企业自已来承担，随着专业化分工的发展，这些职能逐步分离出来，现代物流业也就逐步发展起来。

伴随着上述经济结构的转变，从事工业生产的人数和工业作业时间也会经历一个从少到多、再从多到少的过程。在工业化初中期，由于对工业品需求的不断增加和工业整体的不断发展，工业生产的总作业量会不断增加；到工业化中期以后，由于经济结构转变和工业生产技术的不断进步，一方面从事工业生产的人数开始逐步减少，另一方面随着工业生产效率不断提高，单位工业产品的工业生产人数和生产时间会不断提升，也会促使从事工业生产的人数和时间减少，从而工业生产的总作业量不断减少。

2. 工业化理论表明，工业化过程不仅是一个国家从农业部门向非农业部门转变的过程，而且也是工业部门内部结构的变化过程，工业结构是沿着重工业化、高加工度化和技术集约化的高级化趋势，伴随着纺织工业、基础工业、重化工业、耐用消费品、以信息工业为代表的高新技术工业等主导产业的依次更替而发展演进的。这意味着从事高风险工业行业的生产的总作业时间也经历了一个从少到多、再从多向少转变的过程。

工业化理论表明，在各国工业化和工业现代化进程中，工业部门之间的结构变动具有明显的阶段性和规律性。在1931年，德国经济学家霍夫曼提出了消费品工业的净产值与资本品工业净产值之比随着工业化进程而不断下降、也就是资本品工业比重稳步上升的规律，这个结论进一步被修正为在工业发展的长期过程中，重工业比重增大或者说重工业化率提高是一切国家普遍存在的现象，这就是所谓的工业结构的重工业化趋势。在重工业化过程中，工业结构还伴随着另一种规律性的变动趋势，即所谓“高加工度化”趋势，工业发展从以原材料工业为中心向以加工组装工业为中心的发展转变。工业结构的这种重工业化、高加工度化的演进过程，如果从工业资源结构角度描述，则是从劳动密集型工业主导向以资金密集型为主导，进而向技术或知识密集型工业为主导演进的过程，这就是所谓“技术集约化”趋势。概括起来，也就是说在工业化进程中，工业结构演进存在着重工业化、高加工度化、技术集约化的演进规律。这种演进规律表明，与工业化进程相对应，在工业化初中期阶段，工业结构存在从轻工业主导向重化工业主导转变的趋势，而到工业化中后期阶段，工业结构存在向高技术产业主导转变的趋势。

各国历史经验表明，安全生产具有比较明显的行业特征。相比其他行业，采掘业（矿业和采石业）、建筑业都属于安全生产高风险行业，特别是采掘业生产事故死亡率比行业平均水平要高很多，少则2至3倍，多则10倍以上。例如，日本在1960—1990年全社会生产事故死亡率平均大约只有0.02‰，但采掘业平均生产事故死亡率却是0.5‰以上，相差悬殊。同样，瑞士在20世纪80年代，英国在20世纪80年代中期到90年代中期，韩国在1960—1993年的大多数年份，两者差距都在10倍以上。另外，交通运输业、电力、煤气、水供应业、冶炼和化学工业的安全生产风险相对比较高，其生产事故死亡率高于平均水平。而总体而言的一般制造业的安全生产风险属于一般水平，但由于一般工业化进程中国家的制造业规模很大，生产事故总数仍比较大；贸易、餐饮旅馆业、金融保险不动产业、一般服务业等行业是安全状况风险低的行业，其生产事故死亡率远低于全社会平均水平。

结合上述工业结构的演进规律和各类工业行业的安全生产风险特征分析，可以发现，在工业化初中期阶段，由于工业结构存在从轻工业主导向重化工业主导转变的趋势，采掘、建筑等高生产风险行业，以及交通运输业、电力、煤气、水供应业、冶炼和化学工业等较高安全生产风险行业发展迅速，这些行业的从业人员数量不断增加，从业人员日作业时间处于饱和状态，这意味着从事高风险行业的工业生产总时间从少向多发展，直到工业化中期的某个时间达到最多点。随着工业化阶段从中期向后期发展，工业结构向高加工度和技术集约化演进，以及服务业的快速发展，从事上述高安全风险行业的人员总数量和作业时间会逐步减少，这意味着从事高风险行业的工业生产总时间开始从多向少转变。

3. 伤亡事故动力学理论表明，安全生产事故的发生概率与从事工业生产的总作业时间成正向相关性，尤其是与从事高风险行业的工业生产总作业时间成正向相关性。

依据伤亡事故动力学基本原理，从作业层面看，引发煤矿生产事故原因可归纳为人（人的不安全行为）、机（不安全的设备）、物（物的不安全状态）、环（不安全的环境）四大因素。其中，人的因素往往是最直接、最常见的原因，不少研究者都指出，人的因素是最不可忽视的一环，人为原因的责任事故占煤矿事故的 90% 以上。人的不安全行为引发事故的模型见图 1－1。

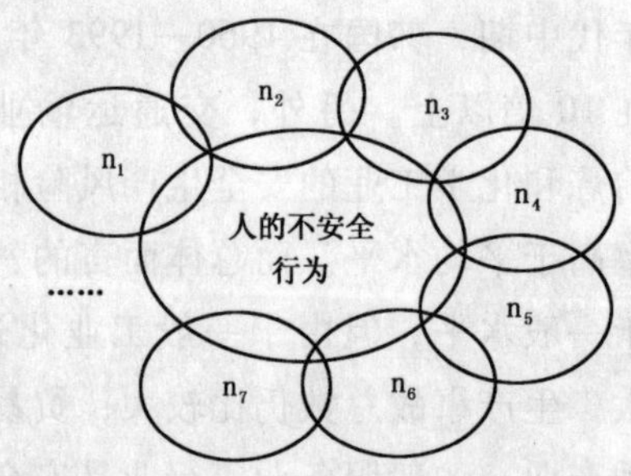

图 1－1　人的不安全行为引发事故模型

资料来源：转引自郭朝先：《中国煤矿企业安全生产问题研究》，第 83 页，中国社会科学院研究生博士论文，2007 年。

如图 1－1 所示，假设在一个作业空间中有 n 个人同时作业，受井下作业的主观因素和客观条件的影响，每个人都可能发生不安全的行为，矿井中每个人都可能是“危险源”，其中的任何一人发生不安全行为不仅可能造成对自身的伤害，而且还有可能影响到在同一个作业层的其他人的安全。比如，煤矿瓦斯爆炸事故虽然往往由一个人的不安全行为引起，但会因其爆炸能量、周围环境而影响到多个人的生命安全。所以，一个工作场所容纳的作业人员越多，事故发生的可能性就大、事故发生的影响范围也就越大。

假设 n 个人因发生不安全行为而造成事故的概率分别为 P_1，P_2，……，P_n。当现场仅有一人作业时，由不安全行为造成的事故概率为 P_i（$i=1$，2，……，n），平均事故发生的概率为 $\overline{P}=\frac{P_1+P_2+\Lambda+P_n}{n}$；造成的事故平均损失为 $\overline{Q}=1\times\overline{P}$。但是，当现场有 n 个人同时作业，依据概率论中的广义加法运算法则，则事故发生的概率为：

$$P=(P_1 Y P_2 Y \Lambda Y P_n)=\sum_{i=1}^{n}P_i-\sum_{1\leqslant i<j\leqslant n}P_iP_j+\sum_{1\leqslant i<j<k\leqslant n}P_iP_jP_k-\Lambda+(-1)^{n+1}P_1P_2\Lambda P_n。$$

事实上，由于两个人同时发生不安全行为而造成事故的现象比较少见，因此，上述公式可近似表示为：$P = (P_1YP_2Y\Lambda YP_n) = \sum_{i=1}^{n} P_i = P_1 + P_2 + \Lambda + P_n = n \times \frac{P_1 + P_2 + \Lambda + P_n}{n} = n\overline{P}$。

此时，事故发生的概率可以认为是只有一个人时的 n 倍(平均)。

进一步假定一个人的不安全行为引起的事故平均会伤害到周围 m 个人的安全，则此时事故造成的损害 $Q = m \times P = mn\overline{P} = mn\overline{Q}$。可见，当存在多人同时作业时，危害程度大大增加，是一个人在场时的 mn 倍。

现实情况也是如此，现场作业人员越少，发生事故的可能性就越小，事故发生后伤亡人数也就越少，事故损失也就越小。单从这个角度说，减少现场作业人员可以有效减少事故发生的概率和影响程度。因此，如果从事工业生产、尤其是在高风险行业进行生产的人数增多，也就是从事工业生产、尤其是从事高风险行业进行生产的总作业时间增多，安全生产事故发生的概率必然提高，相反，总作业时间减少，安全生产事故发生的概率必然降低。

综合上述三个命题，如表 1－6 所示，可以解释上述工业化阶段与安全生产事故的“抛物线”的关系。在前工业化阶段和工业化初期，工业生产作业和高风险行业工业生产作业的总时间不断增加，与之对应，安全生产事故发生概率也就不断提高；“拐点”发生在工业化中期阶段，在工业化中期的前半期，工业生产作业和高风险行业工业生产作业的总时间开始快速增加，并还保持一段时间的高位波动，到后半期开始减少，与之对应，安全生产事故发生概率也就快速提高，高发生概率还保持一段时间，到后半期生产事故概率开始降低；到工业化后期，工业生产作业和高风险行业工业生产作业的总时间逐步有所减少，与之对应，安全生产事故发生概率也逐步降低；到后工业化阶段，工业生产作业和高风险行业工业生产作业的总时间会在相对低水平上保持稳定，安全生产事故发生概率也就保持很低水平。

表1-6　　工业化阶段与安全生产事故的相关性的逻辑解释

阶段 影响因素	前工业化阶段 (1)	工业化实现阶段			后工业化阶段 (5)
		工业化初期(2)	工业化中期(3)	工业化后期(4)	
工业生产作业人总时间	少	不断增加	前半期快速增加，并保持一段时间的高位波动，后半期开始减少	逐步有所减少	保持稳定，相对较少
高风险行业工业生产作业总时间	少	不断增加	前半期快速增加，并保持一段时间的高位波动，后半期开始减少	逐步有所减少	保持稳定，相对较少
安全生产事故发生概率	低	不断提高	前半期快速提高，并保持一段时间的高位波动，后半期开始降低	逐步降低	保持低概率

应该说明的是，上述分析只是从工业生产作业总时间、高风险行业工业生产总时间角度分析工业化阶段与安全生产事故的相关性，实际上影响安全生产状况的因素还很多。例如，伴随着工业化进程的推进，安全生产的管理水平和技术水平也不断提高，预防安全生产事故的各种投入也不断增加，这必然会不断降低安全生产事故的发生概率。而且，这种降低安全生产事故发生概率的作用一般在工业化中后期会更明显，因为在工

业化初中期，人们更关注工业产品数量的快速增加，为满足快速需求，而容易忽视安全生产的投入，不重视提高安全生产的管理和技术水平。因此，这两个因素的作用并不能改变工业化阶段与安全生产事故的“抛物线”的关系。

第二章 中国安全生产的基本状况

我国一贯高度重视安全生产。近年来，伴随着我国快速的工业化进程，安全生产问题日益突出，我国开始更加重视安全生产工作，确立了“安全发展”的科学指导原则，坚持“安全第一、预防为主、综合治理”的方针，从坚持科学发展观和构建社会主义和谐社会的高度积极推进安全生产工作。现阶段全国安全生产总体上呈现总体稳定、趋向好转的发展态势，但是安全生产的形势依然严峻，安全生产工作还任重道远。

一、我国安全生产事故的总体概况

新中国成立以来，我国经济发展经过了多次大起大落，与此相适应，我国安全生产也在曲折中发展。如图 2－1 所示，为 1953—2006 年我国 53 年期间我国工矿企业事故死亡人数的变化，从工矿企业事故死亡人数看，我国大致经历了 5 个事故高峰期。第一次是1958—1961年，这是“大跃进”期间，主要是由于生产秩序混乱，不遵守规章制度，盲目生产，出现大量的违章作业，造成设备事故和人身伤害不断发生。这个高峰的最高点在1960年，死亡人数达到了21938人，是建国以来我国工矿企业事故死亡人数最多的一年；第二个事故高峰期在1971—1973年，该阶段处于“文化大革命”期间，由于安全生产被忽视，甚至被批判，致使劳动纪律涣散，违章生产和冒险蛮干比比皆是，造成伤亡事故大幅度上升。该次高峰的峰点在1972年，死亡人数达到了17901人；第三个事故高峰期发生在1977—1979年，该次高峰并不很突出，属于一个小高峰，该阶段属于改革开放初期，开始对产业结构纠偏，安全生产事故增多，该次小高峰的峰点在1978年，当年死亡人数为14363人，从该高点后，我国工矿企业事故死亡人数逐步减少，在1986—1992年，事故死亡人数保持在七八千人；第四个事故高峰期发生在1993—1997年，该次高峰期发生在经济增长突然加速，国有企业改革不断深化，新的乡镇和个体私有企业大量产生，但安全生产保障条件没有跟上，管理体制也不相适应，造成事故高发。该次高峰期的峰点在1994年，事故死亡人数达20315人；第五次高峰期发生在2002年以后，2003年是峰点，事故死亡人数达到17315人，2005年、2006年逐步降低，但到2006年事故死亡人数还达到14382人。该次事故高峰和我国经济进入重化工阶段有关，随着工业化的加速发展，采矿业、建筑业等高风险行业发展迅速，更多地引发了安全生产事故。

进入21世纪以来，我国处于高速的工业化阶段，经济快速增长，重化工业增长更是迅速，能源需求缺口日益增大，能源的价格也飞速提高，安全生产事故逐年增加，安全生产形势严峻。如图2-2所示，为1990—2007年我国事故死亡人数，从中可以看出，1990年以来我国事故死亡人数逐年增多，从1990年为68342人，2002年为139393人。尤其是进入2000年

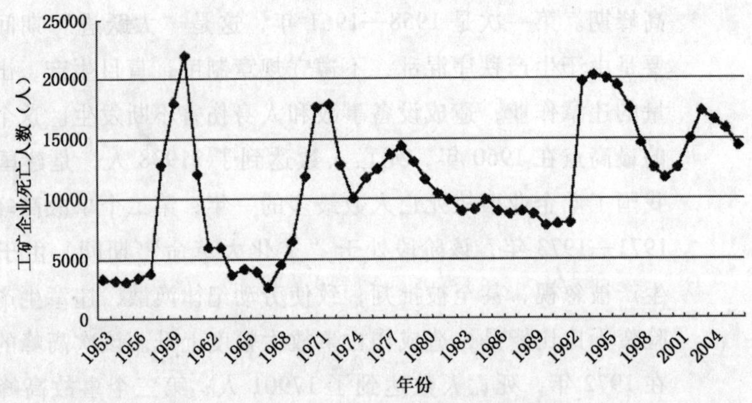

图 2－1　1953—2006 年我国工矿企业事故死亡人数

资料来源：1953 年到 2004 年数字来自与王显政：《安全生产与经济社会发展报告》，煤炭工业出版社 2006 年版，第 113 页；2005、2006 年的数字来自 http://www.chinasafety.gov.cn/anquanfenxi/2007－01/11/content 214963.htm

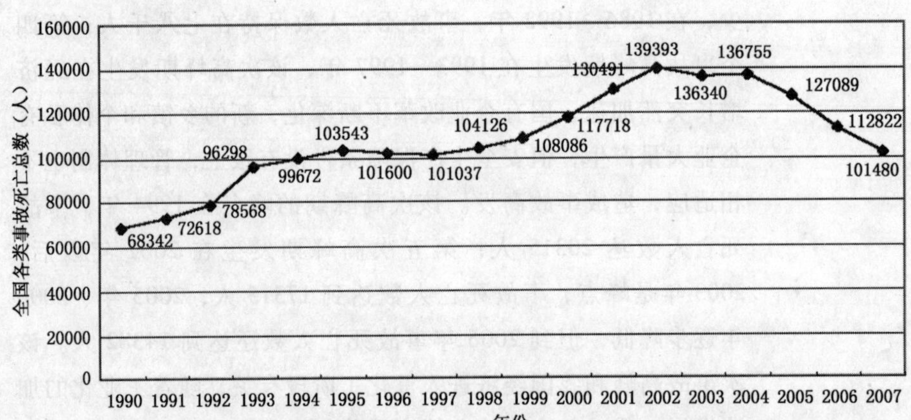

图 2－2　1990—2007 年我国事故总死亡人数

资料来源：2004 年以前的数字来自罗云、黄毅：《中国安全生产发展战略——论安全生产保障五要素》，第 4 页；2004 年以后的数字来自国家安全生产监督管理总局网站。

以后，我国迎来了一个事故高潮，基本上每年事故死亡人数都在 11 万人以上。虽然经过近些年下大力气推进安全生产工作，但到 2007 年我国事故死亡总人数仍在 10 万人以上。

近些年我国安全生产的另外一个特征是重大事故、特大事故多发,[①] 造成严重的人员伤亡。2001 年全国共发生一次死亡 10 人以上的特大事故 140 起，死亡 2556 人；2002 年全国共发生一次死亡 10 人以上的特大事故 128 起，死亡 2341 人；2003 年全国共发生一次死亡 10 人以上的特大事故 129 起，死亡 2562 人；2004 年全国共发生一次死亡 10 人以上的特大事故 131 起，死亡 2606 人，死亡 30 人以上的特别重大事故 16 起，死亡 936 人；2005 年全国共发生一次死亡 10 人以上的特大事故 134 起，死亡 3049 人，发生一次死亡 30 人以上的特别重大 17 起，死亡 1200 人；2006 年，全国共发生一次死亡 3—9 人重大事故 2357 起，死亡 9065 人，全国共发生一次死亡 10 人以上特大事故 95 起，死亡 1570 人，全国发生一次死亡 30 人以上的特别重大事故 7 起，死亡 263 人。到 2007 年，全年发生了 86 起 10 人以上事故，其中 30 人以上特大事故 7 起。这 7 起特大事故中，煤矿 3 起，即“12·5”山西洪洞事故死亡 105 人，“11·8”贵州毕节纳雍事故死亡 35 人，“4·16”河南平顶山事故死亡 31 人；冶金 1 起，即“4·16”辽宁铁岭钢水包倾覆事故，死亡 32 人；建筑 2 起，即“8·13”湖南堤溪大桥垮塌事故死亡 64 人、“11·20”湖北恩施伊万铁路隧道洞口岩石垮塌死亡 35 人；火灾 1 起，即福建莆田鞋面厂“10·21”火灾事故，死亡 37 人。[②] 这些现象表明，随着生产规模扩大、生产集中化程度提高、城市化进程加快、交通运输量增加等，发生群死群伤重特大事故的几率随之增加。

在各类事故中，近些年道路交通事故伤亡人数一直占据首位，工矿企业安全生产事故伤亡人数占据第二位。图 2－3 显示了 2005 年我国各类事故伤亡人数所占比重。从中可以看出，

① 这里事故分类没有采用 2007 年国家安全监管总局在《关于调整生产安全事故调度统计报告的通知》中公布的最新分类。

② 2003 年以前的数字来自罗云、黄毅：《中国安全生产发展战略——论安全生产保障五要素》，第 25 页；2003 年以后的数字来自国家安全生产监督管理总局网站。

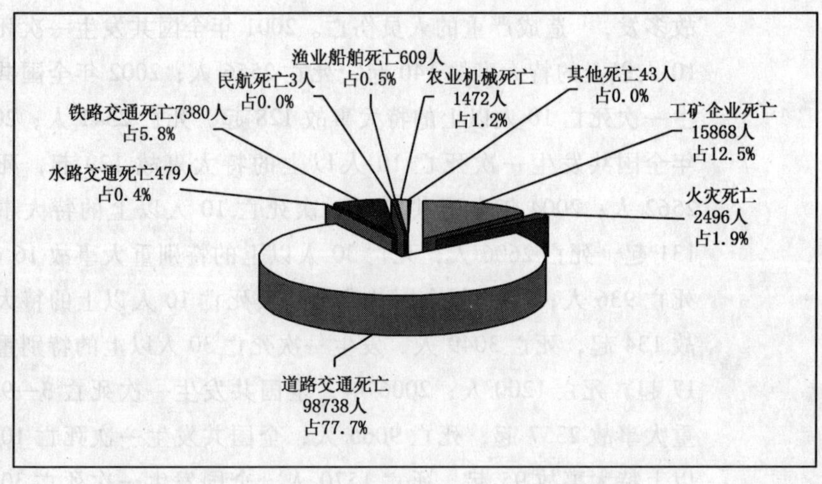

图 2-3　2005 年我国各类事故死亡人数及其所占比重

资料来源：根据国家安全生产监督管理总局网站公布的数据计算。

道路交通事故伤亡人数占据绝对优势，所占比重达到 77.7%，工矿企业安全生产事故伤亡人数占总体事故伤亡人数的 12.5%，这两类事故伤亡人数达到了总体事故伤亡人数的 90%。需要说明的是，道路交通事故伤亡人数占事故伤亡总人数的比重之所以高达 77%，与我国近些年机动车数量大量增加有关，其中家庭用车占有相当大的比重。从一定意义上说，这些家庭用车属于纯消费领域，一旦发生交通事故，还很难将其归入安全生产事故中去。也正是由于这个原因，安全生产领域研究的问题主要是针对工矿企业安全生产事故，而非道路交通事故。在工矿企业安全生产事故伤亡人数中，煤矿事故伤亡人数占据首位，金属矿和非金属矿事故伤亡人数以及建筑业事故伤亡人数都比较高。图 2-4 显示了 2005 年工矿企业事故伤亡人数及其所占比重。从中可以看出，煤矿事故伤亡人数所占比重达到 38%，金属矿和非金属矿事故伤亡人数以及建筑业事故伤亡人数所占比重也分别达到了 15%、16%。正是由于这个原因，我们接下来将具体分析这三个行业的安全生产状况。

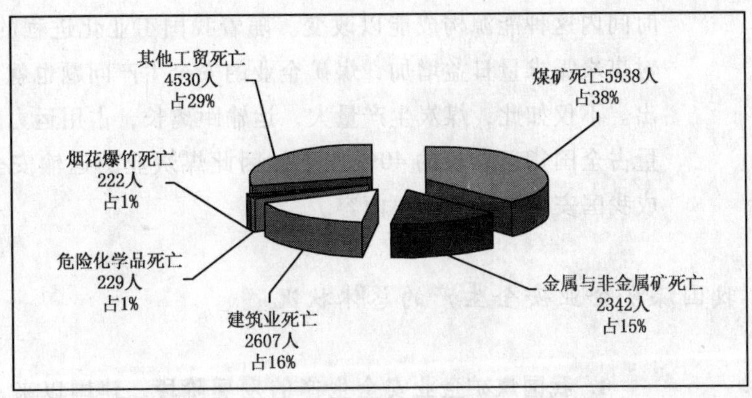

图 2-4 2005 年我国工矿企业各类事故死亡人数及其所占比例

资料来源：根据国家安全生产监督管理总局网站公布的数据计算。

应该说，经过近几年的努力工作，我国安全生产已经有了很大改善，反映事故死亡人数与经济活动关系的一些相对性指标持续下降。煤炭百万吨死亡率和道路交通万车死亡率以及工矿企业从业人员 10 万人死亡率，都呈逐年下降趋势。但是，安全生产问题依然严峻，一方面事故总量仍然比较大，2007 年事故 506376 起，死亡 101480 人。另一方面，与先进国家相比，我国各项安全生产指标落后，以亿元 GDP 事故死亡率为例，2005 年是 0.7，2006 年是 0.558，2007 年是 0.413，确实降了很多，但是和发达国家比，我国差不多是这些国家的 10 倍。我国安全生产的确任重而道远。

二、煤炭业的安全生产状况

煤炭是一种化石能源，是经过第三纪、侏罗纪、二叠纪和石炭二叠纪等长时间地质年代形成的。煤炭是我国的主要能源，煤炭工业是支持工业化的基础产业。我国煤炭消费、生产量均占全国能源总消费量、生产量的 70% 以上，在相当长的时间内这种能源构成能以改变。随着我国工业化进程的推进，对煤炭需求量日益增加，煤矿企业的安全生产问题也就日益突出。不仅如此，煤炭生产量大，运输距离长，占用运力多，运量占全国货运总量的40%以上，因此煤炭业的运输安全也构成我国安全生产的重要内容。

（一）我国煤矿企业安全生产的总体状况

1. 我国煤矿企业安全生产的发展阶段。建国以来，我国煤矿安全生产工作逐步建立和发展起来，总体趋势是越来越好，但期间经历了若干个曲折阶段，安全生产状况时好时坏，1949—2005年我国煤矿百万吨死亡率变化过程，很明显地反映了这一点。尽管为改善煤矿安全生产状况，我国政府和煤矿企业已经采取了巨大的努力，但形势依然不容乐观，1949—2005年我国历年煤矿原煤产量、死亡人数及百万吨死亡率见表2－1。

表2－1　全国煤矿历年原煤产量、死亡人数及百万吨死亡率

单位：万吨、人、人/百万吨

年份	合计			国有重点煤矿			国有地方煤矿			乡镇集体煤矿			矿办小井或误差项	
	产量	死亡数	死亡率	产量	死亡数	死亡率	产量	死亡数	死亡率	产量	死亡数	死亡率	产量	死亡数
1949	3243	731	22.54	2353	—	—	745	—	—	145	—	—	—	—
1950	4292	634	14.77	3018	—	—	1083	—	—	191	—	—	—	—
1951	5308	242	4.56	3714	—	—	1357	—	—	237	—	—	—	—
1952	6649	513	7.72	4834	—	—	1519	—	—	296	—	—	—	—
1953	6968	671	9.63	5218	231	4.43	1439	440	25.14	311	—	—	—	—
1954	8366	794	9.49	6228	225	3.61	1764	569	26.61	374	—	—	—	—
1955	9830	677	6.89	7300	298	4.08	2061	379	14.90	469	—	—	—	—
1956	11036	622	5.64	8151	330	4.05	2441	292	10.12	444	—	—	—	—
1957	13073	738	5.65	9433	333	3.53	2991	405	11.13	649	—	—	—	—

续表

年份	合计			国有重点煤矿			国有地方煤矿			乡镇集体煤矿			矿办小井或误差项	
	产量	死亡数	死亡率	产量	死亡数	死亡率	产量	死亡数	死亡率	产量	死亡数	死亡率	产量	死亡数
1958	27000	2662	9.86	15777	752	4.77	7755	1910	17.02	3468	—	—	—	—
1959	36879	5098	13.82	21643	1486	6.87	12346	3612	23.71	2890	—	—	—	—
1960	39721	6036	15.20	24036	3321	13.82	13490	2715	17.31	2195	—	—	—	—
1961	27762	4304	15.50	17554	1956	11.14	9208	2348	23.00	1000	—	—	—	—
1962	21955	2498	11.38	14755	1450	9.83	6395	1048	14.56	805	—	—	—	—
1963	21707	1583	7.29	15129	925	6.11	5728	658	10.00	850	—	—	—	—
1964	21457	1173	5.47	15056	704	4.68	5508	469	7.33	893	—	—	—	—
1965	23180	1026	4.43	16428	731	4.45	5779	295	4.37	973	—	—	—	—
1966	25147	1478	5.88	18072	864	4.78	6507	541	8.31	568	73	12.85	—	—
1967	20570	1238	6.02	13588	701	5.16	6135	403	6.57	847	134	15.82	—	—
1968	21959	1651	7.52	14730	977	6.63	5937	540	9.10	1292	134	10.37	—	—
1969	26595	1972	7.41	17857	1215	6.80	6984	629	9.01	1754	128	7.30	—	—
1970	35399	2903	8.20	22672	1651	7.28	9584	1008	10.52	3143	244	7.76	—	—
1971	39230	3585	9.14	24658	1532	6.21	11360	1400	12.32	3212	653	20.33	—	—
1972	41047	3453	8.41	24922	1399	5.61	12518	1432	11.44	3608	622	17.24	—	—
1973	41697	3984	9.55	26767	1629	6.09	10755	1530	14.23	4175	825	19.76	—	—
1974	41317	3636	8.80	24278	1426	5.87	11823	1229	10.40	5217	981	18.80	—	—
1975	48224	4526	9.39	27995	1676	5.99	14482	1755	12.12	5748	1095	19.05	—	—
1976	48345	4826	9.98	27364	1848	6.75	14439	1856	12.85	6541	1122	17.15	—	—
1977	55068	5474	9.94	29527	2166	7.34	17639	2194	12.44	7902	1114	14.10	—	—
1978	61786	5830	9.44	34184	2371	6.94	19123	2288	11.96	8479	1171	13.81	—	—
1979	63554	5429	8.54	35777	2183	6.10	18055	1970	10.91	9722	1276	13.12	—	—
1980	62013	5067	8.17	34439	1559	4.53	17088	1739	10.18	10486	1769	16.87	—	—
1981	62163	5079	8.17	33505	1742	5.20	15999	1569	9.81	12659	1768	13.97	—	—
1982	66632	4805	7.21	34990	1555	4.44	17035	1511	9.87	14607	1739	11.91	—	—
1983	71453	5431	7.60	36312	1639	4.51	18134	1824	10.06	17007	1968	11.57	—	—
1984	78923	5698	7.22	39470	1574	3.99	17765	1697	9.55	21688	2427	11.19	—	—

续表

年份	合计			国有重点煤矿			国有地方煤矿			乡镇集体煤矿			矿办小井或误差项	
	产量	死亡数	死亡率	产量	死亡数	死亡率	产量	死亡数	死亡率	产量	死亡数	死亡率	产量	死亡数
1985	87228	6659	7.63	40626	1561	3.84	18198	1713	9.41	28404	3385	11.92	—	—
1986	88056	6736	7.65	41392	1236	2.99	18138	1495	8.24	28526	4005	14.04	—	—
1987	91228	6726	7.37	42020	1082	2.57	18367	1191	6.48	30841	4453	14.44	—	—
1988	95412	6469	6.78	43445	1091	2.51	19000	1148	6.04	32967	4230	12.83	—	—
1989	103031	6877	6.67	45830	795	1.73	20146	1276	6.33	37055	4806	12.97	—	—
1990	105766	6515	6.16	48022	686	1.43	19976	998	5.00	37768	4831	12.79	—	—
1991	104400	5446	5.22	48060	508	1.06	19290	1196	6.20	37050	3742	10.10	—	—
1992	106109	4942	4.66	48126	488	1.01	18733	843	4.50	39250	3611	9.20	—	—
1993	107689	5283	4.91	44664	498	1.11	19531	957	4.90	43494	3697	8.50	—	131
1994	125529	7016	5.59	43799	551	1.26	22199	1070	4.82	59531	4953	8.32	—	442
1995	123290	6387	5.18	44659	517	1.16	21335	1045	4.90	57296	4660	8.45	—	165
1996	137408	6404	4.66	46880	515	1.17	22206	893	4.02	61477	4734	6.72	6845	262
1997	132525	6753	5.10	46716	665	1.42	22567	931	4.13	57024	4815	7.80	6218	342
1998	122167	6134	5.02	44146	479	1.09	21088	805	3.76	51043	4575	9.40	5890	275
1999	104363	6342	6.08	46969	475	1.01	21392	917	4.29	31700	4666	14.72	4302	284
2000	99917	5798	5.80	48498	700	1.44	19426	799	4.11	26917	3933	14.61	5076	271
2001	110559	5670	5.13	61857	749	1.21	22317	1007	4.51	26385	3645	13.81	—	—
2002	141530	6995	4.94	71458	904	1.27	26722	1023	3.83	43350	5068	11.69	—	—
2003	172787	6434	3.72	81405	894	1.10	27992	881	3.15	63390	4659	7.35	—	—
2004	199735	6027	3.08	93880	854	0.93	29680	816	2.77	76175	4357	5.87	—	—
2005	215132	5938	2.81	102421	984	0.96	29159	570	1.94	83552	4384	5.53	—	—

注1：1949—1965年国有地方煤矿和乡镇集体煤矿产量分别计算，但国有地方煤矿死亡人数和死亡率数据包括乡镇集体煤矿死亡人数和死亡率数据。

注2：1998年国务院决定将国有重点煤矿企业全部下放到地方，但1998年之后统计上仍然将国有重点煤矿和国有地方煤矿单独列示。

注3：因统计误差、统计范围、数据来源不一致，国有重点煤矿、地方国有煤矿和乡镇煤矿三者之和（产量、死亡人数）不一定等于全国合计数；死亡人数/煤炭产量也不一定与百万吨死亡率数据一致。

资料来源：根据《中国煤炭志·综合卷》、《中国煤炭工业年鉴》、《煤矿安全生产昨天·今天·明天》等整理而成。

我国煤矿安全生产工作可以分为四年初创阶段（1949—1952 年，百万吨死亡率为 10.88）、五年发展阶段（1953—1957 年，百万吨死亡率为 7.10）、受挫与探索阶段（1958—1965 年，百万吨死亡率为 11.10）、动荡与徘徊阶段（1966—1978 年，百万吨死亡率为 8.80）、恢复和发展阶段（1979—1992 年，百万吨死亡率为 6.90）、探索适应市场经济体制阶段（1993—1999 年，百万吨死亡率为 5.20）、新世纪、新发展阶段（2000 年至今，百万吨死亡率为 3.92）。

2. 煤矿企业安全生产的现状。近年来，我国安全生产形势非常严峻，而煤矿安全生产形势则更加严峻，煤矿安全被认为是全国安全生产工作的重中之重。这与煤矿安全生产事故的多发性、严重性有关。据统计，2000—2006 年共发生死亡事故 23786 起，死亡 41070 人，平均每天发生死亡事故 9.3 起，死亡 16 人。1949—2005 年发生一次死亡人数超过 100 人的特别重大事故 22 起，死亡 3565 人，财产损失特别巨大，社会影响非常恶劣。尤其是，特别重大事故在 2004 年和 2005 年呈现上升的态势，成为又一次死亡高峰。

多年来，煤矿事故发生起数占到全国工矿商贸企业事故总量的 1/4 左右，死亡人数占到全国工矿商贸企业死亡人数的 1/3—1/2。比如，2000—2006 年，煤矿事故发生起数占工矿商贸企业事故总量的 24%—28%，期间，煤矿事故死亡人数占工矿商贸企业死亡人数比重有所下降，但仍然保持在 33% 以上（表 2－2）。煤矿安全状况不改善，全国安全生产状况就难以稳定好转，影响科学发展观落实和社会主义和谐社会建设进程。

煤矿事故之所以受到高度关注，不仅在于其占工矿商贸事故总量的比重大，更为严重的是，其在重、特大事故中所占比重更高。如表 2－3 所示，根据 2004—2006 年全国工矿商贸安全生产伤亡事故情况统计资料，煤矿发生生产事故起数占全部

表 2－2　煤矿生产事故占全国工矿商贸生产事故的比重

年份	煤矿		工矿商贸合计		煤矿所占比重（%）	
	事故起数	死亡人数	事故起数	死亡人数	事故起数	死亡人数
2000	2863	5798	10770	11681	26.58	49.64
2001	3082	5670	11402	12554	27.03	45.16
2002	3806	6457	13960	14924	27.26	43.27
2003	4143	6434	15597	17315	26.56	37.16
2004	3641	6027	14704	16497	24.76	36.53
2005	3306	5938	13142	15868	25.16	37.42
2006	2945	4746	12065	14382	24.41	33.00

资料来源：根据《中国安全生产年鉴》，国家安全生产监督管理总局网站资料整理。

工矿商贸的比重约为25%，而死亡人数的比重在33%以上；在一次死亡3—9人的重大死亡事故中，煤矿发生生产事故起数占全部工矿商贸的比重超过40%，而死亡人数的比重也超过40%左右；在一次死亡10人以上的特大死亡事故中，煤矿生产事故起数占全部工矿商贸的比重在80%左右，而死亡人数的比重也在80%左右；在一次死亡30人以上的特大、特别重大死亡事故中，煤矿生产事故起数占全部工矿商贸的比重超过80%，而死亡人数的比重在90%左右。特别是在2004—2006年工矿商贸共发生一次死亡30人以上特大、特别重大事故29起，其中煤矿事故就占了25起。由此可知，煤矿生产事故不但频发，而且发生生产事故的严重性，也是其他行业难以比拟的。同样一起事故，只有个别人的伤亡的事故显然不能和造成群死群伤的重大、特大和特别重大的事故相提并论，后者无论从损害的严重性，还是从对社会造成的影响来讲，都是前者所不能比拟的。

幸而2006年煤矿安全生产呈现好转的趋势，比如，全国工矿商贸企业发生生产事故12065起，死亡14382人，同比减少1077起、1486人，分别下降8.2%和9.4%；其中，煤矿企业发生2945起，死亡4746人，同比减少361起、1192人，分别下降10.9%和20.1%。2006年煤矿企业不但事故起数和死亡人数出现下降，其占工矿商贸比重也有所下降。

表2－3　　煤矿安全生产在全国工矿商贸安全生产地位

年份	事故类别	总计		一次死亡3—9人重大事故		一次死亡10人以上特大事故		一次死亡30人以上特别重大事故	
		起数	死亡人数	起数	死亡人数	起数	死亡人数	起数	死亡人数
2004	煤矿	3641	6027	247	1085	43	1044	8	523
	工矿商贸合计	14704	16497	541	2164	60	1347	10	630
	煤矿所占比重(%)	24.76	36.53	45.66	50.14	71.67	77.51	80.00	83.02
2005	煤矿	3306	5938	208	877	58	1739	11	961
	工矿商贸合计	13142	15868	494	2010	68	1942	13	1042
	煤矿所占比重(%)	25.16	37.42	42.11	43.63	85.29	89.55	84.62	92.23
2006	煤矿	2945	4746	237	1072	39	744	6	233
	工矿商贸合计	12065	14382	548	2276	48	882	6	233
	煤矿所占比重(%)	24.41	33.00	43.25	47.10	81.25	84.35	100.00	100.00

资料来源：根据国家安全生产监督管理总局网站资料整理。这里事故分类没有采用2007年国家安全监管总局在《关于调整生产安全事故调度统计报告的通知》中公布的最新分类。

3. 煤矿死亡人数和百万吨死亡率的国际比较。我国煤炭安全生产严峻形势不但与全国其他行业相比具有突出性特点，而且在世界上的记录也处于“最差”的行列之中。有人甚至认为，中国目前煤矿死亡人数比世界上所有其他产煤国煤矿死亡人数总和还要多。根据搜集到的数据，将我国煤矿事故死亡人数和百万吨死亡率与其他一些主要产煤国家如美国、印度、南非、波兰、俄罗斯进行比较，结果显示：1980—2000年我国煤矿平均每年死亡人数高达6027人，这个数据是俄罗斯煤矿同期平均死亡人数的26倍，印度的36倍，波兰的79倍，美国和南非的88倍；1980—2000年我国煤矿百万吨死亡率平均为6.33，这个数据是同期印度煤矿百万吨死亡率的7倍，俄罗斯的8倍，波兰的14倍，南非的15倍，美国的78倍（见表2－4）。这说明，我国煤矿安全状况不但远不能和美国等发达国家相比，就是与转轨国家如俄罗斯、波兰国家也无法相比，甚至与我国经济发达程度相当（以及经济发展程度落后于我国）的国家如印度等也无法相比。

表 2-4　世界部分国家煤矿事故死亡人数及百万吨死亡率

年份	美国		印度		南非		波兰		俄罗斯		中国	
	死亡人数/人	百万吨死亡率	死亡人数/人	百万吨死亡率	死亡人数/人	百万吨死亡率	死亡人数/人	百万吨死亡率	死亡人数/人	百万吨死亡率	死亡人数/人	百万吨死亡率
1980	133	0.17	151	1.33	104	0.89	135	0.76	—	—	5067	8.17
1981	154	0.21	162	1.26	—	—	89	0.55	—	—	5079	8.17
1982	122	0.16	173	1.28	133	0.99	144	0.72	—	—	4805	7.21
1983	70	0.09	178	1.24	216	1.49	95	0.50	—	—	5431	7.60
1984	124	0.16	167	1.09	110	0.68	90	0.49	—	—	5698	7.22
1985	67	0.08	191	1.21	93	0.54	88	0.48	—	—	6659	7.63
1986	87	0.09	193	1.11	67	0.38	138	0.72	—	—	6736	7.65
1987	64	0.08	157	0.85	96	0.54	106	0.55	—	—	6726	7.37
1988	53	0.06	183	0.93	53	0.30	114	0.59	—	—	6469	6.78
1989	67	0.07	176	0.84	54	0.30	88	0.50	—	—	6877	6.67
1990	67	0.07	118	0.54	50	0.28	75	0.51	279	0.72	6515	6.16
1991	62	0.07	144	0.63	42	0.24	68	0.32	252	0.73	5446	5.22
1992	55	0.06	173	0.69	43	0.23	52	0.26	318	0.97	4942	4.66
1993	47	0.06	297	1.18	45	0.25	59	0.45	325	1.09	5283	4.91
1994	44	0.05	197	0.75	54	0.28	33	0.25	282	1.08	7016	5.59
1995	47	0.05	137	0.54	31	0.15	34	0.23	273	1.09	6387	5.18
1996	39	0.04	146	0.48	45	0.22	45	0.25	179	0.74	6404	4.66
1997	30	0.03	165	0.52	40	0.19	—	—	241	1.06	6753	5.10
1998	29	0.03	146	0.46	42	0.19	33	0.28	139	—	6134	5.02
1999	34	0.03	138	0.43	28	0.13	20	0.18	104	0.44	6342	6.08
2000	38	0.04	134	0.42	30	0.13	28	0.26	115	0.46	5798	5.80
简单平均	68	0.08	168	0.85	69	0.42	77	0.44	228	0.84	6027	6.33
中国是它国的倍数	88	78	36	7	88	15	79	14	26	8	1	1

资料来源：根据以下资料整理：《中国煤炭工业年鉴》（1997 年），第 337 页；范维唐主编：《我国安全生产形势、差距和对策》，第 105—106 页。

根据国家安全监管总局2007年2月17日通过的《煤矿安全生产“十一五”规划》，“十五”时期，我国煤矿百万吨死亡率由2001年的5.07下降到2005年的2.81，下降了45%，但与先进采煤国家相比差距还很大。2005年，我国煤炭产量约占全球的37%，事故死亡人数则占近80%，煤矿百万吨死亡率约为美国的70倍、南非的17倍、波兰的10倍、俄罗斯和印度的7倍。严峻的安全生产状况不仅严重威胁着人民群众生命安全和健康，也影响到社会和谐及国际形象。[①]

与世界其他国家相比，我国煤矿安全生产状况“糟糕”之处，还表现在煤矿死亡率远远高于全社会平均死亡率水平，而世界一些国家其煤矿死亡率水平与全社会平均死亡率水平差距相对小的多。

根据2004年第一次全国经济普查的数据，我国煤矿从业人员540万人，全国工矿商贸从业人员16846万人，煤矿占全部工矿商贸从业人员的3.2%。与此同时，我国煤矿每年的死亡人数在6000人左右，而全国工矿商贸死亡人数在15000人左右，煤矿死亡人数占全部工矿商贸死亡人数的40%左右，照此计算，我国煤矿从业人员工作的死亡概率是全部工矿商贸从业人员死亡概率的12.5倍左右。

本书附录一中列出了1970—2004年部分产煤国家全社会死亡率和采矿业死亡率数据，根据这些数据，计算这些产煤国家采矿业死亡率为全社会平均死亡率的倍数，如表2-5所示。该表中的数据显示，尽管所有国家采矿业死亡率都高于全社会平均死亡率水平，但大多数国家采矿业死亡率与全社会平均死亡率的倍比系数不超过10倍，且随着时间的推移，这个倍比系数呈下降的趋势。相比之下，我国煤矿死亡率水平为全社会平均生产事故死亡率的12.5倍，可以说是偏高的。偏高的倍比系数，说明我国煤矿安全水平之差已经超出了社会容忍的底

① 国家安全生产监督管理总局：《煤矿安全生产“十一五”规划》，2007年2月17日。

线。这就是全社会要求加强煤矿安全生产呼声越来越高的一个重要原因。

表 2-5 世界部分产煤国家采矿业死亡率为全社会平均死亡率的倍数

年份	美国	加拿大	德国	英国	法国	土耳其	津巴布韦	印度	日本	韩国	埃及	菲律宾
1970	17.7	12.2	3.8	11.3	6.5	20.0	0.0	3.1	17.3	—	3.9	—
1975	11.0	13.1	2.9	9.0	2.7	13.7	5.3	6.8	20.3	—	5.0	1.2
1980	6.2	—	3.6	—	—	5.7	2.7	—	12.5	8.1	2.2	2.8
1985	5.0	21.4	4.0	9.9	—	5.3	3.9	—	47.0	10.8	3.7	1.0
1990	0.0	—	3.3	11.0	3.3	9.4	2.6	1.0	6.0	19.7	2.1	1.0
1995	4.4	11.0	—	0.0	3.4	7.7	4.0	1.1	7.0	34.8	2.9	—
2000	5.3	8.0	—	0.0	0.0	10.5	—	—	0.0	—	0.0	—
2004	7.8	8.0	—	0.0	—	14.3	—	—	0.0	—	0.0	—
简单平均	7.2	12.3	3.5	5.9	3.2	10.8	3.1	3.0	13.8	18.4	2.5	1.5

资料来源：根据 International labour office，Yearbook of labour statistics，Geneva 各期计算。

（二）我国煤矿企业安全生产的基本特征①

1. 在百万吨死亡率呈下降趋势的同时，总死亡人数却是上升的趋势。建国初期，由于煤炭产量比较低，绝对死亡人数并不是太多，1949—1957 年间，每年的死亡人数在 700 人左右。随着产量的持续增长，煤炭百万吨死亡率由一个很高的水平迅速下降到一个相对较低的水平。然而，1958—1960 年受“大跃进”影响，在这“三年困难时期”，煤矿安全生产状况急剧恶化，在煤矿产量快速增长的同时，煤矿死亡人数成倍增长，1958 年死亡人数为 2662 人，1959 年为 5098 人，1960 年达到 6036 人，导致百万吨死亡率迅速上窜至历史的第二个最高点。其后，随着大跃进的狂热逐步消退，煤矿安全生产形势

① 该部分内容参阅郭朝先：《中国煤矿企业安全生产问题研究》，2007 年 4 月，第 39—44 页。

逐步好转，绝对死亡人数和百万吨死亡率都出现了连续下降。但这种趋势由于1966年"文化大革命"的到来而停止了，死亡人数和百万吨死亡率再次上升。尽管1976年"文化大革命"结束了，但是，由于安全生产具有一定的"滞后性"，之后的两三年，死亡人数和百万吨死亡率仍然在高位徘徊，甚至直到1978年这一指标才停止了继续上升的趋势。改革开放以来，由于产量增长的原因，尽管煤矿百万吨死亡率不断呈下降的趋势，但死亡人数总体上则呈现不断上升的趋势（参见图2-5）。综观1949年以来我国煤矿安全生产状况，一个基本特征是绝对死亡人数上升趋势与相对死亡人数下降趋势并存。

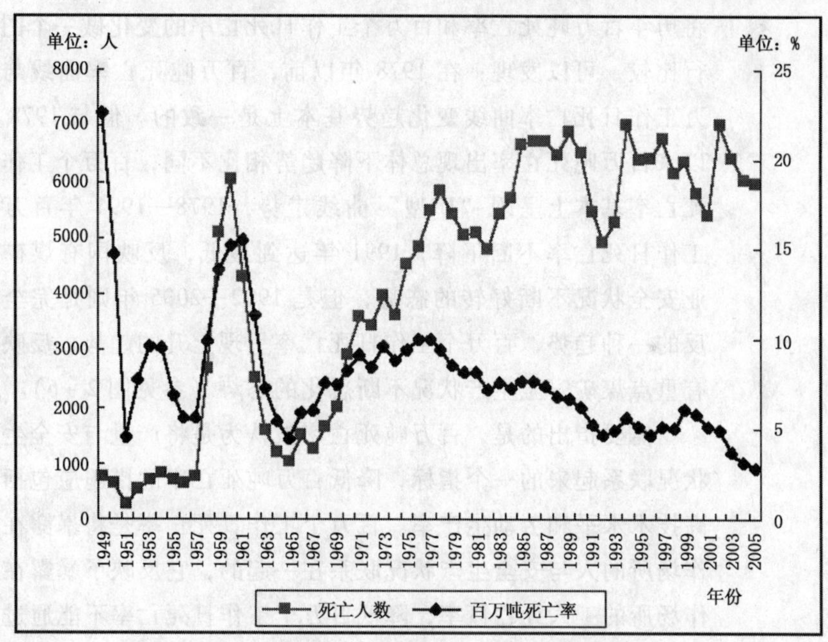

图2-5 1949—2005年我国煤矿死亡人数和百万吨死亡率

资料来源：《中国煤炭志·综合卷》和《中国煤炭工业年鉴》各期。

2. 在百万吨死亡率稳定下降的同时，百万个工作日死亡率却呈反弹趋势。从百万吨死亡率角度评价，我国煤矿安全生产状况是逐步好转的。但是，评价安全生产状况除了以百万吨死亡率评价外，还有其他评价指标，能否用别的指标进行评价，仍然得到煤矿安全生产状况好转的结论呢？比如，采用百万个工作日死亡率来评价我国煤矿安全生产状况（国际劳工组织推荐使用的百万个工作小时死亡率与百万个工作日死亡率本质上是一致的），结论将如何？

可以做一个简单的计算，将煤矿百万吨死亡率转换成百万个工作日死亡率：

百万个工作日死亡率（死亡人数/百万个工作日）= 百万吨死亡率（死亡人数/百万吨产量）× 原煤生产全员效率（吨/工）

出于统计数据上的原因，这里仅计算了 1963—2005 年我国国有重点煤矿企业的百万个工作日死亡率，结果见表 2－6，将历年百万吨死亡率和百万个工作日死亡率的变化做一个图进行比较，可以发现：在 1978 年以前，百万吨死亡率曲线与百万工作日死亡率曲线变化趋势基本上是一致的。但与 1978 年以来百万吨死亡率出现总体下降趋势相比不同，百万个工作日死亡率基本上呈现"U 型"曲线走势，1978—1991 年百万个工作日死亡率不断下降，1991 年达到最低，反映国有煤矿企业安全状况不断好转的态势，但是 1992—2005 年则是完全相反的一种趋势，百万个工作日死亡率呈现上升的趋势，反映国有重点煤矿安全生产状况不断恶化的态势（参见图 2－6）。

需要指出的是，百万吨死亡率被认为是将产量与安全生产状况联系起来的一个指标，降低百万吨死亡率的措施应包括提高技术水平和劳动生产率。百万个工作日死亡率是将暴露在工作场所的人与安全生产状况联系在一起的，它反映了暴露在工作场所的工人死亡概率，降低百万个工作日死亡率不能通过提高劳动生产率的方式解决，而应该是提高工作场所的安全水平来获得。从这个意义上说，降低百万个工作日死亡率更具有根本性意义。现阶段，我国煤矿百万个工作日死亡率上升，直接意味着工人死亡概率上升，意味着煤矿工人工作危险性程度增加。

表 2－6　　　　我国国有重点煤矿百万个工作日死亡率

年份	百万吨死亡率（1）	原煤全员效率（吨/工）（2）	百万个工作日死亡率（3）＝（1）×（2）
1963	6.110	0.663	4.051
1964	4.680	0.769	3.599
1965	4.450	0.863	3.840
1966	4.781	0.950	4.542
1967	5.159	0.720	3.714
1968	6.633	0.732	4.855
1969	6.804	0.792	5.389
1970	7.282	0.910	6.627
1971	6.213	0.915	5.685
1972	5.614	0.881	4.946
1973	6.090	0.847	5.158
1974	5.874	0.794	4.664
1975	5.987	0.901	5.394
1976	6.753	0.849	5.734
1977	7.336	0.871	6.389
1978	6.936	0.931	6.457
1979	6.102	0.965	5.888
1980	4.527	0.912	4.128
1981	5.199	0.870	4.523
1982	4.444	0.873	3.880
1983	4.514	0.891	4.022
1984	3.988	0.903	3.601
1985	3.842	0.939	3.608
1986	2.986	1.001	2.989
1987	2.575	1.053	2.711
1988	2.511	1.092	2.742
1989	1.735	1.157	2.007
1990	1.429	1.233	1.761
1991	1.057	1.259	1.331
1992	1.014	1.330	1.349

续表

年份	百万吨死亡率 (1)	原煤全员效率（吨/工） (2)	百万个工作日死亡率 (3) ＝ (1) × (2)
1993	1.115	1.400	1.561
1994	1.258	1.590	2.000
1995	1.158	1.520	1.760
1996	1.170	2.000	2.340
1997	1.423	2.079	2.959
1998	1.085	2.180	2.365
1999	1.011	2.260	2.286
2000	1.443	2.526	3.646
2001	1.210	2.780	3.364
2002	1.270	3.118	3.960
2003	1.100	3.343	3.677
2004	0.929	3.764	3.497
2005	0.958	4.109	3.936

注：原煤全员效率数据来自《中国煤炭志·综合卷》和《中国煤炭工业年鉴》各期。

图 2－6　国有重点煤矿历年百万吨死亡率和百万个工作日死亡率的变化

资料来源：《中国煤炭志·综合卷》和《中国煤炭工业年鉴》各期。

从安全生产的未来目标说，今后第一个目标就是要降低百万吨死亡率，这里采取的主要手段包括大力实施机械化、信息化等现代化采煤技术，大力提高劳动生产率；第二个目标就是要降低百万个工作日死亡率，增加安全投入，提高工作环境的安全程度，提高工人在工作期间的生存概率和生存期望值。

3. 不同类型煤矿安全生产状况差别显著，乡镇煤矿安全生产状况最糟糕。根据所有制类型（企业登记注册类型），我国历来把煤矿划分为国有重点煤矿、国有地方煤矿和乡镇（集体）煤矿。尽管1998年国务院决定将国有重点煤矿企业全部下放到地方，但这种划分没有改变，而是以法规的形式确定下来。比如根据《生产安全事故统计报表制度》（安监总统计［2006］26号）文件规定，国有重点煤矿：指原国家统配煤矿；国有地方煤矿：指军工（垦）、劳改及其他系统县级以上开办煤矿；乡镇煤矿企业，包括集体企业、股份合作企业、联营企业、有限责任公司、股份有限公司、私营企业、港澳台商投资企业、外商投资企业、其他企业等。

由于资源禀赋、资金实力、从业人员素质等方面的巨大差距，这三种类型煤矿在安全生产方面的差距是非常明显的。基本的情况是，国有重点煤矿安全生产状况最好，国有地方煤矿安全生产状况次之，乡镇煤矿安全生产状况最差。从大多数年份看，国有地方煤矿百万吨死亡率是国有重点煤矿的2—4倍，而乡镇煤矿百万吨死亡率又几乎是地方国有煤矿的2倍，可见，不同类型煤矿安全生产状况差距十分明显（见图2－7）。

从绝对死亡人数看，乡镇集体煤矿更是煤矿安全生产事故的重灾区，近年来死亡人数占煤矿全部死亡人数的比重约70%。起初，在改革开放以前，由于乡镇集体煤矿产量尚少，其安全生产事故死亡人数占煤矿总死亡人数的比重一般控制在25%以下。改革开放以后，特别是20世纪80年代初实行了“有水快流”政策，鼓励国家、集体、个人一起上办煤矿，乡镇煤矿在产量增长的同时，其死亡人数也迅速上升，1985年

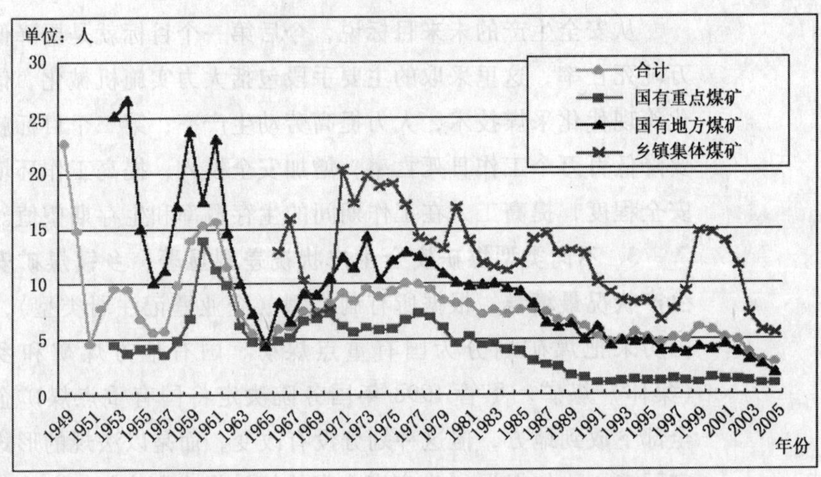

图 2－7　1949—2005 年我国各种类型煤矿百万吨死亡率变化

资料来源：《中国煤炭志·综合卷》和《中国煤炭工业年鉴》各期。

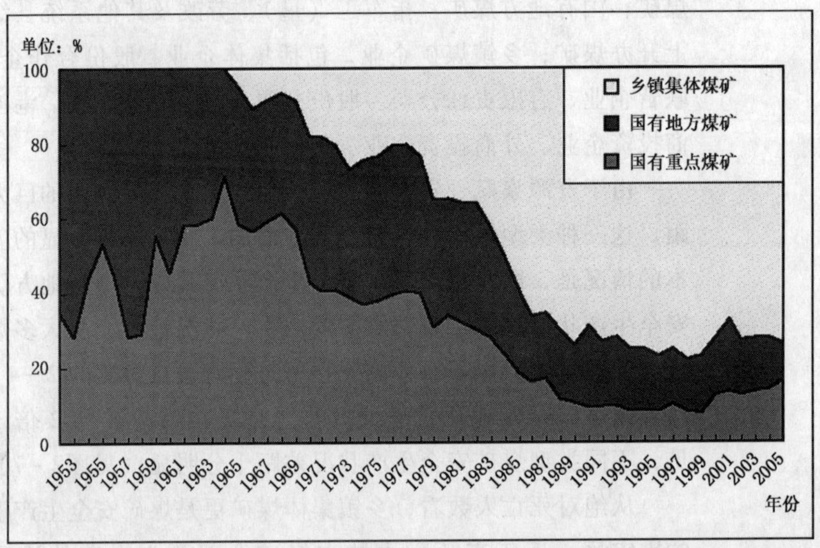

图 2－8　1953—2005 年不同类型煤矿的死亡人数对比情况

资料来源：《中国煤炭志·综合卷》和《中国煤炭工业年鉴》各期。

以来，大多数年份乡镇煤矿死亡人数在 4000 人以上。1990 年以来，绝大多数年份乡镇煤矿死亡人数占全部煤矿的比重超过 70%（见图 2－8）。近年来，国有重点煤矿、国有地方煤矿和乡镇集体煤矿在产量上的比重约为5:1.5:3.5，而在死亡人数上的比重约为1.5:1.5:7。

4. 不同地区煤矿安全生产状况差距明显，南方煤矿死亡率普遍高于北方。从历年各地煤矿百万吨死亡率来看，一些地区经常高于全国平均水平，而另外一些地区经常性低于全国平均水平（表2-7）。从2001—2005年各地煤矿百万吨死亡率情形来看，吉林、江西、湖北、湖南、重庆、贵州等属于事故高发地区；山西、内蒙古、安徽、山东、河南、宁夏等属于事故低发地区。不同地区煤矿安全生产状况差距之所以比较明显，与地质条件有关。一般地，南方地区煤田地质稳定性差，容易发生事故；北方地区煤田地质稳定性较好，相对来说，容易控制事故发生。结果是，南方地区煤矿百万吨死亡率普遍高于北方地区，当然也有一些例外。

表2-7　2001—2005年各地区煤矿企业百万吨死亡率　单位：人

	2001年	2002年	2003年	2004年	2005年
全国	5.128	4.940	3.724	3.081	2.811
北京	3.365	1.990	6.141	2.977	1.735
河北	3.247	3.390	3.213	1.984	4.154
山西	1.822	1.380	1.103	0.984	0.871
内蒙古	1.235	1.090	1.064	0.490	0.554
辽宁	5.441	5.100	3.916	3.266	5.030
吉林	13.633	19.480	8.386	6.713	7.976
黑龙江	5.052	6.330	2.653	1.900	4.088
江苏	4.699	0.940	0.842	0.451	0.270
浙江	7.895	11.270	17.436	19.183	38.113
安徽	2.166	1.500	2.451	1.118	0.982
福建	6.679	5.320	8.090	6.775	6.194
江西	13.035	10.710	12.683	8.656	6.732
山东	1.523	0.830	0.677	0.357	0.322
河南	2.558	2.840	2.026	2.464	1.404

续表

	2001 年	2002 年	2003 年	2004 年	2005 年
湖　北	26.486	19.690	19.628	14.188	12.282
湖　南	31.188	19.480	13.228	11.162	10.394
广　东	15.041	10.460	15.537	15.240	57.224
广　西	10.287	17.390	7.424	3.716	3.731
四　川	12.281	12.220	8.056	6.729	6.574
重　庆	14.920	20.990	17.825	13.790	13.744
贵　州	17.850	17.820	12.458	9.163	7.885
云　南	10.218	10.480	8.525	5.741	4.092
陕　西	6.148	2.920	1.318	2.261	1.366
甘　肃	3.628	2.920	3.285	3.112	1.337
青　海	4.382	8.870	5.556	4.460	2.148
宁　夏	1.467	1.100	1.640	1.275	1.093
新　疆	7.801	6.360	4.565	3.453	6.289

资料来源：《中国煤炭工业年鉴》，煤炭工业出版社 2002 版、2003 版、2004 版、2005 年版。

5. 从死亡事故类型看，瓦斯和顶板是最主要的两种。毋庸赘述，煤矿开采是一项非常危险的工作，矿工们全天暴露在其他职业所不会面临的许多灾害之下，瓦斯、水、火、地质、温度、顶板等都可能导致灾害事故的发生，特别是瓦斯爆炸，有可能立刻造成数十甚至数百名矿工的死亡。

表 2－8 显示 1997—2005 年我国煤矿死亡事故的主要原因。各种死亡原因的相对比重在各年间的分布略有差别，但主要原因所占的比重是相对稳定的，瓦斯爆炸和顶板事故是我国煤矿死亡事故的两个最主要原因，两者之和所占比重经常超过 70%。因此，控制瓦斯和顶板事故就成为治理煤矿安全生产问题的关键，尤其是治理瓦斯，防止瓦斯和煤尘爆炸，充分利用煤层气（瓦斯）就成为降低煤矿事故一项十分重要的工作。

表 2－8　　我国煤矿各类伤亡事故统计表　　单位：人，%

		顶板	瓦斯	机电	运输	放炮	水害	火灾	其他	总计
1997 年	死亡人数	1802	3672	145	418	76	401	60	179	6753
	比重	26.7	54.4	2.1	6.2	1.1	5.9	0.9	2.7	100
1998 年	死亡人数	1615	3151	108	412	73	500	52	223	6134
	比重	26.3	51.4	1.8	6.7	1.2	8.2	0.8	3.6	100
1999 年	死亡人数	1970	3162	104	343	60	468	33	202	6342
	比重	31.1	49.9	1.6	5.4	0.9	7.4	0.5	3.2	100
2000 年	死亡人数	1532	3291	51	293	57	318	39	164	5745
	比重	26.7	57.3	0.9	5.1	1.0	5.5	0.7	2.9	100
2001 年	死亡人数	1879	2436	99	495	68	432	83	175	5667
	比重	33.2	43.0	1.7	8.7	1.2	7.6	1.5	3.1	100
2002 年	死亡人数	2427	2297	133	532	92	509	185	820	6995
	比重	34.7	32.8	1.9	7.6	1.3	7.3	2.6	11.7	100
2003 年	死亡人数	2452	2060	128	568	97	545	75	509	6434
	比重	38.1	32.0	2.0	8.8	1.5	8.5	1.2	7.9	100
2004 年	死亡人数	2309	1900	89	605	122	357	91	554	6027
	比重	38.3	31.5	1.5	10.0	2.0	5.9	1.5	9.2	100
2005 年	死亡人数	2058	2171	105	578	101	605	58	262	5938
	比重	34.7	36.6	1.8	9.7	1.7	10.2	1.0	4.4	100

资料来源：《中国煤炭工业年鉴》各期。

三、非煤矿山的安全生产状况

按照我国国民经济统计分类，采掘工业分为煤炭开采和洗选业、石油和天然气开采业、黑色金属矿采选业、有色金属矿采选业、非金属矿采选业和其他采矿业。这里，探讨除煤炭开采和洗选业之外的其他采掘工业（即非煤矿山）安全生产问题。据不完全统计，我国已开发的矿种有 181 种，主要开发的矿种有45种，它们是煤炭、铀矿、石油、天然气、铁矿、锰矿、铬铁矿、钛矿、铜矿、锌矿、铝土矿、镍矿、钴矿、钨矿、锡矿、钼矿、锑矿、金矿、银矿、铂族金属、锶矿、稀土金属、磷镁矿、萤石、耐火粘土、硫铁矿、磷矿、钾盐、硼矿、钠盐、芒硝、重晶石、水泥灰岩、玻璃用石英岩/砂/砂岩/脉石英/硅质原料、石膏、高岭土、膨润土、硅藻土、饰面石材/花岗岩/大理石、金刚石、石墨、石棉、滑石、硅灰石。由此可见，非煤矿山包括种类繁多的矿山，而各种类型的矿山又面临着特殊的安全问题。我国非煤矿山点多面广，安全生产任务繁重。在采矿作业中，特别是地下矿山，巷道狭窄、阴暗潮湿、粉尘浓度高、噪声高和柴油设备的废气污染，作业人员要承受机械、电气、车辆伤害、高处坠落等事故的危害，露天边坡塌陷、地下矿片帮冒顶、透水、放炮、中毒与窒息对工人生命安全威胁更大。因此，非煤矿山的安全生产问题和复杂程度并不亚于煤矿安全生产问题和复杂程度，很值得探讨。

（一）我国非煤矿山自然基础条件存在的问题

1. 工程地质灾害事故多。矿山工程地质灾害是矿山安全事故的内因。目前，影响我国非煤矿山安全生产的主要工程地质灾害有：

（1）地表塌陷。地面下沉和塌陷是地下开采普遍出现的土地破坏问题。比如，凡口铅锌矿因疏干产生地表塌陷1982个，范围达675平方千米，受损农田约66.7平方千米，建筑物撤迁7平方千米；山东莱州马塘金矿因开采导致地表严重塌陷，致使莱州至招远的国家级公路遭受严重的塌陷破坏而中断交通，民房被毁，等等。

（2）冒顶片帮和坍塌。顶板冒落一直是最受关注的矿山安全生产问题。我国非煤矿山的统计资料表明，1987—1999年，冒顶片帮和坍塌事故死亡人数占非煤矿山死亡人数的

44%。最近国家安全生产监督管理局组织的一次调查发现，几乎所有的地下矿山都将冒顶片帮和坍塌列为应解决的安全生产问题。

（3）地下水灾害。我国矿山地下水灾害非常严重，其主要表现形式为突水淹井、海水入侵，从而破坏水资源、产生井下泥石流、引起地面塌陷等。湖南水口山铅锌矿、广东凡口铅锌矿、安徽铜陵安庆铜矿和冬瓜山铜矿、湖北大冶有色金属公司铜录山铜矿、广西高峰锡矿、武钢程潮铁矿、贵州开阳磷矿等一大批矿山都不同程度地遭受地下水灾害的影响。如 1994 年底安徽铜陵冬瓜山铜矿主井在施工中多次被突水淹井；山东莱芜矿谷家台二矿区 1999 年发生的特大井下涌水事故，造成 29 人死亡；2001 年 7 月 17 日凌晨 3 时广西南丹县境内的大厂矿区拉甲坡锡矿和龙山锡矿因矿坑涌水，导致这两个矿山同时被淹，死亡 81 人，造成惨重的伤亡事故和巨大的经济损失。

（4）深部岩爆。据统计，在未来的 10—15 年，我国将有近 1/3 的有色矿山进入深井开采。冬瓜山铜矿已建成 2 条超 1000 米竖井来进行深井开采；湘西金矿开拓 38 个中段，垂深超过 850 米。此外，还有金川镍矿、云南会泽铅锌矿、凡口铅锌矿、乳山金矿、寿王坟铜矿等许多矿山都将进行深井开采。随着开采深度的增加，深井开采的地压加剧，岩爆发生的可能性加大，严重威胁人员和设备的安全，如红透山铜矿目前开采已进入 900—1100 米深度，在 1999 年发生中等程度的岩爆，导致近 100 米长的斜坡道一次性崩塌报废和部分采场停产。

（5）露天矿高陡边坡和排土场失稳。露天矿边坡稳定性问题直接关系到露天开采矿山的经济效益和安全生产，我国许多非煤露天矿山都不同程度地出现露天边坡稳定性问题，如江西新余钢铁公司良山铁矿，江西铜业公司所属的德兴铜矿、永平铜矿、城门山铜矿，大冶有色金属公司的铜录山铜矿，攀钢矿业公司、南芬露天矿、金堆城钼矿，贵州翁福磷矿等矿山。攀钢矿业公司石灰石矿发生过 2 次大的滑坡，滑坡总量达

1900万吨，造成压矿1550万吨，采矿生产能力减少一半。为满足攀钢生产需求，每年需购进石灰石原矿30万—40万吨。

排土场安全方面存在的主要问题为：①设计不规范，我国的排土场一直沿袭苏联时期的设计模式，不经过任何安全及稳定性评价，直接圈出占地，给出堆高等，给排土场的安全和环境留下隐患；②由于我国人多地少，排土场大量占用耕地，且大多位于有一定居民区及大量耕地区域，也是安全工作的一大难题；③我国排土场普遍堆置较高，存在滑坡及泥石流灾害隐患；④无相应的规范及安全操作规程。

2. 安全生产重大隐患多。

（1）矿界问题产生的安全隐患。在一个矿区（有时是在一个矿体）内多家同时开采的情形屡见不鲜。有的矿山在一个非常狭小的空间内，露天地下同时作业，导致经常发生安全事故。这种隐患表现为以下形式：①矿界相邻（或相切）。甲矿开采的错动线到达乙矿的矿界内，乙矿开采的错动线到达甲矿的矿界内，互相错动，形成安全隐患。有的竖井就位于自己开采的错动界限内。造成此种隐患的根源是矿界划分时，未考虑开采错动问题。而矿界的划定权在国土资源部门，矿山根本无能力解决此问题。②在一个露天坑内，多家同时作业。既无隔离区又无隔离带，由于进度不一，有的垂直高度相差几十米。如七台河市北山10多家采石场就存在这种情况，这样在爆破、通风、岩石移动、防水等方面，均存在重大隐患。③矿界重叠。国有大矿在上部露天开采，个体矿主在下部地下开采。虽然有关规定要求个体矿开采使用充填法，但由于此法成本较高，个体矿山没有能力做到，这就造成国有大矿在小矿山开采的错动范围内作业。④国有矿山在小矿点抢矿形成的老峒区内进行地下开采。这些老峒区一无图纸，二无资料，透水、高空坠落、地压和老峒废气等隐患随时在威胁生产。[①]

① 刘大成：《非煤矿山事故隐患分析》，《当代矿工》2006年第5期。

（2）尾矿库隐患。我国非煤矿山每年产出尾矿约3亿吨，基本上堆存在大约1500座尾矿库中，其中80%属于黑色、有色冶金矿山，其他行业占20%。这些库中最大设计坝高260米，超过100米的有26座。坝高低于30米的小库占80%左右。但20%的大、中型库的库容占总设计库容的80%。由于尾矿库的建设标准低，筑坝、维护、管理技术水平较低，大量的尾矿库带病运行，又得不到有效的治理，其安全状况不容乐观。在这些尾矿库中，正常运行的不足70%，相当数量的尾矿库处于险、病、超期服务状态，这是一个巨大的潜在隐患。甚至是灾难，如2000年10月18日广西鸿图选矿厂尾矿库坝体滑塌，死亡29人。

（3）采空区隐患。地下矿山的采掘作业留下了大量的采空区，特别是大量的乱采滥挖的小矿点留下的采空区，使得地表和建筑物开裂、下陷，山体滑坡，严重威胁人民生命、财产安全。采空区的治理难度大、费用高，往往涉及重新征地、拆迁建筑物及公路、铁路甚至河流改道等问题。

（4）闭库尾矿库和闭坑采空区隐患。闭库尾矿库和闭坑采空区如治理不力、管理不善，将对社会造成极大危害。我国始建于20世纪50—60年代的矿山有很多已面临闭坑，已闭库和将闭库的尾矿库和地下采空区将越来越多，矿山企业已无力对尾矿库和采空区进行治理，民采矿点根本不考虑。闭库尾矿库和闭坑采空区的管理问题将越来越突出，已成为一个重大的社会问题。

（二）我国非煤矿山的增长及安全生产状况

表2-9、表2-10、表2-11、表2-12分别反映了规模以上石油和天然气开采业、黑色金属矿采选业、有色金属矿采选业和非金属矿采选业的增长情况以及在全部工业中的比重变化情况，结果表明，1993—2005年，这些非煤矿山大多数时

间都在增长，除了非金属矿增长落后于整个工业的增长速度外，其他非煤矿山基本上和整个工业增长速度相当。庞大的非煤矿山规模及其生产能力对于搞好安全生产是一个严峻的挑战。非金属矿的数量在过去的时间里有了较大幅度的减少，这主要是国家对非金属矿山采取了较为严厉的治理措施，特别是2002年以来，通过非煤矿山安全专项整治工作的开展和安全生产许可证制度的实施，非金属矿山的数量维持在一个比较稳定的水平上。考虑到非金属矿山在整个非煤矿山中安全生产的重要地位，其数量的减少对于今后搞好安全生产有一定的积极意义。

表2-9　1993—2005年石油和天然气开采业规模以上企业基本情况

年份	绝对数				占总体工业的比重（%）			
	企业数（个）	工业总产值（亿元）	工业增加值（亿元）	资产总额（亿元）	企业数	工业总产值	工业增加值	资产总额
1993	74	968.09	565.14	—	0.016	2.44	4.40	—
1994	85	1360.39	751.20	2498.98	0.016	2.65	5.11	3.99
1995	134	1428.46	939.32	2625.27	0.023	2.60	6.08	3.31
1996	133	1639.29	992.81	2798.63	0.023	2.61	5.45	3.11
1997	83	1875.10	1155.87	3099.42	0.016	2.74	5.83	3.00
1998	76	1796.32	1186.41	3348.73	0.046	2.65	6.11	3.08
1999	75	2084.89	1438.45	4085.06	0.046	2.87	6.67	3.49
2000	82	3130.11	2209.02	4088.12	0.050	2.89	6.90	3.31
2001	90	2780.05	2018.79	4240.20	0.053	2.91	7.13	3.13
2002	84	2756.59	1937.05	4402.47	0.046	2.49	5.87	3.01
2003	112	3479.02	2388.22	4944.97	0.057	2.45	5.69	2.93
2004	125	—	—	5484.21	0.045	—	—	2.55
2005	174	6286.27	4813.96	6751.78	0.064	2.50	6.67	2.76

注：1998年之前的统计口径是乡及乡以上工业企业；1998年以后是全部国有和规模以上非国有企业。

资料来源：相关年份《中国统计年鉴》。

表 2－10 1993—2005 年黑色金属矿采选业规模以上企业基本情况

年份	绝对数				占总体工业的比重（%）			
	企业数（个）	工业总产值（亿元）	工业增加值（亿元）	资产总额（亿元）	企业数	工业总产值	工业增加值	资产总额
1993	1915	85.3	36.9	—	0.43	0.18	0.29	—
1994	2035	115.1	40.2	239.5	0.38	0.16	0.27	0.38
1995	2141	111.9	41.1	283.5	0.36	0.12	0.27	0.36
1996	2077	145.8	56.4	310.1	0.36	0.15	0.31	0.34
1997	1948	165.4	58.8	315.2	0.36	0.15	0.30	0.30
1998	577	150.9	54.2	352.2	0.35	0.13	0.28	0.32
1999	578	147.1	53.0	323.3	0.36	0.12	0.25	0.28
2000	598	164.9	62.3	326.0	0.37	0.19	0.25	0.26
2001	646	191.0	72.3	341.2	0.38	0.20	0.26	0.25
2002	696	225.5	86.3	392.1	0.38	0.20	0.26	0.27
2003	913	350.9	146.2	472.7	0.47	0.25	0.35	0.28
2004	1050	—	—	587.0	0.38	—	—	0.27
2005	2087	989.6	426.5	1167.2	0.77	0.39	0.59	0.48

资料来源：相关年份《中国统计年鉴》。

表 2－11 1993—2005 年有色金属矿采选业规模以上企业基本情况

年份	绝对数				占总体工业的比重（%）			
	企业数（个）	工业总产值（亿元）	工业增加值（亿元）	资产总额（亿元）	企业数	工业总产值	工业增加值	资产总额
1993	2849	191.26	79.16	—	0.63	0.40	0.62	—
1994	3094	277.54	89.49	388.24	0.58	0.40	0.61	0.62
1995	3774	322.17	113.55	448.9	0.64	0.35	0.74	0.57
1996	3822	347.83	121.01	493.62	0.66	0.35	0.66	0.55
1997	3597	389.56	133.11	524.67	0.67	0.34	0.67	0.51
1998	1416	339.02	111.27	498.46	0.86	0.28	0.57	0.46
1999	1428	361.52	126.05	514.8	0.88	0.29	0.58	0.44
2000	1439	405.36	139.77	548.93	0.88	0.47	0.55	0.43
2001	1310	419.15	141.78	555.07	0.76	0.44	0.50	0.41

续表

年份	绝对数				占总体工业的比重（%）			
	企业数（个）	工业总产值（亿元）	工业增加值（亿元）	资产总额（亿元）	企业数	工业总产值	工业增加值	资产总额
2002	1291	463.9	150.8	561.21	0.71	0.42	0.46	0.38
2003	1276	573.28	177.65	614.19	0.65	0.40	0.42	0.36
2004	1281	—	—	710.39	0.46	—	—	0.33
2005	1529	1140.41	427.6	968.64	0.56	0.45	0.59	0.40

资料来源：相关年份《中国统计年鉴》。

表 2－12　　1993—2005 年非金属矿采选业规模以上企业基本情况

年份	绝对数				占总体工业的比重（%）			
	企业数（个）	工业总产值（亿元）	工业增加值（亿元）	资产总额（亿元）	企业数	工业总产值	工业增加值	资产总额
1993	11146	278.93	135.16	—	2.48	0.58	1.05	—
1994	11561	363.48	135.32	410.81	2.17	0.52	0.92	0.66
1995	11820	364.92	133.92	510.83	2.00	0.40	0.87	0.64
1996	11657	464.12	164.72	532.93	2.01	0.47	0.90	0.59
1997	10902	531.58	178.87	608.99	2.04	0.47	0.90	0.59
1998	1849	328.26	110.74	535.71	1.12	0.28	0.57	0.49
1999	1817	341.66	118.36	575.79	1.12	0.27	0.55	0.49
2000	1770	356.94	122.64	669.14	1.09	0.42	0.48	0.53
2001	1749	373.52	125.42	698.84	1.02	0.39	0.44	0.52
2002	1711	419.21	142.48	727.56	0.94	0.38	0.43	0.50
2003	1827	486.75	162.88	712.43	0.93	0.34	0.39	0.42
2004	1984	—	—	792.91	0.72	—	—	0.37
2005	2242	756.51	280.51	682.49	0.82	0.30	0.39	0.28

资料来源：相关年份《中国统计年鉴》。

伴随着非煤矿山数量的增长，其安全生产状况也发生了相应的变化，近年来，非煤矿山的安全生产状况可以概括为：

1. 从事故总量看，基本遏制住安全生产状况恶化的势头。

如图 2－9 所示，从分年度的统计数据看，从 20 世纪 80 年代中期到 90 年代中期，全国非煤矿山死亡人数处于上升时期，从 20 世纪 90 年代后期到 2000 年，死亡人数出现了明显的下降，然后从 2000 年的死亡 1230 人直线上升到 2003 年的 2890 人，2003 年以后，由于国家大力采取治理措施，全国非煤矿山安全生产状况继续恶化的态势得到有效遏制。但是，对于 1995—2000 年非煤矿山死亡人数下降，有不少人持怀疑态度，这有一定的道理，因为那个时期全国主管矿山和安全生产的机构面临着重组，比较混乱，队伍不稳，统计数据有可能失真。2001 年之后，由于国家加强了安全生产监督管理工作，关于安全生产的统计数据才开始比较系统和准确。

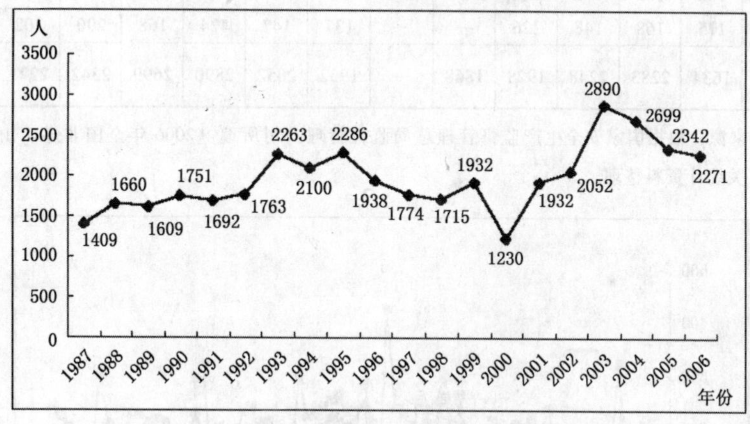

图 2－9　1978—2006 年全国非煤矿山死亡人数

资料来源：根据范维唐所著的《我国安全生产形势、差距和对策》一书以及国家安全生产监督管理总局监督管理一司提供的资料整理。

从 2001—2007 年 6 月的分月度统计数据看，非煤矿山的安全生产情况极不稳定，安全生产状况好时，事故发生率和死亡人数都在 100 起和 100 人以下，安全生产状况差时，事故发生率和死亡人数都在 200 起和 300 人以上。一般表现为春节期间事故起数和死亡人数有所下降（开工少），但在春节前后，也许是由于赶生产进度，生产事故发生率则比较高（见表 2－13和图 2－10）。

表 2－13　2001—2007 年上半年非煤矿山伤亡事故按月统计表

月份	事故起数							死亡人数						
	2001年	2002年	2003年	2004年	2005年	2006年	2007年	2001年	2002年	2003年	2004年	2005年	2006年	2007年
1	38	129	131	83	104	68	130	53	159	151	98	120	87	176
2	83	38	115	175	53	67	39	108	55	144	207	59	82	47
3	132	127	235	242	172	157	113	172	155	261	283	209	187	145
4	128	164	210	221	175	168	162	203	235	239	233	206	208	203
5	117	147	257	200	188	168	178	169	184	296	229	238	213	218
6	93	160	204	220	179	165	193	113	220	249	261	225	208	237
7	134	158	209	219	164	191	—	319	182	230	250	181	223	—
8	130	157	196	196	144	179	—	177	200	233	238	169	223	—
9	121	141	188	184	171	167	—	161	151	202	222	196	189	—
10	114	132	184	181	164	—	—	144	154	226	220	136	146	—
11	135	166	186	179	188	—	—	176	210	235	290	313	203	—
12	88	115	168	148	226	—	—	137	147	424	168	290	302	—
合计	1313	1634	2283	2248	1928	1868	—	1932	2052	2890	2699	2342	2271	—

资料来源：根据国家安全生产监督管理总局监督管理一司所编《2006 年全国非煤矿山事故分析》的有关统计资料整理。

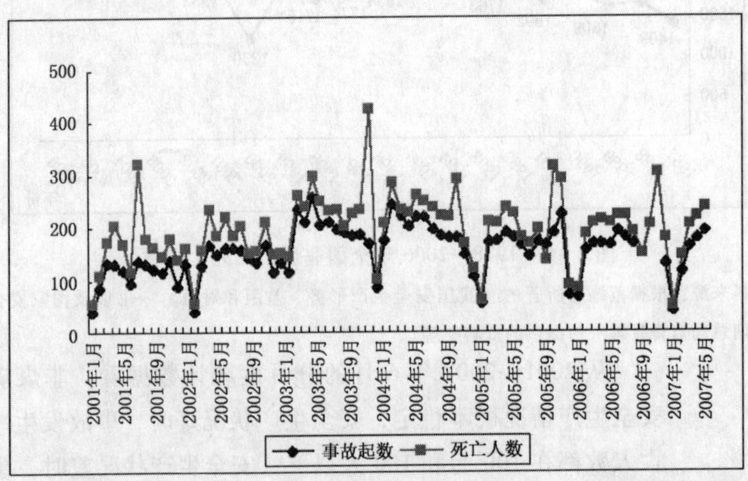

图 2－10　2001 年 1 月—2007 年 6 月非煤矿山生产事故统计图

资料来源：根据国家安全生产监督管理总局监督管理一司所编《2006 年全国非煤矿山事故分析》的有关资料整理。

2. 从行业看，非金属矿生产事故占据首位。截至2006年底，全国已取得安全生产许可证的非煤矿山共有91998座，其中金属矿山8301座，占总数的9.02%，非金属矿山80702座，占总数的87.72%，其他矿山2995座，占总数的3.26%。各行业生产事故发生率和死亡人数基本上与这些行业的矿山数量成正比。

如表2－14，对1993—2002年我国非煤矿山企业死亡人数按行业统计分析表明，建材矿山死亡人数最多，其次是有色金属矿山和黑色金属矿山。建材矿山每年死亡人数约占非煤矿山死亡人数的一半，这与我国从20世纪80年代开始乡镇采石场快速发展是正相关的。1998—2000年死亡人数大幅度下降，这与实际情况不符合。主要原因是政府机构改革过程中安全管理职能划转、市县级安全生产监督管理机构不到位造成的事故统计数据失真。

表2－14　1993—2002年非煤矿山企业死亡人数按行业统计情况表

年份	1993	1994	1995	1996	1997	1998	1999	2000	2001	2002
非煤矿山合计	2263	2100	2286	1938	1774	1715	1425	941	1932	2054
黑色金属矿	255	236	211	166	162	188	153	80	170	238
有色金属矿	405	384	409	386	373	289	246	286	448	293
金矿	188	181	180	211	147	135	178	22	175	224
化学矿山	116	99	147	135	103	123	55	1	39	55
建材矿山	1114	1082	1145	863	811	798	649	450	859	964
石油和天然气	38	28	34	36	45	69	55	21	21	21
稀有金属矿	10	1	16	8	10	7	8	1	33	34
其他非金属矿	49	17	63	63	42	48	43	30	47	95
地质勘探	19	12	6	8	9	15	3	16	28	32
其他矿山	69	60	75	62	72	43	35	34	112	98

罗云、黄毅：《中国安全生产发展战略——论安全生产保障五要素》，化学工业出版社2005年版，第15页。

表2－15是2005年2006年的数据，从中可以看出，非金属矿山事故起数、死亡人数都是最多的，事故起数占非煤矿山的比重超过50%，死亡人数占非煤矿山的比重则接近50%。其次是有色金属矿山，事故起数和死亡人数一般占非煤矿山的1/4—1/3之间。黑色金属矿山所占的比重一般在10%以上，其他采矿业则在10%以下。石油和天然气开采业所占的比重一般很小，仅占非煤矿山事故起数和死亡人数的1%强。

表2－15　　非煤矿山生产事故的行业分布

	2005年				2006年			
	事故起数	比重（%）	死亡人数	比重（%）	事故起数	比重（%）	死亡人数	比重（%）
合　计	1928	100	2342	100	1869	100	2271	100
石油和天然气开采业	24	1.24	25	1.07	23	1.23	34	1.50
黑色金属矿采选业	207	10.74	267	11.40	211	11.29	280	12.33
有色金属矿采选业	500	25.93	635	27.11	537	28.73	693	30.52
非金属矿采选业	1050	54.46	1243	53.07	918	49.12	1057	46.54
其他采矿业	143	7.42	167	7.13	180	9.63	207	9.11

资料来源：根据国家安全生产监督管理总局监督管理一司所编《2006年全国非煤矿山事故分析》的有关资料整理。

3. 从地区分布看，多数集中于南方地区。如表2－16所示，从2005年和2006年分地区情况看，云南、四川、辽宁、河北、湖北、湖南、浙江、安徽、福建、广西、陕西、贵州等地区非煤矿山事故死亡人数较多，超过100人，占全国非煤矿山事故死亡总人数的70%以上。这显然与南方地质条件比较复杂有关。

4. 从事故类别看，物体打击、冒顶片帮是主要类型。从事故类型看，事故分布比较集中，主要集中在物体打击、冒顶片帮、高处坠落、坍塌和放炮等类型上。如表2－17，2006年全国非煤矿山共发生物体打击、冒顶片帮、高处坠落、坍塌和放炮等类型的伤亡事故1431起，死亡1692人，分别占伤亡事故总起数和总死亡人数的76.6%和74.5%。在各类事故中，事故起数居第一位的是物体打击事故，占21.0%，其次是冒顶片帮事故，占19.5%；死亡人数居第一位的是冒顶片帮事故，占18.7%，其次是物体打击事故，占18.3%。

表2－16　非煤矿山生产事故分地区情况表

地区	事故		死亡人数		地区	事故		死亡人数	
	2005年	2006年	2005年	2006年		2005年	2006年	2005年	2006年
合计	1928	1869	2342	2271	河南	45	53	71	64
北京	4	8	7	9	湖北	162	119	177	139
天津	1	1	1	2	湖南	110	97	148	131
河北	60	62	115	89	广东	70	59	83	64
山西	25	20	40	35	广西	120	114	122	127
内蒙古	65	62	82	77	海南	22	17	25	18
辽宁	93	135	114	156	四川	107	140	132	160
吉林	24	33	26	39	贵州	106	81	120	104
黑龙江	33	23	34	31	云南	140	122	174	160
上海	1	1	0		西藏	10	9	11	9
江苏	23	22	29	24	重庆	85	62	97	84
浙江	122	118	140	129	陕西	72	70	88	110
安徽	113	110	129	127	甘肃	22	41	27	44
福建	91	73	103	86	青海	14	12	14	13
江西	81	80	93	85	宁夏	5	9	5	9
山东	39	43	62	56	新疆	59	72	68	89
					新疆生产建设兵团	0	1	0	1

资料来源：根据国家安全生产监督管理总局监督管理一司所编《2006年全国非煤矿山事故分析》的有关资料整理。

从死亡人数看，坍塌事故死亡人数下降比重较大，同比下降18.3%；高处坠落、中毒窒息、放炮事故死亡人数均有所上升，同比分别上升 11.1%、6.1% 和 5.1%。

表 2-17　　2006 年金属与非金属矿事故分事故类型情况表

	事故起数	同比		死亡人数	同比	
		±	±%		±	±%
合　计	1869	-59	-3.1	2271	-71	-3.0
冒顶片帮	362	3	0.8	422	-2	-0.5
物体打击	390	-23	-5.6	413	-17	-4.0
坍塌	223	-42	-15.9	331	-74	-18.3
高处坠落	302	19	6.7	320	32	11.1
放炮	154	-5	-3.1	206	10	5.1
中毒和窒息	78	2	2.6	157	9	6.1
机械伤害	92	-4	-4.2	92	-4	-4.2
车辆伤害	78	-2	-2.5	85	-5	-5.6
其他伤害	175	-6	—	229	-20	—

资料来源：根据国家安全生产监督管理总局监督管理一司所编《2006 年全国非煤矿山事故分析》的有关资料整理。

四、建筑业的安全生产状况

在世界范围内讲，建筑业都是一个相对危险的行业。据国际劳工组织估计，2003 年全球的重大职业安全事故总数为 35.5 万起，其中建筑业的安全事故约 6 万起，占 16.9%，也就是说该行业每 10 分钟就会发生一起致命事故。此外，在工业化国家，发生在建筑工地上的死亡人数在与工作相关的死亡中占据的比重高达 25%—40%，而该行业雇佣的劳动力在全部劳动力中所占比重为 6%—10%。根据多方面的数据，美国建筑业的死亡人数和死亡人数占所有行业的比重一直居高不下，甚至不断增长。尤其是 2004 年，美国建筑业死亡人数累计达 1268 人，占所有行业死亡总人数 5764 人的 22%，而美国建筑业雇用的劳动力仅占全美总劳动力的 6.55%，相对之下可见死亡率极高。此外，据统计，各类伤亡事故造成的直接和间接损失，已经占到了美国新建非住宅项目总成本的 7.9%—15%。[①] 又如，日本的一份研究报告指出，建筑业工人人数占全体工人人数的 10%，但是该行业事故死亡人数占死亡总数的 40%，20% 以上的事故造成 4 天以上的工作日损失，40% 以上的事故导致 3 人以上受伤或死亡。

在我国，建筑业的安全生产形势一直比较严峻。据国家安全生产监督管理局发布的数据，2004 年建筑业发生事故 2582 起，死亡总人数为 2789 人，2005 年建筑业发生事故 2288 起，死亡 2607 人。尽管，2005 年建筑业伤亡事故的起数和死亡人数同比分别下降了 11.4% 和 6.5%，但在建筑业高速发展的背景下，建筑业安全形势不容乐观。2005 年全国建筑业伤亡事故起数和死亡人数，均居工矿商贸领域第二位。在一次死亡人数 3—9 人、一次死亡 10 人以上和一次死亡 30 人以上的重大事故和特别重大事故中，仍然占据工矿商贸领域第二位（如表 2 - 18）。据全国建筑施工安全生产形势报告，2006 年全国建筑业（包括铁道、交通、水利等专业工程）共发生事故 2224 起，死亡 2538 人。其中房屋建筑和市政工程共发生建筑施工事故 888 起，死亡 1048 人，占全国建筑业事故起数和死亡人数的 40% 和 41%。

就死亡类型而言，我国建筑业事故类型以高空坠落为主。据统计，1994—2002 年共发生 10305 起施工伤亡事故，在各类施工事故中，高处坠落占 46%、触电占 14%、坍塌占 13%、物体打击占 11%、机械伤害占 6%、起重伤害占 4%。

① 黄吉欣、孟淼：《国际建筑安全现状与发展趋势》，维普资讯（http：//www. cqvip. com/）。

表 2－18　建筑业安全生产在全国工矿商贸安全生产中的地位（2005 年）

	总计						其中					
	本期		同期对比				一次死亡 3—9 人		一次死亡 10 人以上		一次死亡 30 人以上	
	起数（起）	死亡（人）	起数（起） +，－	起数（起） ＋－%	死亡（人） +，－	死亡（人） ＋－%	起数（起）	死亡（人）	起数（起）	死亡（人）	起数（起）	死亡（人）
工矿商贸合计	13142	15868	－1562	－10.6	－629	－3.8	494	2010	68	1942	13	1042
1. 煤矿	3306	5938	－335	－9.2	－89	－1.5	208	877	58	1739	11	961
2. 金属与非金属矿	1928	2342	－320	－14.2	－357	－13.2	72	293	1	37	1	37
3. 建筑业	2288	2607	－294	－11.4	－182	－6.5	85	338	3	74	1	44
4. 危险化学品	142	229	－51	－26.4	－62	－21.3	21	92	—	—	—	—
5. 烟花爆竹	126	222	－12	－8.7	－100	－31.1	16	65	2	39	—	—
6. 工商贸其他	5352	4530	－550	－9.3	161	3.7	92	345	4	53	—	—

资料来源：安全监管总局政府网站（www.chinasafety.gov.cn）。

这六类施工伤亡事故占事故总数的 94%（见图 2－11）。[①] 这与世界其他国家大体一致，比如在日本，建筑业高处坠落致死事故占 40%，机械伤害致死事故占 10%。[②]

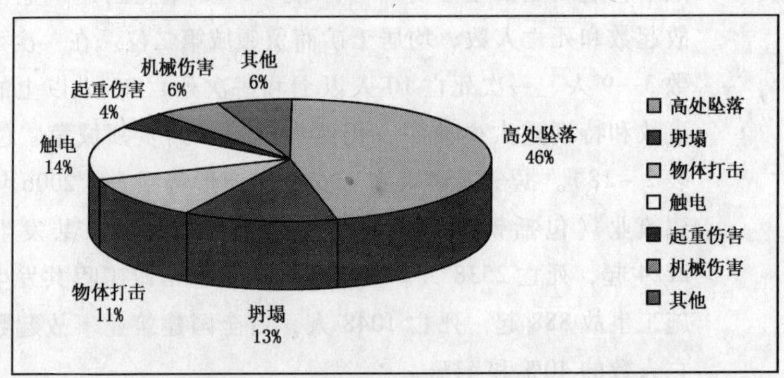

图 2－11　建筑施工伤亡事故类型及所占比例

资料来源：丁传波、黄吉欣、方东平：《我国建筑施工伤亡事故的致因分析和对策》，《土木工程学报》2004 年第 8 期。

---

① 丁传波、黄吉欣、方东平：《我国建筑施工伤亡事故的致因分析和对策》，《土木工程学报》2004 年第 8 期。

② 刘铁民、朱常有、王宇航编译：《国外职业安全卫生国家计划》，中国劳动社会保障出版社 2005 年版。

按照时期划分，新中国成立以来建筑业安全市场状况大致可划分为三个阶段：第一阶段（1947—1957年）：这个阶段建筑安全管理较好，最好的是1957年，万人死亡率减少到1.67，每10万平方米房屋建筑死亡率为0.43。第二阶段（1958—1976年）：1958年大跃进时期，建设中盲目赶工期，万人死亡率高达5.60。经过调整时期，1965年安全情况得到好转，万人死亡率下降到1.65。1966年开始，建筑安全状况再度恶化。1970年万人死亡率高达7.50。第三阶段（1977年至今）：1978年万人死亡率高达2.8。1980年万人死亡率2.30。1990年下降到1.37。1992年随着建筑高潮的来临，安全生产状况再度恶化。1994年开始好转，1995—1997年达到连续三年万人死亡率小于1的较好局面。但是，2000年之后，建筑业的安全生产情形再度恶化，伤亡事故又明显上升，其中小型企业是事故总量的关键，其事故占建筑总死亡事故的70%。[①]

世界大多数国家的统计数据表明，建筑业是安全生产问题比较突出的行业（可详见附录一）。改革开放以来，我国建筑业快速增长，在国民经济中的比重快速提升，就业人数急剧增长，特别是农民工比重显著提高，这些都使建筑业的安全生产问题更为突出。需要值得注意的是，我国工业化进程远没有结束，随着人民生活改善后对住房需求的增长，经济社会的发展对城乡基础设施的需求还将持续拉动建筑业规模的扩张，这种状况对未来我国建筑业安全生产状况提出了极为严峻的挑战。

据统计，从企业单位数看，1980年全国建筑业企业只有6604家，而2005年则多达58750家，增长了8倍多；1980年建筑业从业人员只有648万人，2005年增加到2699.9万人，增长了3倍多；1980年建筑业总产值只有287亿元，2005年

① 引自罗云、黄毅：《中国安全生产发展战略——论安全生产保障五要素》，化学工业出版社2005年版，第16页。

则增加到 34552 亿元，扣除价格因素，后者大约是前者的 30 倍。

改革开放以来建筑业快速增长是和整个国民经济快速增长相一致的。其实，我国建筑业的增长速度一直略快于整个国民经济的增长速度。如果以 1978 年为基年，设定指数为 100 的话，则 2005 年国内生产总值增长指数为 1198.7，与此同时建筑业的指数为 1266.9，显然，建筑业增长指数领先于国内生产总值增长指数（具体参见图 2－12）。

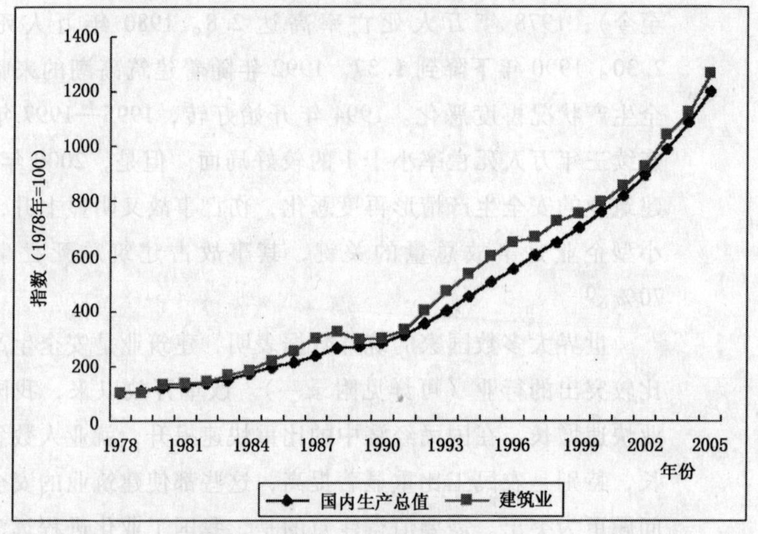

图 2－12　建筑业增加值增长指数快于国内生产总值增长指数

资料来源：根据《中国统计年鉴》（2006）相关资料整理。

改革开放以来，建筑业以快于国民经济的速度在增长，其结果是建筑业在国民经济中的比重呈现上升的趋势，但在不同时间段变化的情况是不一样的。1978—1987 年建筑业增加值占 GDP 的比重从 3.8% 上升到 5.5%，1987—1990 年从 5.5% 回落到 4.6%，1990—1993 年从 4.6% 迅速上升到 6.4%，1993—2002 年从 6.4% 又回落到 5.4%，2002 年之后基本上保持在 5.5% 左右。

由于我国建筑业基本上还属于劳动密集型行业，随着建筑业的高速增长，其从业人员数量迅速增长，从1980年的648万人增加到2005年的2700万人，占全国就业人员的比重呈现显著上升的趋势，1980年建筑业就业人员占全国就业人员的比重只有1.53%，而2005年这个比重达到3.56%，后者比前者提高了2.03个百分点。

表2－19　1980—2005年建筑业就业人数及占全国就业人数比重

年份	建筑业（万人）	全国（万人）	比重（%）
1980	648	42361	1.53
1985	912	49873	1.83
1989	1005	55329	1.82
1990	1011	64749	1.56
1995	1498	68065	2.20
1996	2122	68950	3.08
1997	2102	69820	3.01
1998	2030	70637	2.87
1999	2020	71394	2.83
2000	1994	72085	2.77
2001	2111	73025	2.89
2002	2245	73740	3.04
2003	2414	74432	3.24
2004	2500	75200	3.32
2005	2700	75825	3.56

资料来源：《中国统计年鉴》（2006），中国统计出版社2006年版。

建筑业的高速增长以及就业人数的显著增多，在其他一些安全生产保证因素（如管理水平、技术水平、人员素质等的提高）难以到位的情况下，有可能使该行业的安全生产形势恶化，至少从事故总量上看是如此。因此，必须采取有效措施扭转我国建筑业安全生产的严峻形势。

国家安全生产“十一五”规划强调指出，对于建筑施工领域安全生产，要完善建设工程安全生产法律法规体系，进一步理顺建设工程安全生产监管体制，加强监督执法队伍建设，落实安全生产监管责任。强化建筑施工企业安全生产许可证动态监管，规范事故调查处理机制。建立建设工程安全监管信息系统，健全建筑施工企业和从业人员安全生产信用体系和失信惩戒制度。强化高处坠落、施工坍塌等多发事故的专项整治，督促和检查重点地区、重点企业事故预防措施的制订和落实。

按照国家安全生产“十一五”规划，到2010年我国建筑业死亡人数要下降10%以上（以2005年为基数）。在我国建筑业继续强劲增长的背景下，切实搞好建筑业安全生产问题，需要各级政府监管部门狠抓监管和建筑企业狠抓基础管理工作。未来我国建筑业增长将表现在：（1）城乡居民住宅。中国改革开放以后，城镇居民的居住条件明显改善，特别是国家实行住宅商品化和货币化政策以后，商品房投资明显增加，住房品种明显增多，居民居住条件得到了较大改善。2001年与1991年相比，房屋销售面积增加了7.4倍，个人购买商品住宅增加了23.1倍，个人购买需求旺盛。2004年房地产开发实现的投资额已经达到了13158.3亿元，比2000年增长了1.64倍，而从1995年以后，房地产开发实现的投资每年都以13%以上的速度在增长。根据我国国民经济增长的速度，在未来若干年居民对住宅的需求会不断增强，必将促进建筑市场的进一步繁荣。（2）基础设施建设。国家和各地方政府对城市基础设施建设投资力度逐年增强，而农村基础设施也已列入日程。近几年，城市基础设施状况和市容市貌得到了明显的好转。2004年自来水供应量达到了490.3亿立方米，是1990年的1.28倍；煤气和天然气供应量共达到了383亿立方米，市政道路达到23.3万千米，绿化面积达到132.2万公顷。即使这样，我国的基础设施还不能很好地适应发展需要，今后20年还将是城乡基础设施建设的高峰期。（3）国家在交通、能源、水利、通讯、生态环境建设项目和实施相对落后地区开发战略的投入加大。按照国家“十一五”规划和2020年远景目标，今后20年将加大能源项目的投入，公路、铁路、管道运输建设长度和质量会有明显提高，西部大开发、振兴东北老工业基地、中部崛起，特别是新农村建设将为建筑市场注入更大的活力。(4) 非住宅建筑。随着经济快速发展和建设和谐社会的需要，工业项目、教科文卫项目、公共福利项目、新技术项目会明显增多，因此，非住宅项目建设必将大幅度增加。

第三章

我国的工业化进程与安全生产

对于我国这样一个发展中大国而言，工业化道路是实现现代化的必然选择。由于工业化过程本身就是消耗资源和能源、使其不断转化为物质产品的过程，因此，在这一过程中意味着能源和原材料的大量消耗。对能源和原材料的大量需求和消耗，不仅产生环境污染、资源可持续等问题，而且也产生了严重的安全生产问题。中国的工业化进程不仅受到环境资源约束，而且如果安全生产问题得不到很好地解决，也会严重地制约工业化进程。

一、我国正处于工业化中期的快速工业化进程中

新中国成立以后，古老的中国开始了自己的以工业化为核心的新的现代化征程。我们可以将新中国的工业发展和工业化进程划分为两个重要时期，一是1949—1978年传统的社会主

义工业化道路时期。传统的社会主义工业化道路的基本特征是：（1）以封闭的计划经济体制、极低的人均国民收入为基本国民经济背景；（2）以快速发展赶超资本主义国家、建立独立的工业体系、满足国内市场需求为目标；（3）以优先发展重工业、优先发展国有经济并逐步实现对其他经济成分的改造，采用高关税和高估本币等方式推进进口替代、采用外延增长方式改善工业生产布局和区域经济不平衡为四项基本的工业化战略。① 虽然传统工业化道路产生了许多问题，但经过30年发展，中国初步奠定了工业化基础，建立了较完整的工业经济体系。二是1979年至今，为中国特色社会主义工业化道路时期。中国特色社会主义工业化道路的基本特征可以概括为：(1)以市场化改革和对外开放、较低的人均国民收入为基本国民经济背景；(2)以改善国民经济结构、促进经济发展和人民富裕为目标；(3)以农轻重工业均衡发展、多种经济成分共同发展、积极利用外资和国内外两个市场、梯度发展的区域经济政策为四项基本的工业化战略。中国特色的社会主义工业化道路取得了巨大的成功，连续30年的经济高速发展，中国经济总量、人均国民收入有了巨大的提高，产业结构也得到了极大的提升，中国成为一个工业生产大国，中国创造了经济增长的奇迹。

改革开放30年，中国工业化水平得到巨大的提升。大多数研究都表明，到20世纪末、21世纪初，中国已经到了工业化中期阶段。根据本书第一章中提出的工业化水平评价指标体系，即选择人均GDP、第一、第二、第三产业产值比、制造业增加值占总商品生产部门增加值的比重、人口城市化率、第一产业就业占比为基本指标，参照钱纳里等的划分方法，将工业化过程分为前工业化时期、工业化初期、工业化中期和后期

① 基于以下文献总结概括：武力：《中国工业化路径转换的历史分析》，《中国经济史研究》2005年第4期；中国社会科学院工业经济研究所：《中国工业发展报告》（2000），经济管理出版社2000版，第2—3页，第15—17页。

以及后工业化时期五个大的阶段，而工业化初期、中期和后期又分别划分前半阶段和后半阶段，再结合相关理论研究和国际经验估计确定了工业化不同阶段的标志值，进一步在此基础上就可以构造一个工业化水平综合指数。如果一个国家或地区工业化水平综合指数为 0，则表示该国家或地区处于前工业化阶段，综合指数值大于 0 小于 33 则表示工业化初期，综合指数值为大于等于 33 小于 66 则表示处于工业化中期，综合指数值大于等于 66 小于等于 99 则表示处于工业化后期，综合指数值为大于等于 100 则表示处于后工业化阶段。在工业化初期、中期和后期三个阶段，如果综合指数值未超过该阶段的中间值，则表示处于相应阶段的前半阶段，而综合指数值超过该阶段中间值，则表示处于相应阶段的后半阶段。[①] 根据这样的计算方法，可以计算出我国全国以及各个经济区域和各个省级区域的工业化水平。如表 3－1 所示，为 2005 年中国全国及各地区的工业化水平综合指数，以及相对应的工业化阶段。

表 3－1　　2005 年中国全国及各地区工业化水平

阶段		四大经济板块	31 省市区
后工业化阶段（五）			上海（100）、北京（100）
工业化后期（四）	后半阶段		天津（96）、广东（83）
	前半阶段	东部（78）	浙江（79）、江苏（78）
工业化中期（三）	后半阶段	全国（50）	山东（66）、辽宁（63）、福建（56）
	前半阶段	东北（45）	山西（45）、吉林（39）、内蒙古（39）、河北（38）、湖北（38）、黑龙江（37）、宁夏（34）、重庆（34）
工业化初期（二）	后半阶段	中部（30）、西部（25）	陕西（30）、青海（30）、湖南（28）、河南（28）、新疆（26）、云南（21）、甘肃（21）、江西（26）、安徽（26）、四川（25）、海南（17）
	前半阶段		广西（17）、贵州（13）
前工业化阶段（一）			西藏（0）

注：括号中的数字为相应的工业化综合指数。

资料来源：陈佳贵、黄群慧、钟宏武、王延中等：《中国工业化进程报告——1995—2005 年中国省域工业化水平评价与研究》，社会科学文献出版社 2007 年版，第 42 页。

① 具体构造方法参见陈佳贵、黄群慧、钟宏武：《中国地区工业化进程的综合评价和特征分析》，《经济研究》2006 年第 6 期。

从表 3－1 中可以看出，到 2005 年全国工业化水平综合指数为 50，这意味着中国刚好进入工业化中期的后半阶段。四大经济板块中，东部地区工业化综合指数为 78，整体进入工业化后期前半阶段，东北地区工业化综合指数为 45，处于工业化中期前半阶段，中部地区和西部地区的工业化综合指数分别为 30 和 25，整体处于工业化初期后半阶段，四大区域的工业化水平差距巨大，跨越了工业化进程的初期、中期和后期三个阶段。从具体省级区域看，全国有上海、北京、天津、广东、浙江、江苏 6 个省市已经到达工业化后期前半阶段，其中上海、北京已经率先实现了工业化，进入后工业化社会。而与之形成巨大反差的则是西藏还处于前工业化阶段。绝大部分工业化先进省市区属于东部，2005 年工业化排序前 10 位的省市是上海、北京、天津、广东、浙江、江苏、山东、辽宁、福建、山西，除了山西属于中部、辽宁属于东北外，其余 8 个省市均属于东部；绝大部分工业化落后地区属于中西部，2005 年工业化排序后 10 位的省市区是新疆、云南、甘肃、江西、安徽、四川、海南、广西、贵州、西藏，其中，海南属于东部，江西、安徽属于中部，其余 5 省市区属于西部。而且，先进地区与落后地区之间的工业化水平差距非常大。

具体分析我国全国的工业化水平，根据同样的计算方法可以计算出，我国改革开放初期的 1978 年工业化水平综合指数仅为 6.6，处于工业初期的前半阶段；1995 年工业化水平综合指数达到 18，刚刚步入工业化初期的后半阶段；到 2000 年，工业化水平综合指数为 26，我国工业化进入到工业化初期的后半阶段；2002 年工业化水平综合指数为 33，进入工业化中期阶段，如果认为工业化初期不如中期具有一定的转折意义的话，2002 年是我国工业化转折之年；到 2005 年，中国的工业化水平综合指数达到 50，正好进入工业化中期的后半阶段。从 1978 年到 1995 年，我国工业化水平综合指数年均增长不到 0.7，“九五”期间，我国工业化水平综合指数年均增长 1.6，

"十五"期间，我国工业化水平综合指数年均增长4.8，整个"九五"和"十五"期间，我国工业化综合水平指数年均增长3.2。这意味进入"九五"以来，我国的整个工业化进程进入快速发展阶段，尤其是"十五"期间，我国工业化进入到加速发展阶段。由于从2002年开始我国工业化进程进入到中期，大致上也可以理解为处于重化工时期，国际经验表明，这阶段是工业化加速推进的阶段，我国"十五"期间工业化加速推进也表明了这一点。总体上说，现阶段我国在整体上正处于工业化中期的快速工业化进程中。如果从静态计算，假设整个工业化进程是匀质的，按照"九五"时期和"十五"时期整个10年间我国工业化水平综合指数的年均增长速度3.2推算，到2010年，我国工业化水平综合指数将达到66，中国整体将步入工业化后期，到2021年，我国的工业化水平综合指数也将达到100，中国将基本实现工业化。当然，这种"匀质"假设实际上是很难成立的，随着我国快速的工业化进程的推进，能源、环境等各种制约条件将进一步加强，到工业化中后期，工业化进程的速度放慢可能性很大。但是，考虑到我国各地区工业化水平发展不平衡，还有很多省级区域仍处于工业化初级阶段，整体而言，在2005年以后的相当长的一段时间内，或者说至少应该有10年左右的时间，我国还将保持快速的工业化进程。

二、快速工业化进程使安全生产面临巨大的压力

我国进入工业化中期以后，意味着中国的国情发生了重大变化，已经从一个农业经济大国，转变为工业经济大国。但是，我国还不是工业强国，我们还需要继续推进工业化进程，把我国从一个工业大国转变为工业强国。但是快速的工业化进

程给安全生产带来了巨大压力，这具体体现在以下三个方面。

1. 在工业化中期的快速工业化进程中，我国第二产业还将保持快速发展势头，这势必给安全生产工作带来巨大的压力。

一个国家的工业化过程，不仅表现为经济总量和人均国内生产总值的增加，更重要的是表现为经济结构的优化。改革开放以来，第一产业产值占 GDP 的比重从 1978 年的 27.9% 下降到 2007 年的 11.7%，第三产业产值从 1978 年的 24.2% 上升到 2007 年的 39.1%。从图 3－1 可以看出三次产业结构的变化：1978 年到 2007 年，一次产业比重呈现下降和三次产业比重呈现上升的总体趋势，二次产业比重虽然有波动，但一直保持在 40%—50%。尤其是在进入 2002 年以来，我国进入工业化中期阶段，由于重化工化趋势十分明显，第二产业占比逐年上升，到 2007 年接近 50%。也就是说，我国第二产业的规模不断扩大，近几年扩大的速度不断加快。

从三次产业的增长情况看，如图 3－2 所示，第二产业的增长最为显著，按不变价格计算，如果以 1978 年为基年，国内生产总值为 100，到 2005 年国内生产总值指数是 1195.5，而同期工业、第一产业和第三产业的指数从 1978 年的 100 分别变为 2005 年的 1871、335.9 和 1534，工业增长速度遥遥领先，第一产业和第三产业都小于第二产业的增长幅度。

第二产业快速的规模扩张，在某种程度上意味着我国安全生产总水平可能会恶化。因为第二产业包括采掘业、制造业、建筑业，而这些产业都属于安全生产的高危产业，较传统的农业（第一产业）和新兴服务业（第三产业）安全程度都要差很多。从未来发展看，我国在相当长的时间内还处于工业化中期的快速工业化进程中，再加之城市化进程的不断推进，建筑业也将持续快速发展。据预测，在未来 5—15 年，我国第二产

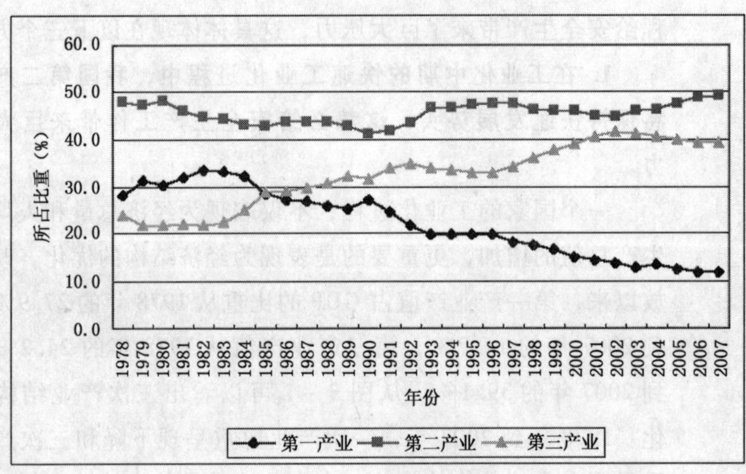

图 3－1　1978—2007 年中国三次产业占 GDP 比重变动

资料来源：国家统计局：《中国统计年鉴 2007》，中国统计出版社 2007 年版；2007 年的数据来自国家统计局：《中华人民共和国 2007 年国民经济和社会发展统计公报》，2008 年 2 月 28 日。

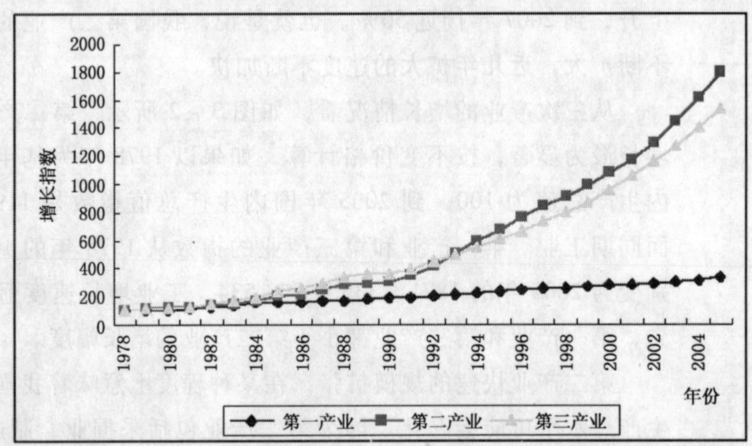

图 3－2　1987—2005 年我国三次产业的增长情况

资料来源：国家统计局：《中国统计年鉴 2007》，中国统计出版社 2007 版。

业将保持与 GDP 同步快速发展的势头，只有到 2020 年以后，第三产业的比重才会超过第二产业的比重。① 这意味着在未来

① 国家环保总局环境规划院、国家信息中心：《2008—2020 年中国环境经济形势分析与预测》，中国环境科学出版社 2008 年版，第 23 页。

5—15 年，第二产业还会快速的发展，这必然给安全生产工作带来巨大压力，要扭转我国安全生产的严峻形势必须付出更大的努力。

2. 在工业化中期的快速工业化进程中，第二产业中重化工业将保持快速发展势头，高危产业比重稳定在一个较高的水平上，这不利于我国总体安全生产形势的明显好转。

图 3－3 为 1952—2006 年我国轻工业和重工业的比重变化示意图，它反映了工业结构的变化。新中国成立以来，由于采用重工业优先发展的战略，轻工业比重持续降低，重工业比重不断上升，1970 年以后，重工业比重一直高于轻工业比重，约 10 个百分点。从 1978 年开始，由于采用结构纠偏战略，轻工业产值占全部工业产值比重连续上升，到 1981 年该比重首次超过了 50%，从 1982 年到 1999 年，轻工业的产值占全部工业产值比重低于重工业的该项比重，但只是略低，二者比重大体相当，都在 50% 上下（1992—1996 年重工业比重相对较高）。在 2000 年以后，轻工业的该项比重与重工业的该项比重差距明显拉大，中国的重工业化趋势十分显著。2000 年轻重工业比重相差不到 20%，到 2006 年，重工业在整个工业产值中的比重达到 70%。但此次重化工业的增长机制与改革开放前的情况相比有着本质的不同，以前是不计客观条件的盲目“赶超”和“跨越”，而这次结构变动是工业化进入中期阶段以后工业结构的自然演变，重工业的发展是由于消费结构升级、城市化的进程加快、交通和基础设施投资加大而带动的，这个阶段由于中国已经告别了“短缺经济”，在人们满足了食品、服装、电器等需求后，人们开始追求汽车、住房等耐用消费品的需求，需求结构的变化带动了工业结构调整和升级，重工业化和高加工度化成为中国工业发展的必然趋势。

重化工业的快速发展，意味着采掘业、冶炼、设备制造、化学工业等行业的迅速扩张，这些行业属于安全生产的高危产业，这些行业的必然给安全生产工作带来巨大压力。

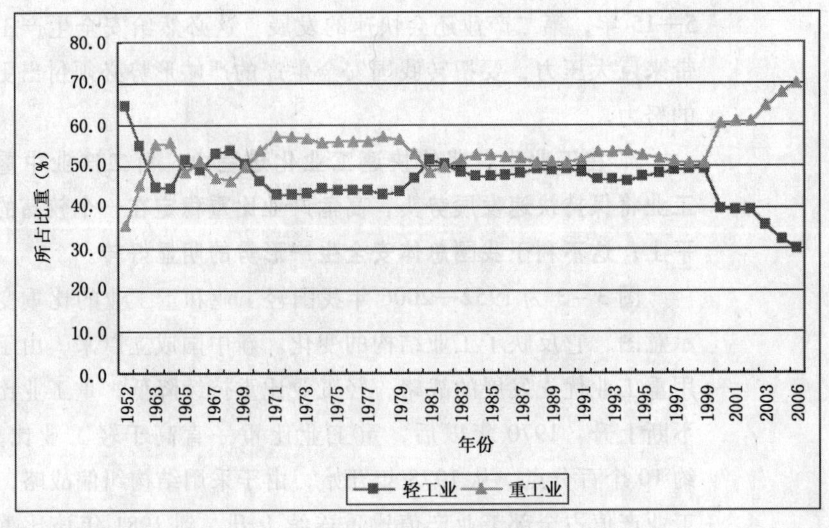

图3-3　1952—2006年轻重工业产值比重

资料来源：国家统计局工交司：《中国工业经济统计年鉴》（2004），中国统计出版社2004年版，第24页；2004年数据是根据经济普查数计算，国家统计局：《中国统计年鉴》（2006），中国统计出版社2006年版，第505页；国家统计局：《中国统计年鉴》（2007），中国统计出版社2007年版，第501页。

考虑到采掘业和建筑业是第二产业中危险性程度最高的两个行业，这两个行业就业人数以及增加值占第二产业比重的变化，对第二产业的安全生产水平具有显著的影响。下面我们具体考察这两个行业的就业人数及增加值比重变化情况。

表3-2中的数据显示，改革开放以来，采掘业就业人数起伏不定，维持着500万—1000万人的就业规模，建筑业就业人数呈几何级数增长，从改革开放初期的不足1000万人增加到目前的接近4000万人，与此同时，第二产业的就业人数有了大幅度增长，从1978年的6945万人增长到2002年的15780万人。1978—2002年期间，采掘业就业人数占第二产业的比重总体上呈下降的趋势，而建筑业就业人数占第二产业的比重则呈上升趋势，这两个行业合计数占第二产业的比重则仍是上升的，由1978年的21.7%上升到2002年的28.2%，上升了7.1个百分点。表3-3的数据显示了建筑业和采掘业增

加值在第二产业中比重的变化。从表中可以看出，20 世纪 90 年代以来，在第二产业中，我国建筑业比重保持大体稳定，均超过 10%。采掘业各行业比重基本上都是先下降，然后又出现了上升。危险性程度较高的采掘业和建筑业就业人数的增长及其在第二产业就业比重的提高，这在很大程度上解释了为什么近些年全国总体安全生产形势难以有根本性的好转。

表 3－2　　我国第二产业内部高危产业就业结构变化

年份	第二产业就业人数	绝对数（万人）			占第二产业比重（%）		
		采掘业	建筑业	采掘业＋建筑业	采掘业	建筑业	采掘业＋建筑业
1978	6945	652	854	1506	9.4	12.3	21.7
1980	7707	697	993	1690	9.0	12.9	21.9
1985	10384	795	2035	2830	7.7	19.6	27.3
1986	11216	809	2236	3045	7.2	19.9	27.1
1987	11726	819	2384	3203	7.0	20.3	27.3
1988	12152	832	2491	3323	6.8	20.5	27.3
1989	11976	842	2407	3249	7.0	20.1	27.1
1990	13856	882	2424	3306	6.4	17.5	23.9
1991	14015	905	2482	3387	6.5	17.7	24.2
1992	14355	898	2660	3558	6.3	18.5	24.8
1993	14965	932	3050	3982	6.2	20.4	26.6
1994	15312	915	3188	4103	6.0	20.8	26.8
1995	15655	932	3322	4254	6.0	21.2	27.2
1996	16203	902	3408	4310	5.6	21.0	26.6
1997	16547	868	3449	4317	5.2	20.8	26.1
1998	16600	721	3327	4048	4.3	20.0	24.4
1999	16421	667	3412	4079	4.1	20.8	24.8
2000	16219	597	3552	4149	3.7	21.9	25.6
2001	16284	561	3669	4230	3.4	22.5	26.0
2002	15780	558	3893	4451	3.5	24.7	28.2

资料来源：国家统计局：《中国统计年鉴》（2007），中国统计出版社 2007 年版，第 131 页。

表3－3　建筑业和采掘工业各行业占第二产业增加值比重　单位:%

年份	建筑业	煤炭开采和洗选业	石油和天然气开采业	黑色金属矿采选业	有色金属矿采选业	非金属矿采选业	其他采矿业
1990	11.14	—	—	—	—	—	—
1991	11.15	—	—	—	—	—	—
1992	12.09	—	—	—	—	—	—
1993	13.77	2.35	3.43	0.22	0.48	0.82	—
1994	13.21	1.95	3.35	0.18	0.40	0.60	—
1995	13.00	2.09	3.28	0.14	0.40	0.47	—
1996	12.97	2.02	2.93	0.17	0.36	0.49	—
1997	12.31	1.90	3.08	0.16	0.35	0.48	—
1998	12.78	1.54	3.04	0.14	0.29	0.28	—
1999	12.60	1.38	3.51	0.13	0.31	0.29	—
2000	12.12	1.28	4.85	0.14	0.31	0.27	—
2001	11.98	1.41	4.08	0.15	0.29	0.25	—
2002	12.00	1.71	3.59	0.16	0.28	0.26	—
2003	12.00	1.85	3.83	0.23	0.28	0.26	0.0038
2004	11.76	—	—	—	—	—	—
2005	11.64	3.32	5.53	0.49	0.49	0.32	0.0031

注：建筑业所占比重是指全部建筑业增加值占第二产业增加值的比重，采掘业各行业所占比重是指规模全部国有企业和规模以上非国有企业占第二产业增加值的比重。

资料来源：国家统计局：《中国统计年鉴》（历年），经计算。

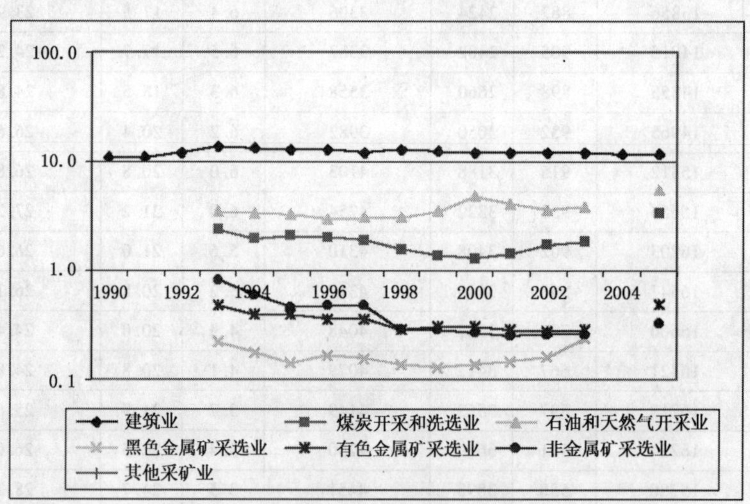

图3－4　建筑业和采掘业各行业占第二产业增加值比重对数图

资料来源：国家统计局：《中国统计年鉴》（历年），经计算。

据国家信息中心和国家环保总局环境规划院预测①，2008—2020年，我国产业结构仍处于重化工业发展阶段。农业、食品行业的增长速度为4%—5%，比国内生产总值增速低5个百分点；纺织、服装、木材加工及家具、化学纤维制造业等行业增长5%—6%，比国内生产总值增速低4个百分点，这些轻工业增长的速度明显低于全国平均经济增速，在经济中的份额会不断下降；而石油加工、冶炼、煤炭、石油、建材、机械设备、电气与电子设备制造业等行业的经济增长速度都略高于国内生产总值增速，这些行业将在经济中所在的比重将继续提高。也就是说，未来5—15年中国的重化工业在工业的比重还将上升，重化工业化特征十分明显。因此，未来随着快速的工业化进程，重化工业的不断扩张，对采掘业和能源的需求更加旺盛。与此同时，居民消费结构的升级，对住房的大量需求和城市基础设施建设还将持续一个较长的时期，建筑业仍处于大发展阶段。采掘业和建筑业这样的高危行业的继续高速发展，必然给我国安全生产带来很大压力，对我国搞好安全生产是一个严峻考验。如何采取有效措施遏制这种由产业结构变化对安全生产所带来的不利影响，是一项重大的任务。

3. 在工业化中期的快速工业化进程中，我国能源结构决定对煤炭业过度依赖，这给煤炭企业安全生产工作提出了更高的要求。

我国是一个拥有13亿人口的发展中大国，这样一个具有庞大人口数量的高度统一国家的快速工业化进程，在人类历史上是史无前例的。迄今为止已经完成工业化的主要发达国家，在高速工业化时期人口大都是几千万人。而且，这些国家的工业化是在200多年的时间内完成的。一个国家的工业化进程，必然是以消耗大量能源为代价的，美国在工业化过程中，消费

① 国家环保总局环境规划院、国家信息中心：《2008—2020年中国环境经济形势分析与预测》，中国环境科学出版社2008年版，第22页。

了390多亿吨石油、近73亿吨钢和大量其他矿产品。日本在工业化阶段消费了80多亿吨石油、近30亿吨钢和大量其他矿产品。一个拥有13亿人口的大国的快速工业化进程，必然会消耗大量的能源。2000年以来我国工业化加速发展，开始进入到以资本密集型工业化为主的工业化中期阶段，能源消费更是快速增长。从2003年到2006年，中国全国能源消费量增长了40%，钢材增长了67%，铝增长了60%，水泥增长了44%。2006年，中国GDP约占世界总量的5.5%，但钢材消耗量约占世界的30%，水泥消耗量约占世界的54%。我国单位产值能耗比世界平均水平高2.4倍，是德国的4.97倍，日本的4.43倍，美国的2.1倍。

在我国生产和消费的能源中，煤炭约占70%。如表3－4所示，2004年和2005煤炭生产占能源生产的比重达到76%。与近几年的快速工业化进程相适应，我国煤炭产量大幅度提升，从2000年的129900万吨提高到220500万吨。煤炭生产量的快速增长，给煤炭安全生产工作带来了巨大的压力。不仅如此，近几年超能力煤炭开采成为一种常态，从2001年到2005年，每年煤炭新增产量都超过新增生产能力，五年合计达到24200万吨，这些超能力开采极易引起生产事故。这种超能力开采不仅发生在小煤矿，一些国有大煤矿也存在超能力开采问题。根据国家煤矿安全监察局在2008年煤矿安全生产百日监督专项行动第一阶段的检查，宁武县潞宁煤业有限责任公司年产能力60万吨，2007年生产124万吨，超能力开采107%，2008年1—4月份已经生产74万吨，超能力270%；按年产500万吨建设投产的神华集团神东分公司保德煤矿，2007年实际生产1432万吨，超能力185%，2008年1到4月份已经生产原煤484万吨，超能力190%。①

① 杜宇：《煤矿安全生产之四大怪现象》，《经济参考报》2008年5月15日。

表 3－4　　我国煤炭产量以及占能源总产量的比重

年　份	1985	1989	1990	1991	1992	1993	1994	1995	1996
当年产量（万吨）	87200	105400	108000	108700	111600	115000	124000	136100	139700
煤炭生产占总能源生产比重（%）	73	74	74	74	74	74	75	75	75
年　份	1997	1998	1999	2000	2001	2002	2003	2004	2005
当年产量（万吨）	137300	125000	128000	129900	138100	145500	172200	199200	220500
煤炭生产占总能源生产比重（%）	74	72	73	72	72	72	75	76	76

资料来源：根据历年《中国统计年鉴》整理。

中国的快速工业化进程给煤矿安全生产带来了巨大压力。由于我国快速工业化进程煤炭能源的过度依赖，现有煤矿生产能力，即使是超能力开采，仍然供不应求，虽然国家安全生产监督管理部门下大力气努力监管，但是，非法开采、“以采代探”等问题大量存在，种下了大量的、严重的生产事故隐患。2007 年以来，中国能源面临着严重紧缺，出现了大面积的“煤荒”问题，有人认为，产生这个问题的一个重要原因是由于强调安全生产，关闭了大量小煤矿、损失了大量生产能力。如果这种认识能够在一定程度上成立，那么，我国的安全生产工作就会陷入两难境地：强调安全生产将会影响能源供应，进一步影响工业化进程和经济发展，安全生产一旦有所放松，大量的生产事故就会发生，会造成人身伤亡和经济损失，最终也会影响我国经济发展。从未来工业化进程看，我国经济发展对煤炭仍将有长时期的依赖，根据有关预测，在未来 5—15 年中，中国经济发展对煤炭的需求仍将不断增加，如表 3－5 所示，到 2010 年，我国工业行业所需燃料煤炭消费量达 188857 万吨，2015 年达到 211308 万吨，2020 年需要 240382 万吨，分别比 2005 年增加 18%、32%、50%，而且这些预测是建立在单位能耗逐年下降的基础上，预计我国 2008—2020 年万元

GDP能耗年均下降4%—5%。[①] 因此，可以预见，伴随着工业化进程的推进，对煤炭的需求的持续增长，在相当长的时期内煤矿的安全生产仍将面临巨大压力。

表3-5　　重点工业行业燃料煤炭消费量预测　　单位：万吨

序号	行业名称	2005	2010	2015	2020
1	造纸及纸制品业	3004.84	3515.93	3844.81	4005.86
2	石油加工及冶炼业	1804.20	2229.34	2638.13	3035.03
3	化工原料、化学制品业	7211.70	8376.72	8985.88	9188.01
4	其他非金属矿物制品业	8756.39	10256.86	11345.54	12229.35
5	黑色金属冶炼及压延业	11809.06	14448.56	16671.74	18632.91
6	电力、热力	104499.94	124490.67	141487.10	157618.97
7	工业行业合计	159968.44	188857.37	211308.56	240382.59

资料来源：国家环保总局环境规划院、国家信息中心：《2008—2020年中国环境经济形势分析与预测》，中国环境科学出版社2008年版，第24页。

三、新型工业化道路与安全生产长效机制

面对快速工业化进程给我国安全生产带来的巨大压力，面对仍将持续的我国安全生产事故的易发期，有关方面必须双管齐下：一方面要积极探索新型工业化道路，努力转变经济发展方式，快速推进产业结构、工业结构和能源结构的优化升级，加快第三产业的发展，提高工业现代化水平，从产业结构演进角度化解工业化进程给安全生产带来的巨大压力，努力缩短安全事故易发期。另一方面，积极借鉴发达国家在安全生产管理上的成功经验、避免发达国家在工业化过程出现的问题，结合

① 国家环保总局环境规划院、国家信息中心：《2008—2020年中国环境经济形势分析与预测》，中国环境科学出版社2008年版，第24页、第25页。

我国国情系统研究解决我国安全生产问题，努力建立我国的安全生产长效机制。这要求我们引进国外先进的安全生产技术和标准，理顺我国安全生产监管体制，坚定“所有安全生产事故都可避免”的基本信念，避免先行工业化国家在安全生产方面的失误，走出一条虽处于“事故易发期”、但“事故不高发”的工业化道路。

1. 积极探索新型工业化道路。2002年，中共十六大报告在总结我国工业发展和工业化经验的基础上，正式提出了我国应该走新型工业化道路。所谓新型工业化道路就是“坚持以信息化带动工业化，以工业化促进信息化，走出一条科技含量高、经济效益好、资源消耗低、环境污染少、人力资源优势得到充分发挥”的工业化道路。[①] 显然，所谓新型工业化是与传统工业化相对应而言的，如果传统工业化是指一国或地区的经济结构由农业占统治地位向工业占统治地位转变的经济发展过程，那么新型工业化就是在这个转变过程中叠加了信息化和现代科学技术发展趋势；如果说传统工业化过程是以牺牲资源和环境为代价的，那么新型工业化则注重经济的可持续发展；如果传统工业化强调发展中国家要学习发达国家以前推进工业化进程的经验，新型工业化则重视将工业化规律与本国自然环境和制度条件有机结合；如果说传统工业化强调在工业化进程工业数量的扩展，新型工业化过程则重视工业化进程中依靠现代科学技术提升工业质量。总体而言，一个国家推进工业化进程，实现经济现代化，可以认为是将经济多元结构转为一元结构的“同质”的经济发展战略，而新型工业化战略则是基于时代“特质”（如信息化）和国情“特质”（如中国的人口资源）的“同质化”经济发展战略。虽然自2002年新型工业化战略提出以后，我国的重化工业化趋势不但没有得到扭转，而

① 江泽民：《全面建设小康社会，开创中国特色的社会主义事业新局面》，人民出版社2002年版，第21页。

且还在逐步加强，但我国选择新型工业化道路的合理性是毋庸置疑的，新型工业化战略的提出无疑也是具有里程碑意义的。2004 年以后，随着科学发展观的提出，新型工业化战略成为科学发展观指导下的工业化战略。2007 年中共十七大把科学发展观写入了党章，中国的工业化进程又掀开了新的一页。

无论从工业化阶段转换的有序性上看，还是从国际经验上看，我国的重化工业化阶段都是难以逾越的。重化工业更容易导致资源过度消耗和环境污染等问题，我国资源性产品的供给不足压力很大，但是，两者之间并无必然的逻辑关系。我国选择新型工业化道路，就是通过推进工业现代化进程，充分利用科技高度发展和经济全球化带来的机遇，同时加以认真地规划和设计，使我国的重化工业发展走出一条不同于工业发达国家在相应发展阶段曾经历过的高能耗、高污染的发展道路。新型工业化道路的核心是在增长方式上实现集约化和可持续性。要达到这个目标，就必须推进工业现代化，利用高新技术特别是信息技术改造传统的重化工业，使这些产业的产品性能、生产方式、赢利模式和资源消耗等都更加符合集约化发展和可持续发展的要求。虽然关于如何解决能源、原材料等资源性产品供给不足的矛盾，存在依靠价格机制、提高能源和原材料价格以及通过进口来弥补国内资源性产品供给不足的缺口两种方法。但是无论是价格上涨还是扩大进口都是有约束条件的。从根本上说，解决资源约束的关键还在于科学技术进步，通过推进工业现代化进程，实行经济增长方式的转变。

2. 建立安全生产的长效机制。安全生产问题是一个综合性的问题，实现安全生产的长治久安，是一个复杂的社会经济系统工程。基于系统工程理论和现代化国家的发展经验，与工业化进程相匹配，一个国家安全生产的长效机制的形成大致可以划分为四个阶段：内容设计阶段、要素构建阶段、整合运行阶段和反馈完善阶段。在安全生产长效机制的内容设计阶段，由于安全生产问题突出，在认识到仅仅依靠事后补救和处理警示无法起到安全生产的长期保证作用后，开始逐步讨论探索应该建立怎样的安全生产长效机制，该阶段结束后，就建立安全生产长效机制的必要性和紧迫性、安全生产长效机制的各个组成要素应该包括哪些具体内容达成共识。在安全生产长效机制的要素构建阶段，针对长效机制的各方面要素开始逐步建设，具体包括培养安全意识，制定安全法规和安全管理标准，建立监管体制，制定安全科技进步、安全文化、安全经济政策等方面的内容。随着这些方面要素逐步到位，到这个阶段结束，安全生产长效机制的基本架构也就形成。在安全生产长效机制的整合运行阶段，通过整合各个长效机制要素，各方面要素开始协同发挥作用，安全生产的长效机制开始全面运行。也就是说，该阶段是安全生产的长效机制全面形成并开始运行的阶段。在安全生产长效机制的反馈完善阶段，根据环境变化和经济发展周期以及在机制运行过程中发现的新问题，不断进行信息反馈，逐步修改和完善安全生产的长效机制，使得这个机制逐步成熟并有效地发挥安全生产的长期保障作用。从这四个阶段与工业化进程及安全生产事故数量的关系看，在第一阶段安全生产事故高发，其数量呈不断上升趋势，该阶段处于工业化初期阶段；第二阶段安全生产事故持续高发，其数量很大，安全生产形势十分严峻，但安全生产事故数量不断上升势头开始改变，该阶段处于工业化中期阶段；到了第三个阶段，随着安全生产长效机制形成并逐步发挥作用，安全生产事故数量开始不断下降，该阶段处于工业化中后期阶段；在经过第四阶段安全生产长效机制不断完善后，安全生产事故数量将维持在一个很低水平，此时已经实现了工业化。现在世界上实现了工业化的发达国家，基本都走过这四个阶段，形成了有效的安全生产长效机制，保证了生产活动的长治久安。

一方面，我国现阶段安全生产事故持续高发、安全生产形势严峻；另一方面国家充分认识到建立安全生产长效机制的必要性和紧迫性，并对安全生产长效机制的构成要素有了统一的认识，努力推进安全生产长效机制建设。这表明我国安全生产长效机制的建设已经走过了第一阶段——安全生产长效机制内容设计阶段，进入第二阶段——安全生产长效机制要素构建阶段。在安全生产长效机制要素构建方面，近年来，我国正在推进安全生产长效机制的“五要素”——安全文化、安全法制、安全责任、安全科技和安全投入的逐步到位。具体而言，一是加强安全文化建设，强化全民的安全意识，提高全民的安全素质；二是健全安全法制，依法规范全社会的安全行为；三是强化安全责任，建立严格的安全生产责任制和问责制；四是推进安全科技进步，实施“科技兴安”战略，解决影响安全生产的重大科技问题；五是加大安全投入，建立国家、地方和企业共同投入的机制。通过这“五要素”的构建，我国安全生产长效机制框架将基本形成，安全生产工作将进入新的阶段。

现阶段的安全生产长效机制建设的核心任务是推进安全文化、安全法制、安全责任、安全科技和安全投入等长效机制构成要素彻底到位，从而进一步发展到安全生产长效机制的整合运行阶段，通过安全生产长效机制的要素整合和机制运行，逐步扭转安全生产事故高发势头。现阶段推进安全生产长效机制构成要素彻底到位，应该注意以下几方面的问题：

第一，要通过深化体制改革来建立有利于安全生产长效机制构成要素建设的体制基础。虽然近些年，我国不断推进安全生产监督管理体制改革，使其更适应社会主义市场经济体制的要求，但由于经济快速发展，新经济问题不断出现，安全生产监督管理体制仍然存在一些不相适应的地方，如现在比较突出的问题是管理机构多、责任分散，管理机构缺少积极性和精力关注安全生产的长效机制建设问题。因此围绕着安全生产长效机制建设目标继续深化安全生产监督管理体制改革十分必要。

另外，推进安全科技进步、加大安全投入等要素建设，还直接有赖于科技和经济体制改革。

第二，要注意安全生产长效机制的诸构成要素之间的协同性，保证安全生产长效机制能够有效整合运行。虽然安全文化、安全法制、安全责任、安全科技和安全投入等长效机制构成要素建设可以分头推进，但是这些要素发挥保证安全生产的作用是需要协同进行的。例如，没有安全技术的保证，制定再多的法律也不可能保证事故不发生；不能形成良好的人人重视安全生产的安全文化氛围，安全科技水平也将难以快速提高；如果企业安全责任无法落实，企业经营者挪用安全投入用于生产的行为将会增多，更多安全生产事故发生也将难以避免。这一方面要求我们在推进安全生产长效机制要素建设的过程中，一定要注意诸要素的协调匹配，另一方面要下大力量整合文化、法律、管理、科技和经济各方面要素，出台的各类政策不要自相矛盾，要"激励相容"，促进安全生产长效机制整体上有效运行。

第三，扫除阻碍安全生产长效机制各构成要素到位的主要障碍，寻求建立安全生产长效机制的突破口。在安全文化建设方面，关键是树立"以人为本"的核心价值观，围绕这个价值观建立相应的制度文化，进而形成外在形象和物质文化。安全文化是企业文化的核心组成部分，最能够体现"以人为本"的价值观；在安全法制建设方面，要着重解决有法不依、执法难的问题；在安全责任方面，要大力加强基础管理工作，落实各级岗位责任制，同时要加大对失职行为的惩罚力度；在推进安全科技进步方面，重点是要推进科技体制改革，加大科技投入，促进科技成果转化为现实安全产品；在安全投入方面，要加大安全经济学的理论研究，提高安全投入的资金效率。

第四，要充分认识到我国安全生产长效机制建设的长期性和艰巨性。我国安全生产长效机制的建设还仅处于第二个阶段

——要素构建阶段，离建成有效的安全生产长效机制还相差甚远，所以说，安全生产长效机制建设任重而道远。即使对于安全生产长效机制要素建设本身而言，由于文化建设、法制建设、科技体制改革等都不是能够在短时间内见成效的，这决定了安全生产长效机制要素建设具有长期性和艰巨性。认识到这一点具有重要意义，这一方面要求我国必须为此付出长期的努力，另一方面要设立各种激励机制，激励安全生产相关领导和人员行为长期化，避免他们仅仅关注自己的短期业绩，而忽视建设安全生产的长效机制。

第四章

市场结构与安全生产

一个国家的安全生产状况不仅受到产业结构的影响，还与该国的企业规模、数量等市场结构相关。总体而言，我国大多数行业的企业规模偏小、数量众多，尤其是在开采、建筑等行业这种状况尤为突出。这种市场结构显然不利于我国安全生产状况的改善。这意味着安全生产状况的改善还有赖于市场结构向产业集中度相对提高的方向变化。

一、市场结构对安全生产的影响

在产业组织理论中，“产业”就是“市场”，产业集中度或者市场集中度是衡量市场结构的主要指标，是指市场中买方、卖方各自的供求规模及其分布状况。为了研究的方便，尤其是指生产者的数量、规模等分布状况。

（一）产业集中度的提高有利于企业安全生产状况的改善

一些发达国家的工业化历史经验表明，一国经济越发展，其产业集中度相应也就越高。一些发达国家甚至发展到这样的高度，随着后现代社会的到来，产业集中度出现了下降的趋势，即使如此，发达国家的产业集中度仍明显高于发展中国家。比如，一些发达国家，国内市场集中度自20世纪60年代以来仍在持续上升。在1963—1978年，法国产业平均集中度（前4家规模最大企业占全产业的比重CR_4）由22.3%上升到30.5%，提高了8.2个百分点；意大利在这期间产业平均集中度由22%提高到28.3%，提高了6.3个百分点；前联邦德国由18.9%提高到23.1%，提高了4.2个百分点；荷兰由35.3%提高到39.7%，提高了4.4个百分点；比利时由36.6%提高到41.83%，提高了5.2个百分点；加拿大在1965—1982年由47.8%提高到50.8%，提高了3.0个百分点。日本20世纪70年代产业集中度比60年代有了较大幅度的提高，自20世纪80年代中期以来，日本产业集中度增加的速度又有所加快，1983—1992年日本436个产业的CR_4平均数由66.4%上升到68.7%，CR_{10}平均数由80.2%上升到82.5%。20世纪70年代以来，美国制造业部门的集中度趋于稳定，没有进一步提高，但美国的产业集中度是很高的，1972—1992年美国的平均产业集中度CR_4在40%以上，CR_8在52%以上。

产业集中度提高的背后，是同行业的企业数量的减少，是企业规模的扩大和技术装备、技术水平的大幅度提升，是市场竞争秩序的优化，由此造成全社会安全生产水平的提升。以采掘业为例，作为传统工业的采掘业在发达国家早已通过企业联合兼并、股份购买等方式，企业规模明显扩大，产业集中度明显提高。比如，1994年德国矿井平均生产规模为280万吨/年，波兰为200万吨/年，英国为180万吨/年，美国为48.6

万吨/年；美国、英国、澳大利亚等国家前三四家煤炭企业市场占有率已提高到40%以上。与此同时，发达国家基本实现了煤炭集中高效生产，大型煤炭企业的技术装备水平大幅度提升，以日产万吨的超大型综合机械化采煤工作面为核心的生产工艺，从根本上改变了矿井的面貌，机器人与人工智能和专家系统相结合，采煤机械化和自动化程度显著提高。比如，德国采煤机械化达到了99.9%，英国在99.8%以上，日本为98%，波兰为90%。

总体而言，在同一行业中，大企业的安全保障程度要高于中小企业，其中的原因很清楚：一是大企业实力雄厚和技术水平比较先进，可以进行足够的安全投入，保证安全生产有一定的资金实力和物质基础；二是大企业机构设置分工明确，有专门的从事职业安全卫生健康机构，比如管理部门、培训部门、救援队伍等；三是大企业由于考虑到企业声誉以及发生事故可能对其产生的毁灭性影响等，更加注重安全投入和安全管理。相反，小企业由于经济实力、企业主的认识能力或者规章制度不健全等原因，在安全生产方面要远远落后于大型企业。比如，英国的一份研究报告中指出，阻碍小企业提高安全卫生管理水平的原因有认识不够、经济实力、时间限制、优先其他问题等。同时，专门针对中小企业的问卷则显示，费用、时间和资源不足、安全健康工作态度冷淡、规章制度复杂混乱、缺乏知识等导致了中小企业安全健康问题的出现（见图4-1）。

在国外，发达市场经济国家解决产业集中度低、企业规模过小的问题主要靠完善市场机制，通过市场竞争将一些经济效益差、安全生产没有保障的小企业淘汰出局，或破产或被兼并。但是，在经济急剧转型时期，由于社会对安全生产普遍重视，政府往往颁布较高的安全生产标准，利用行政手段和市场准入标准的办法，将不符合安全生产规定的企业特别是小企业强行予以关闭，这在采矿业非常明显。当然，他们在关闭不符合安全生产规定的中小企业时，对这些企业顺利和持久地退出相关行业制定了切实可行的法律法规和对退出者实施援助计划。

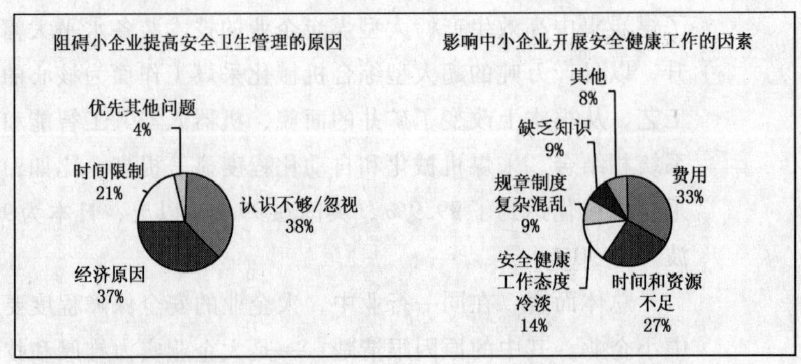

图 4－1　英国关于小企业的安全卫生管理的调查

资料来源：刘铁民、朱常有、王宇航编译：《国外职业安全卫生国家计划》，中国劳动社会保障出版社 2005 年版。

在日本，从 20 世纪 60 年代开始关闭煤矿，矿井数由 1960 年的 622 个减少到 2000 年的 13 个，煤产量从 5247 万吨减少到 297 万吨。2002 年 1 月，日本关闭了最后 1 座煤矿。日本关闭煤矿采取了一整套政策措施。首先颁布专门法律法规。主要有：1955 年的《煤炭工业合理化暂行措施法》，1959 年的《煤矿离职者暂行措施法》，1961 年的《产煤地区振兴暂行措施法》。根据这些法律，1960 年成立了煤矿离职者援助协会，1961 年成立了煤矿离职者雇佣促进事业团，1962 年成立了产煤地区振兴事业团，1967 年设立了煤炭矿业基金会。在矿井关闭前，给予多种经营补助和无息贷款，为关闭后的人员安置创造条件。关闭时发放煤矿离职者培训费（金额相当于离职者年工资的 75%）和生活费补贴（每天 3500 日元）；职工 52 岁即可退休；对离职者发给一次性离职费，平均 800 万日元，政府补助 50%。关闭后，设立专门机构援助矿区环境整治和经济振兴，政府拨款 600 多亿日元建设基础设施，并以低息贷款和税收优惠吸引投资者到矿区办企业。

在俄罗斯，1993年开始实行国有煤矿改革和结构重组，当年政府给煤矿的财政补贴占GDP总额的1.4%。财政补贴2/3用于关闭亏损煤矿，其中矿工社会保障占70%以上，1998年关矿花了23亿美元。到2000年，原有377个煤矿已关闭140个，煤产量从1993年的3.06亿吨减到2000年的2.58亿吨，股份制煤矿产量已占60%，原煤生产效率比1995年提高了75%，事故死亡率下降了33%。

在美国，联邦和各级政府对煤矿安全生产十分重视，1952年即颁布了有关煤矿安全的法律《煤矿安全法》，1969年又颁布当时世界上最为严厉的安全和健康标准《矿山安全与健康法》，并于1977年11月9日对其做了进一步修改。这些法规的出台，使一些达不到安全生产标准的小煤矿被迫关闭，比如，1969年颁布《矿山安全与健康法》以后，有2000多个小矿因无法达到新法规定的安全标准而关闭。该法的实施使伤亡事故和职业病大幅减少，事故死亡人数从1970年的260人减到1978年的105人，火灾和爆炸事故造成的经济损失从1960—1963年的4.5亿美元减到1971—1974年的0.78亿美元。

（二）我国“原子型”市场结构不利于安全生产状况的改善

在学术界，一般把卖方市场高度分散的结构称之为“原子型”结构，并把具有这种市场结构的产业称为“原子型”产业。在这种市场结构中，卖方集中度很低，企业规模小，数量很多，而且规模分布比较均匀。这四个方面的特征是判断一个行业是否属于“原子型”结构的重要依据。按照谢勒的划分标准，将前4位卖方集中率不到20%的结构归为“原子型”结构。“原子型”市场结构是一个中性的概念。它是现实经济中客观存在的一种结构类型，既有其合理的一面，也有其不合理的一面。从形成原因的角度看，这种市场结构大体有三种类型：一是立足当地市场的地方性产业；二是一些规模经济不显著的产业；三是达不到最小有效规模，缺乏规模效益的产业。对于前两类，由于存在合理的销售半径问题，或者规模经济不明显，这样就决定了卖方市场分散化的特点；对于后一类，虽然存在最小有效规模，但大多数企业达不到这一要求，从而导致规模效益的丧失和资源的浪费。从行业的角度看，这一类“原子型”产业属于不合理的范畴。实证研究表明，我国存在大量的原子型结构的产业，在制造业中，1995 年所占比重为 62%。[①] 除了地方性产业和规模经济不显著的产业外，大量的原子型结构的存在不仅导致规模效益的损失，而且对消费者福利和企业内部的员工都会造成福利损失。如果一个行业小型企业的大量存在，就意味着每个企业都难以达到规模经济的要求，企业的经济效益就难以得到保证，也就难有资金用于安全生产投入；大量企业的存在，每个企业都面临着残酷的生存竞争，必然不惜一些代价压低生产成本，市场竞争秩序混乱，必然以牺牲广大员工的安全和健康权益为代价。这一点，在我国的采矿业中尤其明显。

截至 2004 年底，我国拥有各类矿山企业近 12.5 万个，比 2003 年减少了 2 万个。平均来看，大中型企业只占企业总数的 7.03%。说明小型矿山产量还占有很大比重，全国矿业产业集中度低。虽然近几年进行了治理整顿，关井压产，但小型矿山的数量仍然太多，这在世界上是独一无二的。

从产量集中度上来看，如表 4－2 所示，我国只有铜矿的大型矿山的产量在全国占据其矿产量的主导地位，根据国土资源部研究，全国只有铜、钨、钼、镍 4 个矿种的大中型矿山的产量在全国占据其矿产产量的主导地位。

① 魏后凯：《市场竞争、经济绩效与产业集中》，经济管理出版社 2003 年版。

表 4-1　　2004 年中国主要矿产企业规模分布　　单位：个,%

矿种	矿山企业数	大型	中型	小型	小矿	大中型企业占总数比重
总计	124982	4147	4636	45357	70842	7.03
煤炭	26397	247	431	8863	16856	2.57
铁矿	3763	49	107	1249	2358	4.15
锰矿	569	27	32	419	91	10.37
铬矿	24	—	3	14	7	12.50
钛矿	135	23	6	84	22	21.48
钒矿	31	2	5	20	4	22.58
铜矿	691	11	32	198	450	6.22
铅矿	914	—	4	140	770	0.44
锌矿	908	3	17	279	609	2.20
铝土矿	281	1	4	105	171	1.78
镍矿	42	2	2	19	19	9.52
钨矿	154	—	14	58	82	9.09
锡矿	182	2	7	54	119	4.95
汞矿	15	—	—	5	10	0.00
铂矿	1	—	—	1	—	0.00
金矿	1671	7	56	504	1104	3.77
银矿	62	4	3	30	25	11.29
轻稀土矿	107	—	15	39	53	14.02
菱镁矿	161	6	11	127	17	10.56
普通萤石	888	4	31	543	310	3.94
钾盐	15	6	4	5	—	66.67
硼矿	76	4	9	25	38	17.11
磷矿	420	9	26	291	94	8.33
金刚石	2	2	—	—	—	100.00
石墨	158	58	67	31	2	79.11
石棉	64	13	—	48	3	20.31

资料来源：《中国矿业年鉴 2005》。

表 4-2　　2003 年我国 9 种矿产产量分布

矿产	大中型矿山产量比重（%）	大型矿山产量比重（%）	中型矿山产量比重（%）	小型矿山产量比重（%）
煤炭	53.3	31.0	22.3	46.7
铁矿	62.4	48.2	14.2	37.6
铜矿	87.2	66.2	21.0	12.8
铝矿	42.6	39.2	3.4	57.4
铅矿	51.5	17.5	34.0	48.5
锌矿	44.1	4.6	39.5	55.9
钨矿	45.4	4.3	41.1	54.6
锡矿	61.6	26.3	35.3	38.4
磷矿	51.1	38.6	12.5	48.9

资料来源：《国土资源部矿山统计年报》(2003)。

从矿山企业的规模分布和产量分布的情况看，不难发现，我国大多数矿产资源行业属于“原子型”市场结构，这种市场结构并不利于安全生产。表 4-3 的数据充分说明了这一点。在所有矿山中，我国非国有矿山、小型矿山死亡人数超过了国有矿山，所占比重在大多数年份超过 70%；从总量上看，无证矿山不到 3%，但死亡人数却占矿山死亡总人数的 11%—22%。可见，治理矿难在很大程度上是要治理小型矿山和坚决取缔无证矿山。

表 4-3　　矿山死亡事故按所有制形式分类统计与分析　　单位：个

年份	国有	集体和个体	个体（私营）	其他所有制	无证矿	合计	非国有矿山所占比重（%）	无证矿山所占比重（%）
1987	3048	6338	—	—	—	9386	67.53	—
1989	3424	6555	—	—	—	9979	65.69	—
1990	3061	4795	980	13	1627	10476	70.78	15.53
1992	2795	4881	548	18	1441	9683	71.13	14.88
1995	3169	5576	1268	87	1845	11945	73.47	15.45
1996	3010	5654	1239	71	2226	12200	75.33	18.25
1997	3173	4986	1262	155	1689	11265	71.83	14.99
1998	2441	3468	1655	122	1298	8984	72.83	14.45
1999	1806	2325	1301	123	706	6261	71.15	11.28

资料来源：范维唐：《我国安全生产的形势、差距和对策》，煤炭工业出版社 2003 年版，第 128 页。

二、煤炭业市场结构与安全生产

（一）我国煤炭行业市场结构与安全生产状况

从20世纪70年代开始特别是改革开放以来，我国煤炭行业市场结构变化最大的特征，就是乡镇煤矿不断发展壮大，乡镇煤矿中大多数是小煤矿，在国有重点、国有地方和乡镇三种类型的煤矿中，乡镇煤矿的安全状况是最差的，乡镇小煤矿的增多，结果导致全国煤矿安全状况进一步恶化。①

在20世纪70年代之前，乡镇煤矿所占比重一直很低，均在10%以下，70年代开始，乡镇煤矿产量开始缓慢上升，到70年代末也只有15%左右，从80年代开始，乡镇煤矿产量所占比重快速上升，到90年代中期达到顶峰，几乎占据“半壁江山”（1994年为47.42%），随着90年代中期开始的对小煤矿的清理整顿，乡镇煤矿产量所占比重出现了下降的趋势，至2001年不到全国产量的1/4（2001年为23.86%），此后，由于煤炭供需矛盾继续加大，国家一度放松了对乡镇煤炭的控制，乡镇煤矿的产量又出现了大幅度地飚升，占全国煤炭产量的比重又出现了回升，2005年占全国的比重为38.84%（表4－4和图4－2）。由此可见，我国煤炭供需缺口主要靠乡镇煤矿产量来弥补，这也是乡镇煤矿产量波动幅度显著大于国有重

① 根据所有制类型（企业登记注册类型），我国历来把煤矿划分为国有重点煤矿、国有地方煤矿和乡镇（集体）煤矿三种类型。尽管1998年国务院决定将国有重点煤矿企业全部下放到地方，但这种划分没有改变，而是以法规的形式确定下来。比如，根据《生产安全事故统计报表制度》（安监总统计［2006］26号）文件规定，国有重点煤矿：指原国家统配煤矿；国有地方煤矿：指军工（垦）、劳改及其他系统县级以上开办煤矿；乡镇煤矿企业，包括集体企业、股份合作企业、联营企业、有限责任公司、股份有限公司、私营企业、港澳台商投资企业、外商投资企业、其他企业等。

点煤矿和国有地方煤矿的一个重要原因。另外，2006 年开展的一项抽样调查结果表明，全国乡镇煤矿实际产量高出统计产量 10.8%。①

表 4－4　　1949—2005 年中国原煤产量（按企业类型分）　　单位：万吨

年份	总　计	国有重点煤矿	国有地方煤矿	乡镇煤矿
1949	3243	2353	745	145
1950	4292	3018	1083	191
1951	5308	3714	1357	237
1952	6649	4834	1519	296
1953	6968	5218	1439	311
1954	8366	6228	1764	374
1955	9830	7300	2061	469
1956	11036	8151	2441	444
1957	13073	9433	2991	649
1958	27000	15777	7755	3468
1959	36879	21643	12346	2890
1960	39721	24036	13490	2195
1961	27762	17554	9208	1000
1962	21955	14755	6395	805
1963	21707	15129	5728	850
1964	21457	15056	5508	893
1965	23180	16428	5779	973
1966	25147	18072	6507	568
1967	20570	13588	6135	847
1968	21959	14730	5937	1292
1969	26595	17857	6984	1754
1970	35399	22672	9584	3143
1971	39230	24658	11360	3212
1972	41047	24922	12518	3608
1973	41697	26767	10755	4175
1974	41317	24278	11823	5217
1975	48224	27995	14482	5748

① 黄盛初：《乡镇煤矿原煤产量抽样调查及统计建议》，《调查研究》2006 年第 4 期。

续表

年份	总　计	国有重点煤矿	国有地方煤矿	乡镇煤矿
1976	48345	27364	14439	6541
1977	55068	29527	17639	7902
1978	61786	34184	19123	8479
1979	63554	35777	18055	9722
1980	62013	34439	17088	10486
1981	62163	33505	15999	12659
1982	66632	34990	17035	14607
1983	71453	36312	18134	17007
1984	78923	39470	17765	21688
1985	87228	40626	18198	28404
1986	88056	41392	18138	28526
1987	91228	42020	18367	30841
1988	95412	43445	19000	32967
1989	103031	45830	20146	37055
1990	105766	48022	19976	37768
1991	104400	48060	19290	37050
1992	106109	48126	18733	39250
1993	107689	44664	19531	43494
1994	125529	43799	22199	59531
1995	123290	44659	21335	57296
1996	137408	46880	22206	61477
1997	132525	46716	22567	57024
1998	122167	44146	21088	51043
1999	104363	46969	21392	31700
2000	99917	48498	19426	26917
2001	110559	61857	22317	26385
2002	141530	71458	26722	43350
2003	172787	81405	27992	63390
2004	199735	93880	29680	76175
2005	215132	102421	29159	83552

注：国有地方煤矿包括省营、专营和县营煤矿；乡镇集体煤矿包括集体所有制煤矿和个体煤矿。

国有重点煤矿、国有地方煤矿、乡镇煤矿三者之和不一定等于全国产量，存在误差项。

资料来源：《中国煤炭志·综合卷》；《中国煤炭工业年鉴》各期。

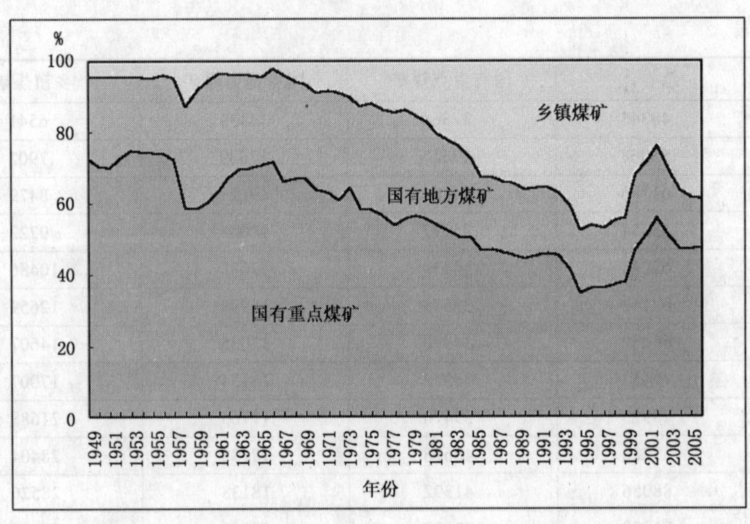

图 4－2　1949—2005 年我国各种类型煤矿原煤产量

资料来源：《中国煤炭志·综合卷》；《中国煤炭工业年鉴》各期。

从我国乡镇煤矿产量的变化及企业数目的变化情况看，我国煤炭行业属于典型的"原子型"市场结构。我国煤炭市场结构不合理现象可从与美国的对比中明显感觉到。2004 年，我国煤矿数量在 2 万个左右，煤矿平均年生产规模不到 10 万吨，其中大型煤矿企业仅 83 家，最大 4 家煤矿产量占全国煤矿产量的 14.1%，最大 8 家煤矿产量占全国煤矿产量的 21.8%。相比之下，美国煤矿业市场结构要合理得多，经过持续的市场结构优化过程，到 2000 年，美国仅有煤矿 1453 家，平均规模达到 67.1 万吨，其中主要企业数量有 27 家，前 4 家产量占全国产量比重达 40%，前 8 家产量比重达 57.6%。我国煤炭行业组织结构集中程度不但与当今美国煤炭行业无法相比，甚至还不及《1977 年联邦矿山安全与健康法》（简称《矿山法》）颁布前的 1976 年美国煤炭行业集中程度（表 4－5）。

由于资源赋存条件、资金实力、从业人员素质等方面的巨大差距，我国乡镇煤矿安全生产状况最差，从 1949—2005 年的大多数年份看，乡镇煤矿百万吨死亡率又几乎是地方国有煤

表 4－5　　中美煤炭市场结构对比情况

指　标	单位	中国	美国			
		2004 年	1976 年	1986 年	1991 年	2000 年
煤矿数量	个	2 万左右	6533	4424	3022	1453
煤矿平均规模	万吨	不到 10	9.5	18.3	30	67.1
主要企业数量	个	83	34	52	53	27
前 4 家产量比重	%	14.1	24.6	19.6	21.8	40.0
前 8 家产量比重	%	21.8	33.6	30.3	32.6	57.6

注：我国煤炭行业主要企业数量是指大型煤炭企业数量。

资料来源：中国数据由作者根据《中国煤炭工业年鉴 2005》数据整理；美国数据来自国家信息中心《中国行业发展报告（2004）——煤炭业》，第 145 页。

矿的 2 倍，是国有重点煤矿的 4—8 倍。从绝对死亡人数看，乡镇集体煤矿更是煤矿安全生产事故的重灾区，近年来死亡人数占煤矿全部死亡人数的比重约 70%。起初，在改革开放以前，由于乡镇集体煤矿产量尚少，其安全生产事故死亡人数占煤矿总死亡人数的比重一般控制在 25% 以下。改革开放以后，特别是 20 世纪 80 年代初实行了“有水快流”政策，鼓励国家、集体、个人一起办煤矿，乡镇煤矿在产量增长的同时，其死亡人数也迅速上升，1985 年以来，大多数年份乡镇煤矿死亡人数在 4000 人以上。1990 年以来，绝大多数年份乡镇煤矿死亡人数占全部煤矿的比重超过 70%。近年来，国有重点煤矿、国有地方煤矿和乡镇集体煤矿在产量上的比例约为 5∶1.5∶3.5，而在死亡人数上的比例约为 1.5∶1.5∶7。

根据我国目前三类煤矿的技术水平，乡镇煤矿产量比重上升直接意味着有安全保证的煤炭产量比重的下降。据中国煤炭工业协会的统计，2004 年我国具备安全生产能力的矿井产量只有 12 亿吨，仅占当年煤炭产量的 60% 左右。而不具备安全生产条件产量、安全不达标产量以及安全系统需要改进产量占当年煤炭总产量的 40%（图 4－3）。这个数据与乡镇煤矿产量占全国煤矿产量的比重大体相当，尽管不能说乡镇煤矿产量都是没有安全保证的产量，国有重点煤矿、国有地方煤矿的产量都是有安全保证的产量，但是，这两者之间确实具有很强的对应关系。

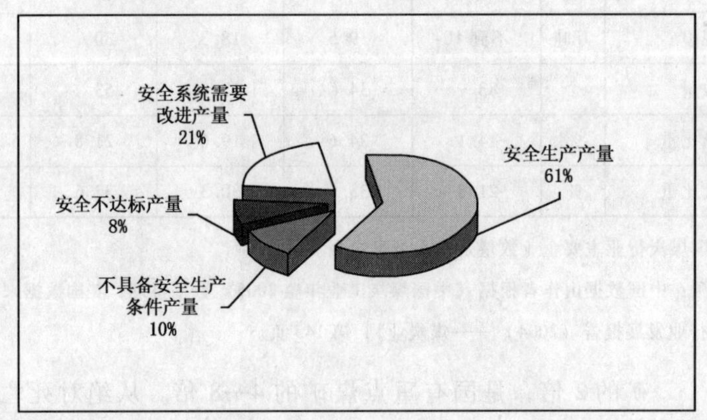

图 4－3　2004 年不同安全条件下煤炭产量分布

资料来源：《中国产业地图——能源（2004—2005）》，第 66 页。

（二）改变煤炭行业市场结构：从关闭生产能力到关闭不安全生产源

1983 年，国务院颁布法规鼓励乡镇煤矿快速发展以满足煤炭短缺（有水快流政策）。由于小煤矿投资小、见效快，该政策对缓解煤炭紧缺局面起到了很大的积极作用。但盲目的过度开采也带来了一些负面影响。蜂拥而至、唯利是图的投资者为了追求高利润，低成本雇佣未经过安全培训的农民和流动散工，无视煤矿开采的法律法规，无照开采经营，对安全生产和环境造成了很大的冲击。

1996 年，小煤矿年产量达到历史最高的 6.38 亿吨，占当年原煤产量的近一半。小煤矿扰乱了煤炭市场价格，对国有煤矿的经济运行造成了极大的损害，而且乡镇煤矿安全隐患大，安全状况差。加上不少煤炭企业由于经营机制僵化、人员多、包袱重等问题，生产经营困难，企业亏损严重。在这种情况下，政府主要的工作就是帮助煤炭行业压缩生产能力，调整煤炭生产结构，扭亏增盈。由此，从1996年5月下旬开始，由煤炭部、国家经贸委、劳动部、地质矿产部、中华全国总工会等6个部门联合在全国范围内组织开展了大规模的整顿煤炭生产秩序的执法活动。这次整顿以《中华人民共和国煤炭法》、《中华人民共和国矿产资源法》和《中华人民共和国矿山安全法》等法律及相关法规为依据，以政府部门联合执法为主要手段，集中精力整顿各种非法办矿、违法生产的行为，解决办矿失控、生产秩序混乱、浪费资源和安全状况不好等问题。可见，这次整顿的主要目的并不是解决安全生产问题，主要的依据也不是安全生产方面的法规，而是生产能力过剩的问题，安全生产只是一个附带性目标。

从总体上说，煤炭总是处于供不应求的状态，但不排除煤炭也有供应过剩的时候。特别是受1997年以来的亚洲金融危机的影响，我国经济增长乏力，煤炭产量曾出现了几年的供过于求的状况。1997年以来，起先因为煤炭产量过剩的原因，国家采取了“关井压产”为主要内容的第一轮对乡镇煤矿的限制措施，导致乡镇煤矿产量占全国的比重下降，但是，乡镇煤矿产量比重下降的同时，其死亡人数没有减少，比重没有下降，结果乡镇煤矿的百万吨死亡率上升（至少从统计数据看如此）。2000年以来，随着经济的快速发展，全国能源供不应求，煤炭由买方生产转向卖方生产，各种压力迫使国家决定在2002年对所谓“检查验收合格”的乡镇煤矿准予重新合法生产。但是，乡镇企业产量比重不到全国的四成，死亡人数却占全国的七成左右，这是政府和社会各界难以承受的，于是，以国务院办公厅发布《关于进一步加强煤矿安全生产工作的通知》（国办发〔2003〕58号）为标志，新一轮以“安全生产”为主要内容的政策措施不断出台，其结果就是乡镇煤矿数量进一步减少。

据统计，全国各类小煤矿已由1997年的8万多座减少到

2万多座，已有近6万座小煤矿被关闭，关闭各类小煤矿占原有小煤矿总数的73%；国有重点煤矿、地方国有煤矿和乡镇煤矿的比重已由1997年的4:2:4转变到2001年的6:2:2。[①]应该说关闭小煤矿和调整煤炭工业结构取得了一定的成绩。但是，由于后来我国经济进入了又一个快速增长时期，能源供不应求，煤炭需求量不断上升。而关闭小煤矿却减少了煤矿的生产能力和供应速度，结果是煤炭价格不断上涨，并导致在暴利的驱使下，一些关闭的小煤窑和非法生产矿井死灰复燃。有证据显示，一些非法小煤矿还扩大了生产能力。尽管关闭计划仍在实施中，但是，乡镇煤矿2003年的煤炭产量高出2002年煤炭产量近1亿吨。尽管国家对煤炭供应短缺的持续担心和煤炭价格高涨不下，小煤矿关闭并没有面临什么压力。另一个问题是，在一些煤炭产区，当地政府由于在财政收入方面对小煤矿的依赖而不愿关闭小煤矿。除非能够制定和执行解决小煤矿关闭而带来的经济和社会问题的相关政策，危险的非法开采活动仍将继续。

针对小煤矿安全事故频发的状况，进入21世纪以来，国家连续重拳出击，依法整顿和关闭非法生产小煤矿。继1998年以来的第一轮以限制产量为主的“关闭非法和布局不合理煤矿”活动结束后，2003年我国又启动了以改进安全生产状况为主的新一轮“整顿和关闭非法生产小煤矿”活动。

2003年6月20日，国务院办公厅发出《关于进一步加强煤矿安全生产工作的通知》（国办发〔2003〕58号），要求“深化煤矿安全专项整治”，明确指出：（1）凡《国务院办公厅关于进一步加强安全生产工作的紧急通知》（国办发明电〔2003〕3号）下发后，发生过重大事故（一次死亡3至9人）的乡镇、发生过特大事故（一次死亡10至29人）的县（市）、发生过特别重大事故（一次死亡30人以上）的市

① 国家煤矿安全监察局：《中国煤炭工业年鉴》，煤炭工业出版社2003年版，第1—2页。

（地），所在地区要严加整顿。整顿的重点是煤矿内部安全生产责任制和各项规章制度是否建立并落实到位，“一通三防”（通风、防瓦斯、防煤尘、防火）等安全设施的建设是否符合规定要求，煤矿安全规程和技术规范是否严格执行。（2）凡属“四个一律关闭”的小煤矿，即国有煤矿矿办小井、国有煤矿矿区范围（国有煤矿采矿登记确认的范围）内的小煤矿、不具备基本安全生产条件的各类小煤矿、“四证”（采矿许可证、煤炭生产许可证、营业执照和矿长资格证书）不全以及生产高灰高硫煤炭（灰分超过40%、含硫超过3%）的小煤矿，应关未关或已取缔关闭又死灰复燃的，地方政府要予以强制关闭；未取得煤炭生产许可证非法生产的，还要依据《中华人民共和国煤炭法》和《煤炭生产许可证管理办法》没收全部违法所得并处罚款，同时依法追究企业及其主要负责人的法律责任。（3）国家安全生产监督管理局（国家煤矿安全监察局）要抓紧制定下发煤矿安全生产基本条件，由地方人民政府按照条件对煤矿逐个进行审核评估。凡有一项基本条件达不到的，一律停产整顿，限期达标。逾期未能达标的，由地方人民政府强制关闭。对安全生产投入欠账较多的煤矿，要加大安全生产投入。新建、改建、扩建矿井，必须坚持安全设施设计、施工、使用的“三同时”（与主体工程同时设计、同时施工、同时使用）原则。其安全设施必须由煤矿安全监察机构进行设计审查和竣工验收。未经设计审查的不得施工，未经竣工验收的不得投入使用。

此后，《关于深化安全生产专项整治工作的通知》（国办发［2003］60号），《2004年深化煤矿安全生产专项整治方案》（安委办字［2004］13号），《国务院办公厅关于坚决整顿关闭不具备安全生产条件和非法煤矿的紧急通知》（国办发明电［2005］21号）等文件都严令坚决整顿关闭不具备安全生产条件的非法煤矿。

2005年全国人大常委会开展安全生产法执法检查，提出了“争取用三年左右的时间，解决小煤矿问题”，整顿和关闭非法小煤矿的工作力度进一步加大。

2006年9月28日，国务院办公厅转发国家安全监督管理总局等部门《关于进一步做好煤矿整顿关闭工作意见的通知》(国办发［2006］82号)，明确提出了煤矿整顿关闭工作的下一步工作目标和主要任务。主要目标是：到2008年，煤炭开采秩序明显好转，无证开采和超层越界开采等违法行为得到有效制止，小煤矿事故有较大幅度下降，特别重大事故得到有效遏制，小煤矿百万吨死亡率力争控制在4以下；小煤矿基本实现正规开采，安全设施得到较大改善，煤矿安全管理水平和从业人员技术素质有较大提高；小煤矿数量大幅度减少，到2010年力争控制在1万座左右。整顿关闭工作的主要任务是：依法取缔无证开采，关闭不具备安全生产条件、严重超层越界开采的煤矿；限期淘汰不符合产业政策、布局不合理、破坏资源、污染环境的煤矿；清理纠正违规越权核准和不符合安全标准的新建、改扩建煤矿项目。该《通知》结合《国务院关于预防煤矿生产安全事故的特别规定》等有关法律法规以及煤炭产业政策的有关要求，具体提出了16种不符合规定的煤矿要予以关闭。

大幅度关闭乡镇小煤矿，对于扭转我国煤矿安全生产状况具有十分积极的意义，但不可否认，在实施关闭的过程中，也存在不少问题，最突出的就是公平性不够以及被关闭的小煤矿难以获得相应的经济补偿，从而使关闭的效果大打“折扣”。

缺乏公平性，表现在以下几个方面：第一，“连坐问题”。往往是一个地区发生一起或数起安全生产事故，造成该地区所有煤矿都要停产接受安全整改。这种监管方法尽管有效，但过于粗糙，尤其是对于安全生产的煤矿是不公平的。第二，依据产量标准而不是安全标准关闭小煤矿。从我国煤矿安全监管政策看，政府关闭小煤矿的主要依据是产量标准，而不是安全标准，这对于一些安全生产搞得好的小煤矿是不公平的。第三，指标分配。作者在调查中发现，一些地方在关闭小煤矿时，往往采取层层分解的办法将关井任务下压，这样容易造成甲地区安全生产好的A煤矿被关闭，而乙地区安全生产状况不如A煤矿的B煤矿却可以继续存在，这对于A煤矿是不公平的。

关闭小煤矿的不公平问题还表现在被关闭小煤矿难以获得适当的补偿或者根本就没有补偿。以煤矿关闭工作中补偿标准比较高的江苏省为例，根据国家政策，江苏省关闭小煤矿工作包括两个阶段，第一阶段从1998年11月开始，江苏省政府以苏政办［1999］31号文批转省财政厅、煤炭局关于对关闭合法开办小煤矿给予适当补偿的意见。在经费安排上分为关井补偿费和操作费，对双证齐全（采矿许可证、煤炭生产许可证）的矿井，按前一年的实际产量，给予吨煤30元补贴，关闭每处矿井操作费为2.5万元。全省关井补偿费和操作费计为1938.5万元，省、市财政各承担50%。第二阶段关闭矿井工作从2001年6月《国务院办公厅关于关闭国有煤矿矿办小井和乡镇煤矿停产整顿的紧急通知》（国办［2001］25号）开始，江苏省按照2000年实际产量，给予吨煤30元的补贴，关一处小井给予3万元的操作费，关井操作费和补偿费计4850万元，仍由省、市财政各承担50%费用。[①] 显然，这样的补偿标准严重偏低。事实上，现阶段煤矿每吨煤的毛利润都在50元以上，这样的补偿标准甚至不够补偿煤矿企业当年的损失，对未来的损失根本就没有补偿，对过去的生产设施投入也没有补偿。补偿标准偏低，不仅难以促进煤矿企业自觉关闭，对已经关闭的煤矿企业也是极其不公平的。

由于产煤地区的财政收入和居民就业与小煤矿生产息息相关，关闭小煤矿给当地政府和居民就业带来比较严重的负面影响。如果没有合理的补偿，那么，对于被关闭煤矿的地区是不

① 杨增夫：《彻底关闭乡镇小煤矿　促进新一轮经济发展——对江苏关闭整顿乡镇小煤矿的调查》，《煤炭企业管理》2005年第9期。

公平的，地方政府在执行上级关闭小煤矿态任务时就不会积极，最后也就很难达到预期效果。

三、非煤矿山市场结构与安全生产

根据2004年第一次全国经济普查资料，我国非煤矿山大多数行业中企业数较多、规模较小、产业集中度较低。从表4-6中可以发现，除了石油和天然气开采业外，其他非煤矿山行业规模以上企业占相应行业的比重都比较低，企业单位数不超过1/4，从业人员不超过2/3。以此推断，传统的衡量产业集中度的CR4、CR8等数值必然很小，除了石油和天然气开采业外，其他非煤矿山都属于典型的“原子型”市场结构。进一步地计算发现，各地区规模以上企业各非煤矿山产量与其死亡人数之间的相关系数并不高，一般在0.3以下，说明各地区非煤矿山事故发生和死亡人数并不是由规模以上企业引起的，而主要来自规模以下企业，这说明市场结构状况对安全生产具有重大影响作用。

非煤矿矿山的安全生产问题显然与其市场结构分散化特征和“原子型”市场结构有关。突出地表现在一些矿山开采规模过小，安全生产条件差。非煤矿山企业的绝大多数是私营小企业，“多、小、散”的状况普遍存在，小型矿山占99%以上，生产工艺技术落后，装备水平和技术含量低，安全管理差，大量的地下矿山未建立完善的通风系统。从事故分析可以看出，事故总量比较大的省（区），多数也是非煤矿山数量多、经济欠发达的地区。

表4-6　　2004年规模以上企业主要经济指标　　单位：亿元，%

行　业	企业单位数（个）	工业总产值（当年价）	工业销售产值（当年价）	资产合计	实收资本	主营业务收入	利润总额	全部从业人员年平均人数（万人）
石油和天然气开采业	183	4601.5	4569.41	6033.04	2572.15	4500.47	1744.71	96.12
黑色金属矿采选业	1664	725.36	708.33	840.3	290.82	730.06	117.96	38.81
有色金属矿采选业	1465	801.61	789.34	763.79	196.49	795.24	115.7	39.17
非金属矿采选业	2182	587.98	579.57	695.35	233.17	565.52	30.32	42.59
其他采矿业	12	5.8	5.76	6.53	1.52	5.9	0.16	0.17
占本行业比重								
石油和天然气开采业	38	99.4	99.4	98.7	98.7	99.1	100	97.9
黑色金属矿采选业	16.2	73.9	74.5	79.9	72.3	75.2	80.6	62.6
有色金属矿采选业	24.1	87.7	88	85.7	74	88.1	90.2	71.9
非金属矿采选业	6.2	51.1	51.5	62.7	51.8	51.1	33.7	37.7
其他采矿业	4.5	55.9	56.5	60	46.6	57.2	29.7	23

资料来源：第一次全国经济普查。

考虑到非煤矿山中小型矿山和无证矿山对安全生产产生的不利影响，国家安全生产监督管理局在2002—2003年开展了一次规模较大的非煤矿山整治工作，使非煤矿山企业数量有所较少，采矿秩序有所好转。如表4-7所示，据统计，截至2003年底，全国有证非煤矿山共102992座，其中金属矿山11159座（占总数的10.83%），非金属矿山89950座（占总数的87.34%），其他矿山1883座。有证非煤矿山中已经过整治验收的矿山60709座，占总数的59%，正在整治矿山42283座，占总数的41%。全国非煤矿山总数由2002年底的114272座降至为102992座，同比减少11280座，降幅为9.9%，其中金属矿山减少了1199座，同比下降9.7%；非金属矿山减少了9722座，同比下降9.8%；其他矿山减少了387座，同比下降17.3%。其中：河北、吉林、重庆、浙江、安徽和福建等6省（市）矿山总数均有大幅度下降，说明这些省（市）加大了整治工作力度，对关闭非法和不具备基本安全生产条件的小矿山、小采石场，态度坚决，收到明显效果。而天津、内蒙古、江苏、江西、山东、广东、海南、四川、西藏、云南、新疆等11个省（市、区）的非煤矿山总数同比反而增加，其原因：一是增加的非煤矿山大部分为用于建材和修路的砂石料场；二是个别地区上年上报统计数据不及时、不准确，特别是在基层安监机构不健全的情况下，造成统计数据不可比，或者，有可能统计方式上存在问题。在无证矿山方面，山西、湖北、四川、重庆的无证矿山数量有大幅度下降。说明其在关停无证矿山方面工作力度加大。

表4－7　2003年全国非煤矿山整治进展情况统计表　单位：座

地区	有证矿山情况										无证矿山	关闭取缔
	合计				已验收矿山			正在整治矿山				累计数
		金属矿山	非金属矿山	其他矿山	小计	个体私营	其他	小计	个体私营	其他		
年终	102992	11159	89950	1883	60709	51731	8978	42283	36204	6079	14123	48825
年初	114272	12358	99672	2242	19794	18706	1088	78168	75321	2847	19786	26488
变化	－11280	－1199	－9722	－359	40915	33025	7890	－35885	－39117	3232	－5663	22337
北京	669	28	595	46	669	635	34	—	—	—	—	1034
天津	416	2	161	253	416	352	52	—	—	—	1	103
河北	5914	1941	3943	30	3278	2523	755	2636	2504	132	113	1268
山西	3422	690	2643	89	1963	1713	214	1459	1120	339	1189	1276
内蒙古	2044	269	1737	38	435	369	66	1609	1478	115	162	387
辽宁	4721	902	3761	58	3617	2680	937	1104	922	182	407	485
吉林	2052	110	1647	295	1105	1061	44	947	671	276	—	451
黑龙江	2196	38	2096	62	293	88	205	1903	1777	126	62	1120
上海	1	1	—	—	1	—	—	—	—	—	—	—
江苏	3575	18	3536	21	2992	2642	350	583	495	88	255	1307

续表

地区	有证矿山情况										无证矿山	关闭取缔累计数
	合计				已验收矿山			正在整治矿山				
		金属矿山	非金属矿山	其他矿山	小计	个体私营	其他	小计	个体私营	其他		
浙江	3802	69	3733	—	3421	3263	158	381	369	12	—	2104
安徽	4128	414	3708	6	1902	1291	124	2226	1664	562	623	3742
福建	4017	271	3621	125	632	565	67	3385	2620	765	160	2498
江西	6156	299	5857	—	5182	4986	134	974	969	5	—	2875
山东	7624	304	7157	163	7419	5595	1824	205	124	81	1428	4207
河南	6284	675	5378	231	3332	3172	160	2952	2522	430	2427	2877
湖北	4495	182	4266	47	3197	3164	33	1298	1242	56	767	1531
湖南	5942	671	5184	87	2689	1421	1268	3253	1675	1578	342	4093
广东	3629	100	3507	22	2386	2296	90	1243	1243	—	—	1399
广西	5483	466	4989	28	1727	1610	117	3756	3624	132	275	646
海南	353	29	319	5	182	173	6	171	171	—	53	209
四川	6055	692	5284	79	3453	3324	119	2602	2550	52	789	2938
重庆	2870	230	2581	59	2829	2802	27	41	41	—	—	4403
贵州	2413	513	1900	—	835	525	310	1578	1278	300	1039	2480
云南	5642	1192	4407	43	2843	2403	440	2799	2586	213	3013	3549
西藏	148	72	74	2	128	58	54	20	10	10	8	37
陕西	3279	433	2776	70	1421	1155	266	1858	1629	229	355	1233
甘肃	2049	169	1880	—	—	—	—	2049	1887	162	228	201
青海	607	87	520	—	380	258	122	227	152	75	155	—
宁夏	768	—	768	—	294	294	—	474	468	6	35	113
新疆	2238	292	1922	24	1688	1313	375	550	413	137	237	259

说明：(1) 矿山统计总数是统计31个省（区、市）的上报数。(2) 矿山总数包括金属、非金属和其他矿山，其他矿山系指：油页岩、石油、天然气、油砂、天然沥青、铀、钍、地下水、矿泉水、二氧化碳气、硫化氢气、氦气、氡气等矿产资源。

资料来源：国家安全生产监督管理总局网站。

但是，非煤矿山的安全生产问题仍然比较严峻，需要进一步努力。如表4－8所示，非煤矿山中数量多而规模较小的私营企业的事故起数和死亡人数都是最多的。如图4－4所示，2006年，私营经济占事故起数和死亡人数的第一位，其比重分别为51.2%和51.1%，其次是有限责任公司，分别占18.9%和19.5%。国有经济、集体经济、股份合作、联营经济、股份有限公司、私营经济、外商投资企业事故起数和死亡人数同比分别下降，有限责任公司和其他经济企业事故起数和死亡人数同比上升。在重特大事故中情况更是如此，其中私营个体矿山重特大事故最多。比如，2006年私营个体矿山重特大事故45起，死亡169人，分别占重特大事故总数的59.2%和56.3%；有限公司14起，死亡50人，分别占18.4%和16.7%；股份合作4起，死亡17人，分别占5.2%和5.7%；国有经济9起，死亡52人，分别占11.8%和17.3%；集体经济4起，死亡12人，分别占5.3%和4%。

表4－8　2006年非煤矿山事故分经济类型情况表

	事故起数	同比		死亡人数	同比	
		±起	±%		±起	±%
合　计	1869	－59	－3.1	2271	－71	－3.0
国有经济	164	－13	－7.3	193	－11	－5.4
集体经济	145	－66	－31.3	170	－102	－37.5
股份合作	90	－56	－38.4	102	－79	－43.7
联营经济	15	－22	－59.5	16	－39	－70.9
有限责任公司	349	127	57.2	435	176	68.0
股份有限公司	60	－23	－27.7	73	－31	－29.8
私营经济	944	－22	－2.3	1140	－16	－1.4
港澳台投资	1	—	—	1	—	—
外商投资	7	－5	－41.7	9	－4	－30.8
其他经济	69	—	—	94	2	2.2

资料来源：国家安全生产监督管理总局网站。

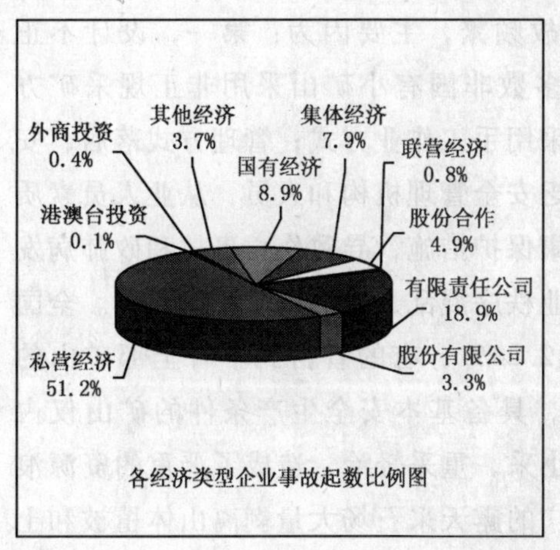

各经济类型企业事故起数比例图

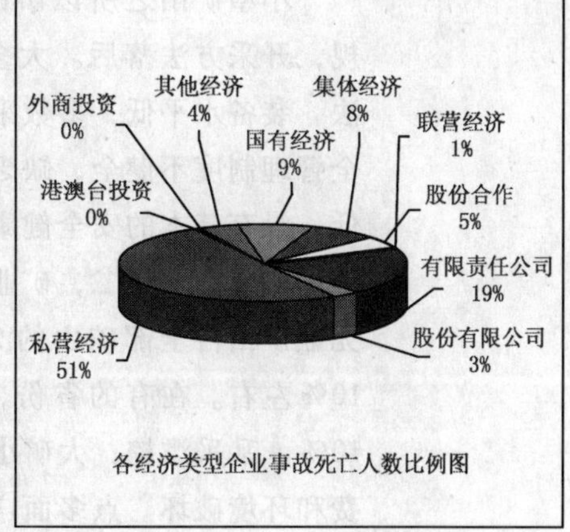

各经济类型企业事故死亡人数比例图

图 4－4 非煤矿山事故分经济类型统计图

资料来源：国家安全生产监督管理总局网站。

2007 年上半年，情况依然如此，排在非煤矿山中事故起数和死亡人数第一位的是私营经济，发生事故 374 起，死亡 463 人，分别占事故总起数、死亡总人数的 47.6% 和 47.0%，其次是有限责任公司，发生事故 196 起，死亡 269 人，分别占事故总起数、死亡总人数的 25.0% 和 27.3%（见表 4－9）。

表 4－9　　2007 年上半年全国非煤矿山事故按经济类型分布表

	事故起数	同比		死亡人数	同比	
		±起	±%		±起	±%
合　　计	815	－77	－8.6	1026	－76	－6.9
国有经济	60	－16	－21.1	66	－31	－32.0
集体经济	49	－22	－31.0	54	－27	－33.3
股份合作	36	－10	－21.7	45	－8	－15.1
联营经济	4	－3	－42.9	6	－2	－25.0
有限责任公司	196	37	23.3	269	54	25.1
股份有限公司	42	12	40.0	50	12	31.6
私营经济	374	－91	－19.6	463	－91	－16.4
外商投资	1	－1	－50.0	1	－1	－50.0
其他经济	23	－13	－36.1	32	－22	－40.7

资料来源：国家安全生产监督管理总局网站。

小型矿山之所以事故频繁，主要因为：第一，设计不正规，开采方法落后。大多数非国有小矿山采用非正规采矿方法，装备水平低，多数采用手工作业方式；管理方式落后，安全管理制度不健全，缺乏安全管理机构和人员，从业人员素质低，没有基本的安全健康保护措施，导致伤亡事故和矽肺病发病率非常高。第二，矿业秩序混乱，非法采矿屡禁不止。全国无证矿山占全部矿山的2.24%，有的省占到本省全部矿山的10%左右。在有的省份，具备基本安全生产条件的矿山仅占10%。乱采滥挖，大矿小采，重采轻治，造成了严重的资源浪费和环境破坏。点多面广的露天采石场大量剥离山体植被和土层，引发滑坡和泥石流。乱采滥挖给社会和国有矿山的安全生产造成巨大威胁。民营矿山大量无序的采空区使得地表下陷、建筑物开裂、山体滑坡，造成人员伤亡。有的民营矿山为了抢夺国有矿山的资源，故意破坏国有矿山的生产系统，造成了国有矿山严重的生产和人身伤亡事故，并严重影响了国有矿山的经济效益。对制止民营矿山乱采滥挖的人员实行威胁恐吓和暴力打击，甚至有涉黑行为。

四、建筑业市场结构与安全生产

改革开放以来，我国建筑业蓬勃发展，各种类型的建筑业企业都获得了增长，但是，增长的幅度是不一样的。结果是在建筑业内部，无论是企业数量，还是总产值、就业人数，国有企业、集体企业比重都出现了大幅度的下降，而其他类型的建筑业企业的比重则大幅度上升。仅1995—2005年间，国有企业的单位数、就业人员、总产值比重就分别从31.2%、55%、63.3%下降到10.2%、17.8%、24.4%；集体企业的单位数、就业人员、总产值比重则分别从63.6%、42.2%、32.8%下降到13.8%、13.4%、8.1%；而其他（不含国有企业、集体企业、港澳台商投资企业、外商投资企业）所占比重分别从2.5%、2.1%、2.7%上升到74.5%、68.1%、66.2%（见表4-10）。这种变化结果，除了新型企业组织如有限责任公司、股份有限公司等出现外，更多的是私营、个体等中小建筑业企业，反映出我国建筑业市场结构向原子型市场结构进一步演进的特点。如果和国际上其他国家相比较，就更能发现我国建筑业所具有的“原子型”市场结构的特点。以市场占有率集中度来衡量，1997年我国建筑业的CR4、CR10、CR50、CR100分别是1.06%、2.35%、8.16%和12.86%，而日本建筑业的CR4、CR10、CR50、CR100分别是7.25、14.18%、29.94%和37.03%，美国建筑业是4.24%、6.42%、12.35%和15.23%（见表4-11）。用产业组织学家贝恩提出的标准（CR4≤30%，CR8≤40%即属原子型市场结构），我国建筑业属于典型的原子型市场结构。

表4-10　　　　建筑业内部构成变化

企业单位数（%）

年份	总计	国有企业	集体企业	港澳台商投资企业	外商投资企业	其　他
1995	100	31.2	63.6	1.4	1.3	2.5
1996	100	22.0	70.2	1.0	0.9	5.8
1997	100	21.9	67.9	1.1	1.0	8.1
1998	100	20.7	62.3	1.4	0.7	14.9
1999	100	19.9	57.6	1.4	0.7	20.4
2000	100	19.0	52.1	1.3	0.7	26.9
2001	100	18.0	41.6	1.4	0.6	38.4
2002	100	15.8	27.6	1.3	0.6	54.8
2003	100	13.6	21.4	1.1	0.6	63.3
2004	100	11.0	15.2	0.9	0.7	72.3
2005	100	10.2	13.8	0.9	0.7	74.5

续表

从业人员（%）						
年份	总计	国有企业	集体企业	港澳台商投资企业	外商投资企业	其他
1995	100	55.0	42.2	0.3	0.4	2.1
1996	100	40.3	55.2	0.4	0.4	3.6
1997	100	39.4	54.6	0.4	0.5	5.1
1998	100	36.4	52.1	0.5	0.3	10.8
1999	100	34.2	49.2	0.6	0.3	15.8
2000	100	31.9	44.5	0.4	0.2	23.0
2001	100	28.0	35.1	0.4	0.2	36.4
2002	100	24.2	25.8	0.3	0.2	49.5
2003	100	21.7	20.9	0.3	0.3	56.8
2004	100	18.7	15.5	0.3	0.3	65.3
2005	100	17.8	13.4	0.3	0.4	68.1
建筑业总产值（%）						
年份	总计	国有企业	集体企业	港澳台商投资企业	外商投资企业	其他
1995	100	63.3	32.8	0.6	0.6	2.7
1996	100	50.2	44.6	0.6	0.6	4.0
1997	100	49.6	43.0	0.7	0.8	5.9
1998	100	45.4	39.9	0.9	0.6	13.2
1999	100	43.6	36.6	0.8	0.6	18.4
2000	100	40.4	32.3	0.8	0.5	25.9
2001	100	34.9	24.6	0.7	0.5	39.4
2002	100	30.1	18.0	0.6	0.5	50.7
2003	100	26.3	14.2	0.5	0.6	58.5
2004	100	25.2	9.5	0.5	0.7	64.1
2005	100	24.4	8.1	0.5	0.7	66.2

资料来源：《中国统计年鉴》（2006），中国统计出版社 2006 年版。

表4－11　　中国、日本、美国建筑业集中度的比较

集中度 CRn	中国	日本	美国
CR4	1.06%	7.25%	4.24%
CR10	2.35%	14.18%	6.42%
CR50	8.16%	29.94%	12.35%
CR100	12.89%	37.06%	15.26%

资料来源：摘自关柯、李小东、肖厚忠：《建筑业经济新论》，重庆大学出版社2007年版。

我国建筑业市场结构向原子型市场结构演进的过程，对安全生产产生了不利影响。比较明显的表现在平均技术装备率和平均动力装备率停止不前，甚至出现了衰退，以致于与国有企业的技术装备率和动力装备率差距越来越大（见表4－12）。这从一个侧面反映，我国建筑业安全生产问题主要出现在非国有的中小企业中。

表4－12　　建筑业企业技术装备情况

年份	平均技术装备率（元/人）	平均动力装备率（千瓦/人）	国有企业技术装备率（元/人）	国有企业动力装备率（千瓦/人）
1991	2572	4.0	3465	5.1
1992	2719	3.8	3618	4.9
1993	4105	4.3	4335	5.1
1994	3446	4.0	4361	4.8
1995	4264	4.7	5048	4.8
1996	4154	4.6	5482	4.9
1997	4729	4.1	6289	5.3
1998	5127	4.3	7016	5.9
1999	5756	4.5	8035	6.4
2000	6304	4.6	8631	6.5
2001	7136	4.9	9417	6.8
2002	9675	4.9	12527	6.7
2003	9957	4.9	13200	6.7
2004	9297	5.8	12919	7.5
2005	9273	5.1	13292	7.2

资料来源：《中国统计年鉴》（2006），中国统计出版社2006年版。

市场结构状况是和行业的进入和退出壁垒密切相关的。由于我国建筑业进入壁垒相对很低，而退出壁垒相对较高，结果出现大量的缺乏基本的安全保障条件的企业进入和盈利能力低下甚至亏损的企业长期存在，导致建筑业安全投入不足和总体安全水平低下。

1. 建筑业资本进入壁垒较低，导致大量低水平企业进入。一般地说，由于产业特点，与重化工业相比，建筑业资本进入壁垒要低一些：（1）建筑业生产的劳动密集性和现场性决定了建筑企业对机械设备投入要求不高，并且一般不需要厂房投资。（2）建设单位按照工程进度，实行预付款和进度付款制度，也使得建筑企业生产经营活动过程中所须投入的自有流动资金要低于一般的工业企业。建筑业必要资本进入壁垒低，必然会吸引大量规模有限、资金相对较少、技术人员和管理人员不足的企业进入到建筑市场，这是建筑业集中度较低和安全生产状况较差的一个重要原因。衡量一个产业资本进入壁垒高低指标主要有注册资本，企业资产，以及固定资产占总资产比重（因为固定资产比重大，说明单位产品需要分摊的固定资产多，规模经济效益明显，构成一种规模经济壁垒）。表 4－13 显示，2001 年四级以上建筑业平均资本金只有 985 万元，排在被统计的 14 个工业行业的第 13 位，仅高于食品加工业，还没有达到全国工业企业平均资本金（2115 万元）的一半；建筑业企业平均资产额（3697 万元）仅比食品加工业和塑料制品业多一些，不到全国工业企业平均资产额（7906 万元）的一半；在固定资产占总资产的比重方面，建筑业只有 21.05%，比所统计的 14 个工业行业都要低，这一比重只相当于工业行业平均水平（40.94%）的一半。这说明，与普通的工业行业相比，我国建筑业企业进入的资本壁垒是相当低的。

表 4－13　建筑业与其他工业三项指标的对比（2001 年）

产业名称	企业平均资本金（万元）	企业平均资产额（万元）	固定资产所占比重（%）
工业平均	2115	7906	40.94
石油和天然气开采业	135974	471133	70.25
烟草加工业	10686	76575	25.43
黑色金属冶炼及压延加工业	8432	30845	41.43
煤气的生产和供应业	8086	19423	49.42
电子及通信设备制造业	4114	17557	23.19
医药制造业	2317	9407	25.68
交通运输设备制造业	3276	12452	28.55
煤炭采选业	4701	16422	48.47
纺织业	1297	5136	47.71
橡胶制品业	1758	6533	48.69
造纸及纸制品业	1426	5390	39.71
塑料制品业	1086	3292	49.23
食品加工业	770	3014	47.35
建筑业	985	3697	21.05

资料来源：关柯、李小东、肖厚忠：《建筑业经济新论》，重庆大学出版社 2007 年版。

2. 资质管理壁垒构成不合理，市场优胜劣汰机制难以发挥作用。为保障安全生产，维护建筑市场的竞争秩序和加强对建筑活动的监督管理，世界上很多国家，如新加坡、日本、马来西亚以及印度等都对建筑承包商实行资质管理。我国决定企业市场准入的唯一条件也是建设部颁布的建筑企业资质管理规定和等级标准。早在 1985 年我国就开始实行了第 1 轮资质管理，其后，分别于 1992 年、1995 年、2001 年、2007 年对资质管理规定和资质标准进行了修订，但是，一直到最新公布的《建筑业企业资质管理规定》（2007 年 6 月 26 日公布的、2007

年9月1日起施行；中华人民共和国建设部令第159号），才首次明确提出将安全标准纳入资质管理范畴，对于“首次申请或者增项申请建筑业企业资质的”，要求提供“建筑业企业安全生产条件有关材料”，对于“申请资质升级的”，要求提供“企业安全生产许可证副本”。这已是第五次《建筑业企业资质管理规定》修改，此前（从1985年开始）的建筑业资质管理规定，关于安全生产管理基本上是一个空白。长期以来的建筑业企业资质规定和资质标准中缺乏“安全管理规定”，无疑对建筑业企业加强安全生产是非常不利的。

3. 地方和行业保护壁垒较高，使大量低水平企业存活下来。由于建筑业的条块分割，许多地方政府和行业主管部门出于自身利益，对外部建筑企业实施歧视待遇。如对外部企业征收各种注册费、保证金以及只将本地的工程质量奖项作为招投标加分条件等。这些歧视性待遇，使很多非常有实力的大型企业在跨行业和跨地区承揽工程中困难重重。这类壁垒不仅限制了大型建筑业企业通过市场机制实现规模扩张，且使大量没有多少安全保障条件和经济效益低下的地方中小建筑业企业长期存活下来。世纪之交，国务院颁布了《关于禁止在市场经济活动中实行地区封锁的规定》，要求建立全国统一、公平竞争、规范有序的市场体系，禁止市场经济活动中各种形式的地区封锁行为。禁止任何单位或个人违反法律、行政法规和国务院的规定，以任何方式阻挠、干预外地产品或工程建设类服务进入本地市场，限制公平竞争。一些地区积极响应，北京市政府出台了《关于外地建筑业企业进京施工实行档案管理的通知》和《关于实行建筑业企业资质监督管理的通知》等文件，取消了外地进京企业的行政审批，外地进京企业改为备案制度，从2001年10月起全面放开北京建筑业市场。但是，对于全国大多数地区，一些或明或暗的对外地建筑业企业的限制、歧视性的政策和做法仍然大量存在，限制了一些优势建筑业企业在公平的市场竞争环境下成长的机会。

4. 建筑业退出壁垒高，不合格企业难以淘汰出局。退出壁垒指企业退出时存在的人为规制和沉没成本障碍。一个产业存在较低的退出壁垒，对于减轻过度竞争的压力和优胜劣汰具有重要的意义。而过高的退出壁垒则会产生过度竞争和扰乱市场竞争秩序。在发达市场经济国家里，建筑业是企业退出比率较高的产业，企业比较容易以破产方式或者转型的方式退出建筑业。比如，在1989—1993年的五年中英国建筑业平均每年每1万家企业中有106家企业破产，如果加上以其他方式退出的建筑业，企业退出比例将会更高。根据2000年的日本建设产业动向和施策报告，1999年日本建筑企业的破产数量达到5024家。① 这说明发达国家的建筑业是高退出的产业。国外建筑企业的退出原因主要是缺乏足够的利润、企业纠纷和市场不景气。而影响退出壁垒的主要是沉没资产和负债清偿等经济方面的因素。但是，在我国，由于存在较高的退出壁垒，建筑业企业很难通过破产、清算、兼并、重组等有效途径退出或转型。我国建筑业退出壁垒主要有：固定资产难以回收形成的壁垒；企业职工无法安置形成的壁垒；负债过高形成的壁垒；企业办“社会”形成的壁垒；行政干预形成的壁垒；政策法规，限制形成的壁垒等。总体而言，国有建筑企业的退出壁垒要高于股份制、私营和合资企业的退出壁垒。虽然从由建筑业生产方式所决定的固定资产壁垒相对重要性数值来看，股份制、私营和合资建筑企业排在第1位，而国有建筑企业只排在第3位，但国有建筑企业退出壁垒之所以高，主要原因是突出的职工安置壁垒、负债壁垒和行政干预壁垒（见表4－14）。

① 关柯、李小东、肖厚忠：《建筑业经济新论》，重庆大学出版社2007年版，第44页。

表 4-14　　我国建筑业企业退出壁垒分析

退出壁垒分类	国有企业		其他企业	
	分值	排序	分值	排序
固定资产难以回收	0.408	3	0.744	2
企业职工无法安置	0.808	1	0.748	1
负债过高	0.458	2	0.326	4
企业办社会	0.276	6	0.098	6
行政干预	0.408	4	0.432	3
政策法规	0.34	5	0.246	5

资料来源：关柯、李小东、肖厚忠：《建筑业经济新论》，重庆大学出版社 2007 年版，第 46 页。

第五章

安全生产的监管体制

广义的安全生产管理体制应该包括职业安全卫生的政策法律、组织、监管实施、评价等内容，“国家立法、政府监督、业主负责、员工守章”是世界上大多数国家的安全生产管理体制。国家颁布安全生产的法律以保护公民的生命安全与职业健康，政府依照法律法规督导企业做好安全生产工作，一些非政府组织也会密切配合政府的生产监察，企业则建立职业健康安全管理体系保障员工安全生产。整个社会的各个单位各司其职、各负其责、各守其规，使整个生产工作正常安全有序进行。

一、主要工业发达国家的安全生产管理体制及其借鉴意义

（一）主要工业发达国家从事安全生产管理的组织

安全生产管理，或者说职业安全卫生管理[①]，从职能上包括决策制定、法律执行、法律服务三个方面，因此其组织也就有三部分，即决策组织、监察组织和服务组织。决策组织负责制定相关政策、法律、法规，通常由国家机构担任，但有的国家行业协会等也参与实施细则、标准等的制定，如法国、德国、英国。监察组织负责对雇主、工作现场执行国家政策、法律的情况实施监督检查，一般由国家机构或地方政府担任，但有行业协会行使监督职能的特殊情况，如德国。服务组织向雇主、劳动者及一般市民提供职业安全卫生的咨询、信息、技术支持、调查研究、宣传等服务。这些组织一般由国家设立，如各国都设有安全卫生研究所。

有的国家为了促进雇主实施自主管理，还专门设立了提供相关服务的协会。日本的中央劳动灾害防治协会、建筑业劳动灾害防止协会、陆上货物运输事业劳动灾害防止协会、港湾货物运送事业劳动灾害防止协会、林业木材制造业劳动灾害防止协会、矿业劳动灾害防止协会，这些组织都是根据 1964 年颁布的《劳动灾害防治团体法》而设立的。中央劳动灾害防治协会承担着促进雇主及企业团体开展自主的安全生产管理、提供培训及技术指导、实施机械设备的检验、培训劳动者、收集

① 本书这里将“安全生产管理与职业安全卫生管理”、“安全生产监管体制、职业安全卫生管理体制及安全生产管理体制”等词不加区分地使用。

资料并提供信息、开展调查、受国家委托培养安全卫生管理员、开展化学物品等有毒有害物品的调查、为建设健康舒适的工作环境提供资料并开展启蒙活动等职能。其他协会的基本工作也大致相同，只是工作范围是特定的行业。在发达国家，也有非官方组织的安全卫生机构。例如，全美安全评议会（NSC）成立于1913年，在全美设有70个支部，是非营利法人组织。它不是政府机构，不具有制定法律和执法权限。它的主要功能是，召集安全卫生专家、政府、组织、公益代表者，就安全卫生、环保的重要课题达成共识，也就是说是促进形成共识的中介机构。该评议会有一整套对伤病、事故进行综合追踪调查的统计系统，每年都出版《事故统计》，并出版国际性的学术刊物《安全研究月刊》，该机构的图书馆所收藏的关于安全卫生的资料的种类在世界名列前茅。另外，该机构还提供教育培训、教材、咨询、技术支持等服务。[①] 表5－1概括了部分国家职业安全卫生组织的基本情况。

表5－1　　部分工业发达国家的安全生产管理组织

国家	决策组织	监察组织	服务组织
美国	职业安全卫生管理局（OSHA）	职业安全卫生管理局（OSHA） 各州政府的监管机构 企业安全卫生委员会	国家职业安全卫生研究所 全美安全评议会 美国产业卫生专家评议会 美国产业卫生协会 美国安全技术者协会
加拿大	人力资源开发部劳工局	人力资源开发部劳工局 各州政府的监管机构 企业安全卫生委员会	加拿大职业安全卫生中心 劳动灾害防治协会 Robert－Sauve 劳动安全卫生研究所

① 全美安全评议会（NSC）：《关于全美安全评议会（NSC）》，http://www.nsc.org/

续表

国家	决策组织	监察组织	服务组织
英国	安全卫生委员会（HSC）	安全卫生执行局（HSE） 地方政府的监管机构 企业安全卫生委员会	安全卫生研究院 英国职业安全卫生协会 英国安全卫生评议会 英国皇家劳动灾害防止协会
德国	联邦劳动保护局	联邦及各州劳动保护局 行业协会 企业安全卫生委员会	联邦劳动安全卫生研究所 联邦劳动安全卫生协会 劳动基准委员会
法国	劳动与社会保障部下属的安全预防局、安全预防与处理局	劳动监察处 企业安全卫生·劳动条件委员会	国家安全研究所 国家技术委员会 国民及地方的健康保险基金
日本	厚生劳动省劳动基准局安全卫生部	劳动基准监督署 企业劳动卫生委员会	劳动安全卫生综合研究所 劳动科学研究所 中央劳动灾害防止协会 劳动者健康福利机构 中央职业能力协会 产业医科大学
韩国	劳动部产业安全卫生局	产业安全卫生监督局 企业安全卫生委员会	韩国产业安全卫生公团 韩国劳动研究院 职业安全卫生研究院 主要行业的安全协会
澳大利亚	国家职业安全卫生委员会	联邦政府就业与工作场所安全局 各州职业安全卫生局	澳大利亚安全评议会 产业灾害防止基金 澳大利亚职业卫生协会

资料来源：根据国际安全卫生中心有关资料整理，本表只列出了主要机构。

许多国家除了强化国家机构的执法职能之外，还十分重视发挥行业协会、社团组织、雇主、雇员代表各方的作用，致力于与这些组织的合作，努力形成“国家监督、社会各方协助、雇主自律、雇员守法”的多方合作的管理机制。在决策制定上，很多国家都设有国家级的安全卫生咨询委员会，成员由国家管理部门代表、安全卫生专家、雇主代表、雇员代表和一般市民组成。他们专门对国家安全卫生政策、法律的制定、修改及废止提出意见。

英国的两个国家级组织是安全卫生委员会（HSC）、安全卫生执行局（HSE）。安全卫生委员会的职能是设计安全卫生制度、新法律及新标准提案、调查研究、提供信息、危险物品管制。安全卫生执行局则是受安全卫生委员会领导的、执行监察职能的组织。安全委员会的组成人员由负责就业的国务大臣经过与雇主组织、雇员组织、地方政府以及其他相关机构的协商之后任命。安全卫生委员会由 10 人组成，分别代表雇主组织、雇员组织、地方政府和其他相关机构。① 美国的安全卫生咨询委员会成员包括监管机构代表、经营者代表、劳动者代表、专家、一般市民，并且由一般市民代表担任委员长。咨询委员会对劳工部部长拟制定、修改或废止法律等事项进行讨论，提出意见，有权否决部长的决定。美国制定、修改或废止法律时，规定要举行听证会，以听取民意。法国设有预防职业危险高级审议会，帮助劳动部制定安全卫生政策、预算和预防劳动危险标准。该审议会由政府部门代表、劳动者、雇主代表、一般市民等组成。② 行业协会在安全卫生管理中的作用，是德国的特点。德国有 102 个行业协会，其中 35 个为工业行业协会。行业协会的一个重要职能就是根据《劳动保护法》制定《实施细则》以及劳动保护的规定，如《预防事故规定》等。这些《细则》和《规定》经过劳动部门批准，成为企业必须遵守的规章。③ 日本的行业协会也负责依法制定防止劳动

① HSC：The health and safety system in Great Britain. http：//www. hse. gov. uk/pubns/ohsingb. pdf.

② 国际安全卫生中心：《法国的预防劳动灾害体制》，http：//www. jniosh. go. jp/icpro/jicosh－old/ japanese/country/france/ministry/prevention. html.

③ 科学技术部专题研究组：《国际安全生产发展报告》，58 页，科学技术文献出版社，2006 年。

灾害条例。这些条例虽然不是法律，但都是根据法律，结合行业具体情况制定的，对指导企业具体实施安全卫生管理有着重要意义，起着帮助企业守法的效果。

在法律监督方面,各国家都十分重视在工作现场层面形成多方合作机制,并以此为基础建立管理体制,预防劳动过程中的安全卫生危险。各国家大都规定,雇主是工作现场的安全卫生责任人,他必须做好现场的危险评估,根据危险程度采取适当的措施,保障劳动者的安全与健康。同时在每个现场都必须设置安全卫生管理员,配备产业医生,组建有雇员参与的安全卫生委员会。安全卫生管理员从技术角度进行把关,产业医生从医学角度对雇员健康及工作环境实施监护,安全卫生委员会从管理角度负责审议安全卫生计划并提出建议,开展事故调查。各方功能互补,相互协作,共同做好现场的安全卫生管理。

工作现场的安全卫生组织，常见的有：（1）管理组织——安全卫生的职能部门；（2）众议式组织——安全卫生委员会；（3）直线式组织——各级负责人、管理员、现场监督等；（4）安全卫生协议组织；（5）安全评估组织[①]。管理组织按照法律规定，由安全卫生负责人、安全卫生管理员、产业医生组成，负责制定政策、设计制度、组织实施、教育培训、监督指导等。安全卫生委员会由雇主代表和雇员代表组成，雇主代表就是安全卫生负责人。安全卫生委员会的职能是审议安全卫生计划并提出建议、开展事故调查。直线型组织不是专门管理安全卫生的组织，但因为各级负责人等有现场指挥权，所以对现场的安全卫生负有十分重要的责任，如配合实施安全卫生计划、监督现场设备的检查及检测、作业巡视、指导工人作业、制定作业标准等。许多国家都规定，安全卫生负责人都必须由具有管理权限的干部担任。该组织要明确现场安全卫生负

① 傅还然：《工作现场的安全卫生自主管理体系》，《工业安全卫生月刊》，1999 年 3 月，http：//www. jniosh. go. jp/icpro/jicosh - old/japanese/country/taiwan/osh/jishukanri. html.

责人、制定合作方式、作业现场的巡视制度、各单位的安全卫生指导与培训等。安全评估组织对工程项目的安全性进行评估，它由现场作业负责人、专业工程师、安全卫生管理员、作业人员、作业安全评估专业人员组成。

在法国，雇主是安全卫生总责任人。同时支持雇主工作的有：（1）安全卫生管理部门。由雇主组建，负责组织实施雇主制定的安全卫生计划。（2）安全卫生劳动条件委员会，由雇员代表组成。负责改善企业雇员及派遣员工的安全卫生、劳动条件；对雇员的作业风险、劳动条件进行评估；实施定期检查，调查事故；促进现场的自主防范活动；调查新技术、新工艺、新设备引进对劳动环境、安全卫生的影响。法律规定，安全卫生管理部门不得干预安全卫生劳动条件委员会的工作。(3) 产业医生。产业医生负责监督作业现场的劳动卫生状况。如雇员上岗前的适应性检查、每年一次的健康检查、适应性检查的跟踪调查、作业内容及作业环境的医学调查、对雇员职业适应性提出医学建议。产业医生中负责作业现场的，在现场的时间必须达到工作时间的 1/3。他们要对雇主、雇员及其代表，从医学角度提出改善劳动卫生及劳动条件的建议。他们作为建议者有权参加安全卫生劳动条件委员会的会议。①

日本大多数企业都设置了安全卫生总负责人、安全卫生管理员、危险作业主任，配备了产业医生、作业环境测定士，在现场组建了安全卫生委员会。据统计，2005 年，50 人以上的日本企业或事务所中，80.4%设置了安全管理员，平均每个企业或事务所有 1.8 名安全管理员，80.4%的企业或事务所设置了卫生管理员，平均人数为 1.6 人。76.2%的企业或事务所组建了安全卫生委员会，平均 1 年开会次数为 10.7 次。75.4%的企业或事务所配备了产业医生，其中 97.7%为兼职，2.3%

① 国际安全卫生中心：《预防劳动灾害的企业内部组织》，http://www.jniosh.go.jp/icpro/jicosh-old/japanese/country/france/topics/prevention-organization.htm.

为专职。[1] 产业医生平均一年访问企业或事务所的次数为6.5次，主要是为了实施健康检查、根据健康检查结果实施指导、帮助制定健康计划、健康保健咨询、雇员健康伤害调查、参与作业环境评价、参加安全卫生会员会等。

在提供服务方面，许多国家充分发挥行业协会、社团组织等社会各方的作用。美国职业安全卫生管理局实施多方合作战略，组织雇主、工会、产业或行业组织、政府机构、教育机构，与职业安全卫生管理局合作，共同开展安全卫生的教育培训、援助、交流活动。加拿大安全工程学会多年来持续开展职业安全与健康周活动（每年6月第一周），并邀请雇主、工会组织、政府机构等共同合作。他们在安全周活动中，宣传安全生产规则与最佳实践，帮助雇主与雇员建立安全卫生计划，为人们提供相互学习与交流的场所，对提高安全意识起到了重要作用。[2] 在德国，行业协会依法根据自己制定的《细则》、《规定》对职业事故进行登记和调查，对造成3天不能工作、丧失或部分丧失劳动能力、职业病患者的职业事故，通过职业事故险予以赔偿。[3]

（二）发达国家安全生产监察机构的运行

安全生产管理体制是否有效，安全生产的监察机构的运行和作用发挥具有重要的意义。本节着重对发达国家的安全生产监察机构的法定权限、主要职能、监察队伍、监察方式及方法、监察成效进行考察。

① 日本厚生劳动省：《劳动安全卫生基本调查》（平成17年），http：//www. dbtk. mhlw. go. jp/toukei/kouhyo /indexkr _ 13 _ 9. html.

② 科学技术部专题研究组：《国际安全生产发展报告》，科学技术文献出版社2006年版，第96页。

③ 科学技术部专题研究组：《国际安全生产发展报告》，科学技术文献出版社2006年版，第58页。

1. 法定权限。在工业发达国家，法律赋予监察机关很大的权力。美国《职业安全卫生法》规定，监察人员有权在任何合理的时间内，不受阻拦地进入任何工厂、车间、机构、建筑工地以及周围环境，进行安全卫生检查，对雇主、所有者、作业者、代理人、雇员进行询问，必要时可要求上述人员出庭作证。职业安全与卫生局有权定期检查雇主的相关记录，有权对收集到的所有报告、信息进行综述、编辑、分析和公开。监察人员认为雇主有违法行为，有权向雇主提出书面警告，并要求其做出期限纠正。职业安全与卫生管理局有权决定罚款金额，或向法院起诉要求刑事处罚。日本《劳动安全卫生法》规定，劳动基准监督署有权对任何作业现场进行检查，有权下令企业暂停、停止或变更施工、工程、作业，有权向法院起诉，要求对违法者罚款或刑事处罚。日本法律还规定，劳动基准监督官拥有司法警察的权限，即有权搜查、逮捕嫌疑者。英国规定，监督官有权在不事先通知的情况下进入任何工作现场进行检查，与雇主、安全管理员进行协议，照相，采集标本，没收危险装置、物品。如果监督官认为工作现场没有达到法定要求，有权采取以下手段要求改正。(1) 非正式建议和警告，或者书面建议和警告；(2) 正式限期纠正通知或停业通知；(3) 向法院起诉，要求对违法者罚款或刑事处罚；(4) 当发生死亡事故时，要求警察进行搜查；(5) 开展特定事故的非正式调查，出版调查报告。[1] 在德国，监察人员可在不事先通知的情况下，在任何时间对企业进行抽查，对不符合安全规定的企业提出限期纠正的通知，如果企业在规定的时间内没有达到要求，监察人员有权下令企业停产。

2. 主要职能。各国对职业安全卫生监察机关工作职能的规定大致相同，主要包括现场监督、实施处罚措施、事故及职

---

① HSC: The health and safety system in Great Britain. http://www.hse.gov.uk/Aboutus/hsc/index.htm.

业病调查、提供咨询及信息、特种设备认定等。美国职业安全卫生管理局有9项主要工作，分别是：（1）支持雇主和劳动者减少工作现场的危险、引进先进的安全卫生管理系统、修改原有的管理制度；（2）制定有关安全卫生的义务标准，通过帮助雇主和通告、处罚两种手法来促进标准的落实；（3）通过实施合作项目和伙伴关系，促进安全、健康的劳动环境的形成；（4）为了实现高水平的安全卫生环境，规定雇主和劳动者的义务和权利；（5）支持企业为预防工作现场事故的创新型措施；（6）建立报告、记录制度，监控工伤和职业病的发生状况；（7）举办提高安全卫生管理人员能力的培训；（8）向雇主提供为贯彻标准的技术性援助及培训；（9）提供咨询服务。[①] 根据英国安全卫生执行局的介绍，该局的主要职能是：作业现场的监督；事故、职业病的调查；法定标准的执行；向守法公民提供建议，对违法者下令改正，必要时采取起诉等手段；指针与劝告的公布；提供信息服务；实施研究；核设施的安全认定、海上设施安全认定等。

3. 监督队伍。工业发达国家都组建了包括现场监督员、法律、医学以及其他专业技术职员在内的监察队伍。监察人员承担着繁重的监察任务。2007年，美国安全卫生管理局共有职员2150人，其中监察人员1100人，承担着保障1.35亿劳动者的安全与健康权利的使命。[②] 截至2001年4月，英国安全卫生执行局共有职员3534人，包括制定政策的行政官员及法务专家、监察人员、科学家、技术家和医疗专家，具体情况参见表5-2。另外，英国各地方还有3350名行政官员也承担着安全卫生执法职能，但是这些人是兼职的，其工作量相当于1110名全职员工。

---

① OSHA：OSHA facts - August 2007，http：//www.osha.gov/index.html.

② HSC：The health and safety system in Great Britain. http：//www.hse.gov.uk/pubns/ohsingb.pdf.

表 5－2　　2001 年 4 月英国安全卫生执行局职员人数

部　　门	人　数
法务办公室	22
资源计划局	500
健康局	245
安全政策局	127
战略政策局	103
执行局	13
地区监督局	17
现场执法监督与铁路监察局	1567
危险设备局	526
原子能安全局	247
电气设备认证服务局	44
技术局	123
合计人数	3534
安全卫生实验室	360
总计人数	3894

资料来源：HSC：The health and safety system in Great Britain. http：//www. hse. gov. uk/pubns/ohsingb. pdf.

日本的安全卫生管理由厚生劳动省属下的劳动基准局负责实施。该局统管有关劳动的各项业务，在安全卫生之外，还负责《劳动基准法》、《劳动安全卫生法》规定的其他业务，如最低工资、劳动时间、劳动事故保险等。中央劳动基准局下面，还有 47 个属于地方政府管辖的劳动局，下面有 335 个劳动基准监督署或支署。各个劳动基准监督署配有劳动基准监督官，他们按照法律监督企业的安全卫生、最低工资、劳动时间等方面的遵守情况，如果发现有违犯现象，有权命令企业改正。对于重大、恶性的违犯行为，劳动监督官被赋予司法警察的身份，有权进行搜查，将案犯送往检察院。[①] 1994 年度，国家级监管部门的劳动省（后改名为厚生劳动省）有劳动基准监督官 36 人，47 个地方政府的劳动基准局有职员 788 人，基层的劳动基准监督署和 4 个分署有职员 2570 人，共 3394 人。而监督的企业或工厂为 435.4576 万家（1991 年）。平均下来，1 个劳动基准监督官监督的企业数，简单计算已超过了 1000 家。

法国中央政府和地方政府都有劳动监督官，他们直接对政府负责，权限很大，可以随时进入法律允许的任何生产场所，对企业进行检查。企业执行生产安全法律法规的情况、对事故隐患的处理、当事人的举报、产品或原料的安全性能、生产对职工身体健康的损害等，劳动监督官都有权做出适当的处理，如口头警告、让企业限期改正等，在特别危急的情况下，他们还有权让企业立即停产，乃至送交司法机关处理。目前法国共有 430 名劳动监督官，860 名劳动监察员，270 名负责安全问题技术咨询的工程师，460 名安全员，还有 6300 名产业医生。[②]

各国对监察人员的任职资格都有严格的要求。例如，在日本需要通过国家劳动基准监督官考试，才能担任劳动基准监督官。考试包括笔试、面试和身体测试。笔试内容涉及劳动法、刑法、行政法、经济学原理、劳动经济、社会保障、机械、电气、土木建筑、卫生环境、应用化学等方面。英国的安全卫生监督官接受过关于法律、技术标准以及各领域专业技术的训练，许多是原子能、矿业、铁路、海洋天然气石油等特种高危行业专业的监督官。执行局十分重视对监督官的招聘与培训。所有的现场监督官被聘用后都要接受 2 年的专门培训。培训包

① 日本厚生劳动省网站 http://www.mhlw.go.jp。

② 科学技术部专题研究组：《国际安全生产发展报告》，科学技术文献出版社 2006 年版，第 19 页。

括在资深监督官的手下接受现场培训和科学课程学习，培训结束后被授予职业安全卫生硕士学位。原子能、矿业、铁路、海洋设施等特种行业的监督官需要特种资格，除了聘用后的培训以外还要接受专业课程的培训。所有官员还必须在任职中接受新法规、新技术等的培训，不断更新知识，提高监管能力。

4. 监察方式与方法。相对于数以万计的生产经营单位，每个国家的监察人员的数量都是很少的。为了在较少的监察人数下对较多工作场所实施有效的监督，各国都把资源相对集中在一些高危行业、高危人群，对这些行业、人群实施重点监督，增加对这些行业、人群的检查频率。对重复犯法的企业也采取同样对策。对一般行业、企业则通过抽样方式实施定期检查或临时检查。另外，各国监察机构还根据投诉等实施临时调查。

德国把企业按危险程度分为三类实施监督：第一类是高危企业，约400家，大量集中在化工、冶金以及其他有毒有害企业，要求1—3天至少检查一次，采用详细具体的“检查表”的形式逐一对照检查；第二类是中度危险企业，约1.1万家，主要采取抽查形式，采用简化且实用的“检查表”进行检查；第三类是发生事故概率较小的企业，约3.5万家，像金融、保险等企业，对这些企业仅仅对伤亡事故进行调查和处理。德国以前的检查，近似于全数检查一次，有监察力量、监察重点不突出的弊端，而这种方法可以提高监察效率。[①]

日本各地劳动基准监督署每年都对辖区企业进行一次抽样定期检查。优先选择危险程度高的企业，如建筑业、运输业、制造业等行业企业，此外过去被检查、有过违法的企业也往往被挑选。同时，还有不定期的临时检查。2006年，日本监督机构对161058家企业（作业现场）进行了检查，其中定期检

① 科学技术部专题研究组：《国际安全生产发展报告》，科学技术文献出版社2006年版，第57页。

查118872家，临时检查42186家。检查企业数约占全部企业数量的3.6%。[①] 此外，劳动基准署还受理来自劳动者等关于企业违法的投诉。接到投诉后，劳动基准署将对企业进行调查，最后做出裁决。2006年，日本全国共受理34792件关于违反劳动基准法、劳动安全卫生法的投诉。[②]

近年来，隐瞒事故的现象在日本有所增加。为了消除这种现象，日本政府采取了启发教育和检举等办法。启发教育是通过海报、宣传册等形式向社会进行宣传。此外还采取了与医院等联手，在使用医疗保险时检举事故的办法。当发现患者的伤病有工伤嫌疑时，就劝患者申请劳动灾害保险。如果患者申请了劳动灾害保险，就可以将事故揭发出来。同时，对有隐瞒事故嫌疑的企业，监管部门要进行调查，并要追求隐瞒事故者的法律责任。

另外，一些企业拒付劳动灾害保险。据估计，2006年约有43万家企业没有办理手续。对此，监管部门在2005年开始加强督促，争取彻底消灭这种现象。除了加强督促之外，对那些不自觉的企业行使职权，迫使其办理保险手续。[③]

英国安全卫生执行局实施有计划的监督。[④] 安全卫生监督官对现场的检查有几种情况：根据雇员投诉和一般市民而实施的调查、对以往调查的跟踪调查、特别实施的专项调查。但是大多数情况下，企业检查是突击性的，不事先通知企业，以预防性监督为目的。这种调查的对象，不仅是那些有永久性设施的企业，也有只有临时性工作现场的建筑工地。检查的目的是看工作现场是否达到了法定标准，收集信息。另外，监督官还对全国规模的大企业的总部进行检查，检查该企业整体的安全

---

① 日本劳动基准局：《检查实施状况的推移》，http://www.mhlw.go.jp/wp/hakusyo.

② 日本劳动基准局：《申告处理状况的推移》，http://www.mhlw.go.jp/wp/hakusyo.

③ 日本厚生劳动省：《2007年厚生劳动省白皮书》，http://www.mhlw.go.jp/wp/hakusyo.

④ HSC：The health and safety system in Great Britain. http://www.hse.gov.uk/pubns/ohsingb.pdf.

管理情况。安全卫生执行局的地方办事处，根据本地区的实际情况制定和实施自己的监督计划。各地的检查也是采取集中力量监督重大危险行业的做法，确定需要优先检查的企业。在决定检查企业时，利用计算机系统制定检查的优先顺序。安全卫生执行局把通过检查得到的企业作业现场的纪录制作成数据库，把可能受到危险侵害的雇员人数、危险工程、危险物品、事故记录等都加以处理储存。工作现场的危险程度一般从5个方面进行评估：（1）雇员安全卫生的危险程度；（2）一般市民安全卫生的危险程度；（3）劳动条件；（4）经营者的态度与能力；（5）上次检查的时间。这个评价体系不断被改善，目前评价指标中还加入了事故率等要素。计算机系统的数据还向企业提供，雇主可根据对自己企业的评价，主动地采取改进措施。

法国有23个行政大区中设有102个省级安全监督机构，有441个地方安全工作监督机构及1290名国家级安全监察人员。法国一般实施突击检查，检查内容包括安全生产状况、工作环境、卫生状况、工作时间及劳动强度、安全设施、警示标志，劳动合同执行情况等。法国全国有100万家企业，几乎每个月要被抽查一次，每一位监察员每天要抽查4—10家企业，检查后，向政府提交工作报告，对企业的安全状况写出书面报告，企业安全状况有隐患的，以通知书的形式进行指令整改，严重的可向法院提出起诉。①

美国职业安全卫生管理局对检查规定了优先顺序：《劳动安全卫生》的适用范围包括890万家企业或事业所，所以不可能对所有的企业进行检查。为此，劳动安全卫生管理局规定了以下的检查顺序：有紧急情况发生，存在着造成死亡或重大伤害的危险的最优先检查；出现死亡事故或3人以上住院的大

① 科学技术部专题研究组：《国际安全生产发展报告》，科学技术文献出版社2006年版，第84页。

事故的；有劳动者告发，雇主违法行为会带来重大伤害事故的；个人、有关机构、团体及媒体检举的；按计划对危险度高的产业进行的检查；以前检查过的企业的跟踪检查。

5. 监管成效。工业发达国家通过严格监督、宣传教育、提供支持等手段，在职业安全卫生方面取得了成效。据统计，2000年以来，美国伤病率持续下降，每百名全时工人伤病率由2000年的6.1下降到2005年的4.6，降低了21.3%。死亡率也持续保持在较低水平。2006年全国共死亡5703人，每10万全时工人死亡率是4.0，这两个数据比2000年分别降低了3.7%和7%。2006年度，美国职业安全卫生管理局共开展检查38579次，比2000年度增加了7.2%。共检举违法案件83913件，比2001年度增加了7.7%。①

2000年以来，日本的伤病率持续下降，每1000名劳动者1年发生的死伤人数（停工4天以上）由2000年的3.2人减少到2.4人。死亡人数由2000年的1889人减少到2006年的1472人。2006年，100万人伤亡率为1.9，其中死亡率只有0.01。② 2006年，日本全国共受理34792件关于违犯劳动基准法、劳动安全卫生法的投诉。③ 检举违犯劳动法规案件1219件。④ 日本的劳动事故有统计历史较长，可看到劳动事故死者人数1973年为5269人，之后一直为下降趋势，2006年为1472人。因受伤需要休息4天以上的人数1973年为387342人，之后大致呈下降趋势，2006年为121378人。同时有3人以上受伤的重大事故1973年为331件，之后各年有减有增，最低为141件，最高为2006年的318件。⑤

---

① OSHA：OSHA facts - August 2007，http：//www.osha.gov/index.html.

② 劳动灾害信息中心：《劳动灾害统计》，http：//www.jaish.gr.jp/user/anzen/tok/toukei01.html.

③ 日本劳动基准局：《申告处理状况的推移》，http：//www.mhlw.go.jp/wp/hakusyo.

④ 日本劳动基准局：《主要行业司法件数的推移》，http：//www.mhlw.go.jp/wp/hakusyo.

⑤ 日本厚生劳动省：《2007年厚生劳动省白皮书》，http：//www.mhlw.go.jp/wp/hakusyo.

根据英国安全卫生执行局统计，2001年至2007年，全国工伤死亡（不含交通事故死亡人数）人数为241人，比2001年的249人略有减少，每10万就业者死亡率从1996年至2007年持续下降，2007年为0.8。[①]

（三）对我国安全生产管理体制的借鉴意义

1. 建立多方合作机制，提高企业的安全生产管理水平。安全生产的管理，最终要落实到企业的日常业务上。制定法律和设立中央及地方的监管部门，都是为了要加强企业自身的安全管理体制，预防事故及职业病的发生，提高劳动保护水平。发达国家为此提出了一些有效的方法。从企业内部管理体制的角度看，赋予雇主、劳动者和产业医生各自的义务和权利，调动各方面积极性，共同努力实现安全、健康的目标，就是一个好方法。按法律规定，企业必须设置安全卫生委员会。这个委员会决不是可有可无的摆设，而是要制定安全卫生管理计划并实施的职能部门。委员会成员中有雇主、劳动者和产业医生。雇主作为使用劳动力的一方，有责任保护劳动者的安全与健康。而劳动者是工作现场的危险的直接受害者，所以更有动机、更有权利对自己的安全卫生加以保护，所以一些发达国家对安全委员会中的劳动者代表的地位都作了明确规定。而产业医生则要从技术的角度提出最佳的预防危险的意见，是企业安全卫生管理体制中不可缺少的力量。从我国的管理实践中看，对雇主的义务与权利比较重视，而劳动者、产业医生方面尚有不足。

另外，监管部门与企业建立检查之外的合作关系，也是一个值得借鉴的办法。检查指监管部门通过事故发生后的检查、

① 英国安全卫生执行局：《英国2006/2007安全卫生统计》、《英国2000/2001安全卫生统计》，http：//www. hse. gov. uk/.

例行检查或接到举报后的检查等。但是，仅靠这种方法，是无法实现预防事故及职业病的目标的。事故后的检查，有查处违法行为、以儆效尤的“亡羊补牢”式的意义，但损失已经发生。例行调查，往往只能选择很少一部分，无力顾及全体。而举报的随机因素较多，且举报的大都是危险已经发生的情况，在预防方面的效果较小。所以，与企业建立合作关系的方法就愈显重要了。所谓的合作关系，就是监管部门制定出项目或活动等，吸引企业参与，借此推广安全卫生管理技术，了解企业具体情况。如美国的战略伙伴关系和自主保护项目，日本的安全卫生管理制度咨询等，就是这样的例子。这种方法对于企业来说，当然要花费一些成本，但可减少违法的风险，还是有动机参与的。而监管部门可用这种方法，加大预防工作的力度。

2. 提高国家安全卫生监管机构的法律权限。总结国外经验，我们发现其监管部门有明确的司法搜查权。若发现有违法嫌疑，监察人员有权执行类似警察的职务，进行搜查、取证，送交检察院。当然，在执行通常意义的检查时，并不是司法搜查。而要进行司法搜查时，要经过监管部门的首长以及有关部门的许可，有着严格的程序。但即使这样，有无司法搜查权，对违法行为的震慑力度是不一样的。之所以需要有司法搜查权，是因为安全卫生法的适用对象是有着自身经济利益的企业。有的企业为了利益会把国家法律置之脑后，会丧失企业公民应有的守法责任感。对于这种非理性的企业，只有强制性的权力才有效。再者，因为安全卫生方面出现的事故，会涉及劳动者及一般人的生命或身体，与伤害等的刑事罪是同样性质。从执法实践看，我国的监管部门实质上有时也参与或协助了犯罪事实的调查、检举。作为法制国家，我们应该对监管部门的行为进行明确的法律界定，这样不仅有利于监管部门打击犯罪行为，更重要的是起到震慑作用，增强各方面人士遵守安全卫生管理法规的意识，告诉人们违反安全卫生管理法也要受到刑事制裁，从而达到预防工伤和职业病的目标。

3. 壮大监管队伍，提高监管人员素质。安全卫生管理的实施，最终要靠监管部门的职员。国外对安全卫生监察人员的资格、能力的要求是很严格的。首先，监察人员要对安全卫生的法规及对执法规定有完整的理解。并且，要精通具体领域的专业知识。因为，劳动过程发生在各行各业，工伤及职业病也会发生在各种不同的作业环境，这就要求监察人员具有该行业的专业知识。发达国家在录用监察人员时，要对其进行法律及技术的专业审核。在进入岗位后，还采取了培训、考核等措施，给他们提供学习、更新知识的机会，促使他们不断地提高执法能力。我国的监察队伍尚处于建设阶段，希望能借鉴国外经验，尽快地提高监察人员的素质，为提高安全卫生管理水平建立良好的人力资源基础。

4. 规范监管程序，通过网页等公开执法信息。像其他执法部门一样，国外的安全卫生监管部门都很重视执法程序的规范化、信息公开。对于一般公民来说，执法部门有着绝对的权力。这个权力是否被公正地使用，会影响到个人心理，继而影响到整个社会的和谐。国外的监管部门都有着明确的执法程序，如如何进行检查、最后裁决的时间、被检查者的权利等都被公布了出来。公布的方法，除了印刷品之外，还充分利用了互联网。在国外监管部门的网页上，公布着公民需要了解的详细信息，那里有法律、标准的原文和解说，还有提供服务的具体内容，等等。美国职业安全卫生管理局的网页上还刊载了自己年度预算的数额。一是显示了执法机关与国民税金的关系；二是显示了效率意识：我们用这些钱，取得了降低事故率、死亡率的成效。我国的监管部门都有网站，但是，在内容方面还要借鉴国外经验，认真研究什么是公民最想了解的内容，把有利于宣传法律和提高安全卫生管理水平的内容、提高执法透明度有利于人民监督的内容尽量快地、尽量新地刊载在网页上。

二、我国安全生产监管体制的发展与问题

（一）我国安全生产监管体制的变化

1. 改革开放以前新中国安全生产监管体制的发展。新中国成立后，1950 年政务院批准的《中央人民政府劳动部试行组织条例》和《省市劳动局暂行组织通则》规定，各级劳动部门自建立伊始，即担负起监督、指导各产业部门和工矿企业劳动保护工作的任务。在第一个五年计划期间，通过安全大检查、组织培训、陆续颁布了一批劳动保护的法令和规章制度，全国安全生产工作逐步走向正轨。但是，1958 年的“大跃进”和随后的“文化大革命”期间，无政府主义泛滥给企业安全生产工作造成很大的破坏。1975 年，在邓小平同志主持下，劳动保护工作的治理整顿获得了进展，国务院设立国家劳动总局，全国恢复了劳动安全卫生管理监督工作。

2.“六五”、“七五”期间安全生产监督管理体制的恢复与加强[①]。党的十一届三中全会后，我国进入改革开放时期，安全生产正常工作秩序开始逐渐恢复。1982 年 5 月国家组建劳动人事部，有关劳动保护工作由劳动保护局、矿山安全监察局、锅炉压力容器安全监察局共同承担，正常的管理监察机制开始建立。1985 年 1 月 3 日由国务院批准的全国安全生产委员会正式成立，办公室设在劳动人事部。全国安全生产委员会是国务院非常设机构，它的主要任务是统筹、协调和指导涉及全国的重要安全生产问题，在安全生产工作中发挥了重要作用。同时，各产业系统和企业也强化了安全生产机构，加大了

① 王显政：《完善我国安全生产监督管理体系研究》，煤炭工业出版社 2005 年版。

安全生产管理和投入力度。这一时期，国家还采取了其他一系列重大措施加强安全生产工作：国发［1983］85号文件批准增加8000名劳动安全卫生监察人员编制；对“渤海二号”钻井平台翻沉等重大事故严肃处理；开始实施“三同时”的规定；设立“安全月（周）”加强宣传工作；形成了“企业负责，行业管理，国家监察，群众监督”的工作体制；组建劳动保护科学研究所，增加各级劳动保护科研检测技术力量等。由于管理严格，措施得力，1979—1983年工业事故死亡人数呈下降趋势，且下降幅度较大；1983—1992年死亡人数连续保持较低水平；1979—1992年14年期间，年平均事故死亡人数为9402人，起伏也不大，出现了我国安全生产形势最好的一个时期。

3.“八五”、“九五”期间安全生产监管体制的变化。1993年6月，国务院进行机构调整，撤销全国安全生产委员会，指定劳动部代表国务院综合管理全国的安全卫生工作，对安全卫生行使国家监察职权，安全生产中重大问题由劳动部请示国务院决定。劳动部因此调整劳动保护监察机构：设立安全生产管理局、职业安全卫生与锅炉压力容器监察局和矿山安全卫生监察局。1998年6月，安全生产综合管理职能和安全监察职能划归国家经贸委，组建安全生产局，综合管理全国安全生产工作；对安全生产行使国家监察职权；拟定全国安全生产综合性法规、政策；组织、协调、处理重大事故。这次机构调整将职业卫生监察职能划归卫生部，锅炉压力容器等特种设备的监察职能交由国家技术监督局负责，工伤与职业病保险留在劳动和社会保障部。1999年12月，成立国家煤矿安全监察局，专门负责全国煤矿安全监察工作。在重点产煤省和地区建立煤矿安全生产监察局和办事处，全国煤矿安全生产监察体制逐步实现垂直管理，水上安全监察和锅炉压力容器安全监察等也开始实施垂直管理模式。2001年初撤销9个行业局，组建了国家安全生产监督管理局，与煤矿安全监察局一个机构、两块牌子。之后，为强化安全生产管理，国务院又恢复了国务院安全生产委员会。在国家机关安全生产监察管理机构变动的同时，地方机构也出现相应的变化。到2001年底，已建立了20个省级安全生产监督管理局。

20世纪90年代，我国经济建设高速增长，但劳动保护工作因各种原因而相对滞后，又由于监察机构的撤销致使安全生产工作中存在的问题相当严重。乡镇、三资和私营企业大量涌现，市场竞争激烈，单纯追求经济效益、忽视劳动者的生命安全已是普遍现象，企业为了降低生产成本不顾工人安全健康，出现“三合一”厂房等，工伤事故情况十分严峻。1993年工业死亡人数骤然上升到19820人，1994年和1995年连续两年超过2万人，1993—1995年出现了第三次事故高峰。“八五”和“九五”期间平均每天发生一次死亡3人以上的事故2起，每3天就发生死亡10人以上事故1起，每年有2万人左右死于工伤事故，据不完全统计，平均每个工作日有80人死于工伤事故，每个工作小时即有10人死亡。最近几年尤其从2001年初以来，党中央、国务院对安全生产采取了一系列重大举措：一是成立了国务院安全生产委员会，组建了国家安全生产监督管理局；二是颁布了《安全生产法》、《国务院关于特大安全事故行政责任追究的规定》等法律法规；三是针对安全生产上的薄弱环节和突出问题，集中开展五项安全专项整治，尤其加大关闭整顿小煤矿的工作力度，促使全国安全生产形势开始趋于好转。

4. “十五”期间我国安全生产管理体制的演进。2003年3月，由国家经贸委管理的国家安全生产监督管理局改为国务院直属机构。2003年10月，国务院成立新一届安全生产委员会，同时，对国家安全生产监督管理局（国家煤矿安全监察局）的主要职责内设机构和人员编制进行了调整（中编办［2003］15号文件）。规定新增职责有：承担国务院安全生产委员会办公室的工作；原国家经贸委承担的协调安全生产专项整治、危险化学品安全生产监督管理、组织协调特别重大事故调查处理、组织全国安全生产督促检查、中国海洋（包括海域）石油作业安全生产监督管理职责；原由卫生部承担的作业场所职业卫生监督检查职责；烟花爆竹生产经营单位的安全生产监督管理职责；组织实施注册安全工程师执业资格制度，监督指导注册安全工程师执业资格考试和注册工作的职责等。内设职能机构调整为 11 个，包括办公室（国际合作司、财务司），政策法规司，规划科技司，安全生产协调司（监察专员办公室），生产安全应急救援办公室，煤矿监察一司、二司，监督管理一司（海洋石油作业安全办公室），监督管理二司，危险化学品安全监督管理司和人事培训司等。2005 年国家安全生产监督管理局进一步升格为国家安全生产监督管理总局，成为正部级单位。

（二）我国现行的安全生产监管体制

目前，我国安全生产监督管理的总体格局是：国家安全生产监督管理局（国家煤矿安全监察局）对全国安全生产实施综合管理；国家质检总局负责锅炉压力容器等 4 类特种设备的安全监督检查；卫生部负责职业病防治工作；劳动和社会保障部仍然保留了儿童、妇女的劳动保护和工伤保险管理的职能；建设部、公安部、交通部、民航等行业系统分别负责建设工程、消防、道路交通、民航等安全工作。国家安全生产监督管理总局的组织机构见图 5－1。

1. 初步形成了“企业负责、行业管理、国家监察、群众监督、劳动者遵章守纪”的安全管理体制。根据 1993 年国务院下发的《关于加强安全生产工作的通知》[国发（1993）50 号] 精神，建立适应社会主义市场经济的新的安全生产管理体制，即“企业负责、行业管理、国家监察、群众监督”的安全管理体制，改变此前的“国家监察、行业管理、群众监督”的安全管理体制。随后，在实践中以人为本，增加了劳

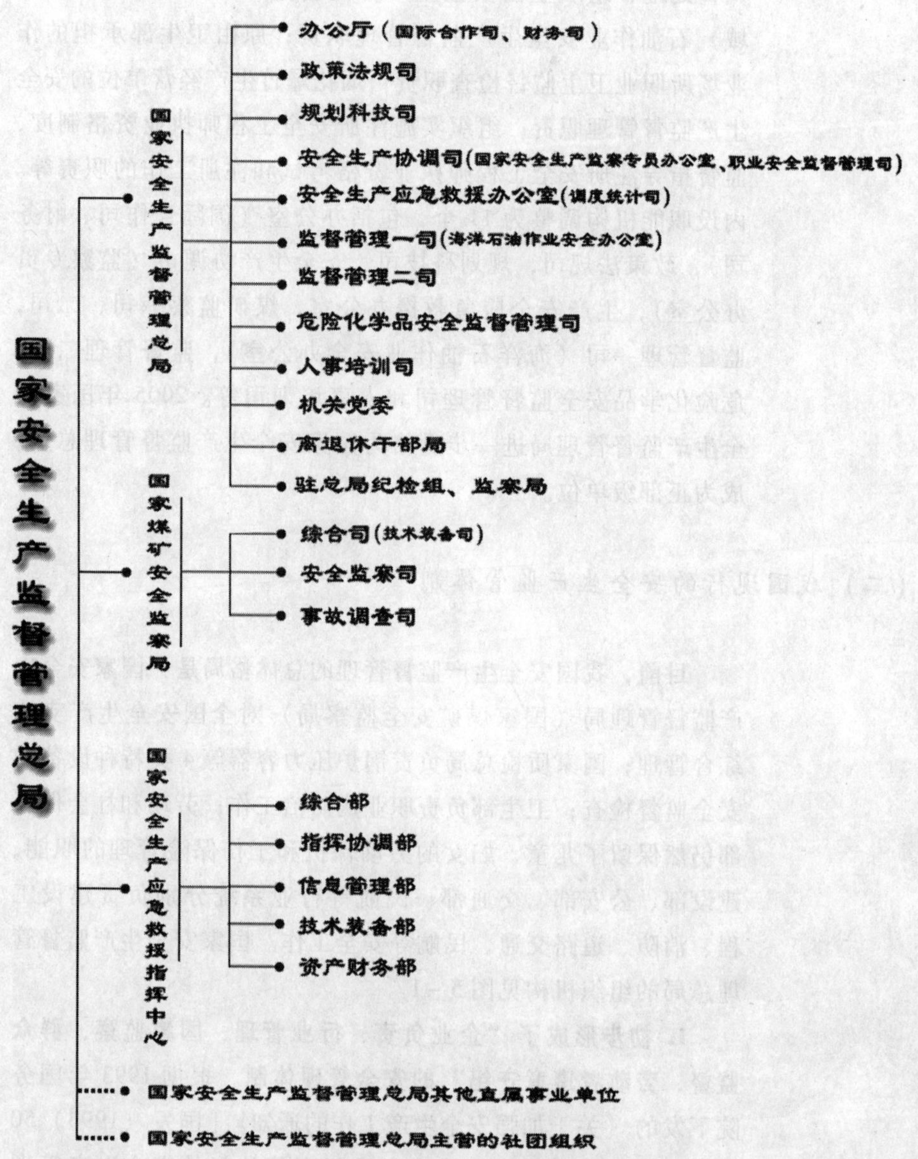

图 5－1　国家安全生产监督管理总局组织机构图

资料来源：国家安全生产监督管理局网站。

动者遵章守纪的内容，形成了“企业负责、行业管理、国家监察、群众监督、劳动者遵章守纪”的安全管理体制。

2. 建立了以“生产经营单位是安全生产的责任主体、各级政府是安全生产的监督主体”为主的责任主体体系。根据《中华人民共和国安全生产法》（以下简称《安全生产法》），对安全生产负有责任的主体包括：（1）生产经营单位责任主体。生产经营单位既是安全生产的利益主体，也是安全生产的责任主体，因此，生产经营单位是安全生产永远的责任归宿。（2）政府安全生产监管责任。各级政府是执法的主体，同时也承担安全生产监管的责任，因此在行政许可、审核批准、监察监督、管理协调等方面，对安全生产负有监管职责。（3）从业人员守法责任。生产经营单位的从业人员是安全生产的保护对象，既有安全生产的权利，也有安全生产的义务，因此，如果违反操作规程和劳动纪律，同样要承担相关责任。（4）中介机构服务责任。随着社会主义市场经济体制的完善和政府职能的转变，安全生产的中介服务功能越来越发挥着重要的作用。在获得安全评价、安全检测、安全咨询等服务效益的同时，对中介服务的质量和标准负有法律和民事的责任。此外，《安全生产法》第十七条还规定了生产经营单位主要负责人的安全职责：“生产经营单位的主要负责人对本单位安全生产工作负有下列职责：（1）建立、健全本单位安全生产责任制；（2）组织制定本单位安全生产规章制度和操作规程；（3）保证本单位安全生产投入的有效实施；（4）督促、检查本单位的安全生产工作，及时消除生产安全事故隐患；（5）组织制定并实施本单位的生产安全事故应急救援预案；（6）及时、如实报告生产安全事故。”

3. 建立了“行政责任、民事责任、刑事责任”相互配合的法律责任体系。从法律的角度，安全生产的责任体系包括行政责任、民事责任和刑事责任。近几年，随着我国安全法律、法规的不断完善，安全生产的法律责任体系基本构成。

(1) 行政责任。行政责任是指违反职业安全健康法规的责任主体，应当承担相应的行政责任。从处罚的性质上一般分行政处分和行政处罚，从处罚对象的角度，一般分对个人的处罚和对单位的处罚。处罚的形式对个人有警告、严重警告、记过、记大过、降级、降职、开除留用察看、开除公职等，对单位有警告、罚款、没收非法所得、停止营业、吊销证照等。《安全生产法》、《特大安全事故行政责任追究规定》和《安全生产违法行为行政处罚办法》等法规对此做出了明确细致的规定。

(2) 民事责任。《中华人民共和国民法通则》对保障公民、法人的合法的民事权益，也包括安全生产事故受伤害和损失的民事关系作了明确规定。在该法“侵权的民事责任”部分，有些条款直接与劳动保护有关，是劳动保护有关方面的法律规定。民事责任是民事法律关系主体违反应承担的民事义务所承担的法律后果。承担民事责任的方式主要有：停止侵害；排除妨碍；消除危险；返还财产；恢复原状；修理、重作、更换；赔偿损失；支付违约金；消除影响，恢复名誉；赔礼道歉。

(3) 刑事责任。为了保护劳动者的人身安全以及重大公、私财产的安全，保证经济建设的顺利发展，维护和巩固社会主义经济秩序，《中华人民共和国刑法》规定，由于行为人的过失，在生产经营活动中发生重大事故，造成严重后果，构成犯罪，要依法受到惩处。《中华人民共和国刑法》中有不少条款是专门针对安全事故罪的。

由此可知，我国安全生产管理体制和安全生产监管体制在世界上具有独特性。与我国安全生产相对应的职业健康安全管理体制，在世界很多国家推行的是“三方原则”的管理体制或模式，即国家—雇主—雇员三方利益协调的原则。这一原则中，国家代表社会和整体的利益，通过立法、执法、监督的手段来实现；行业代表雇主或企业的利益，通过协调、综合管理来实现；工会代表员工的利益，通过监督手段来实现。“三方原则”建构了相互督促、牵制和协调、配合的机制。

（三）我国现行安全生产监管体制存在的主要问题

1. 安全生产监管运行机制还没有完全理顺。在原有的计划经济体制条件下，我国已初步形成了一套以行政手段、行业管理为主要方式的安全生产管理体制。改革开放以后，在社会主义市场经济条件下，政府的监管模式、企业生产经营方式等发生了很大的变化。从而使原有的管理体制与现行经济体制不相适应，当前主要存在的矛盾问题是：以经济建设为中心，易于导致效益目标与安全目标发生冲突；政府职能转变，政府安全行政管制手段作用下降；所有制成分多元化，使主管部门的管理方式弱化；政府行业管理撤销，使主管部门的安全管理协调作用不复存在；用工制度变化，使高危行业从业人员整体素质下降；中央与地方税制分权，安全投入保障机制未相应建立。

随着经济体制改革、政府机构调整、政府职能转变不断深化，国家安全生产监察体系需重新建立，监管手段需要更新；行业管理模式需要探索；各级政府之间、政府职能部门之间的监管关系需要协调。理顺我国安全生产监管运行机制需要对如下重大问题进行科学回答：国际范围内的“三方机制”对我国的影响；属地管理与属地监管的关系；各级政府（省市、地区和县三级）的安全生产监管职能协调；专项监管与综合监管的关系协调；煤矿监察与综合监管的资源配置。

安全生产的执法主体不明确，执法与管理未严格分开。工业化国家基本上都建立了职业安全健康的国家监察体系。特别是英国、美国、日本等国，其《职业安全健康法》的法律条文中对职业安全监察机构的设立、执法授权有明确的规定，负责安全监察执法工作的执法主体非常明确。而我国的职业安全生产相关的监察职能由四个部门承担：综合安全生产由国家安全生产监督管理总局负责；职业卫生监察由卫生部负责；工伤保险由劳动和社会保障部负责；锅炉压力容器监察职能由国家质量技术监督局分管等。这使得我国职业安全健康、安全生产监督职能分散，执法主体不集中，从而增加了执法成本、削弱了执法效力。

2. 与政府监管相配合的社会制约机制还未形成。有效的社会制约机制是决定安全水平高低的重要条件之一，也是政府监管能够有效运转的基础条件。社会制约机制是由多方面因素构成的。工业发达国家中安全不好的企业将面临多方面的制裁与制约：法律方面，有清晰、明确严格的安全界限，越限必惩、违法必究；行政方面，政府部门的行政检查，建立安全准入制度和审核机制，违规不允；舆论方面，增加透明度和社会监督，促进政府和企业重视安全生产；企业信誉方面，如果安全信誉不良，投资者和客户信心动摇，股值下降；银行方面，如果银行认为安全管理有问题或发生事故，资信水平降低，增加贷款难度；保险方面，法律规定事故率高的企业保险费率高，迫使事故企业交付更高的保险费；工会方面，强调员工权益，要求改善劳动条件和安全水平；事故伤亡者及其家属方面，可能诉之法庭和要求高额赔偿。在这种社会综合制约机制中，如果一个企业的安全水平低，所面临的风险或受到的损失将非常大，形成"事故成本高"社会机制和环境，迫使企业重视安全生产。而在我国，企业内外部制约机制都不够健全和有力，"事故成本"较低，存在"死得起，事故发生得起"的社会环境。在这种社会环境条件下，政府依法监管面临不小的阻力。

3. 安全生产监察力量薄弱，基层尤其明显。与发达国家相比，我国安全生产监察力量薄弱，一是专职安全监察人员数目配备率低；二是国家的安全监察管理的经费投入较少。如美国2002年职业安全健康监察局经费预算总额为4.26亿美元，矿山安全健康监察局为2.46亿美元，合计6.72亿美元。我国政府在这方面的经费预算无法与之相比，如同年我国煤矿安全监察局的经费预算仅是美国的1/60，而煤矿数量却是美国的300倍左右。[①] 同时，我国职业安全监察人员存在素质不高、法制观念不强的问题，在执法过程中存在执法不严、执法不规范及执法水平低的问题。

监察力量不足的问题在基层尤其明显。目前，从国家到省、市、县安全监管机构人员编制是从上到下呈倒“金字塔”型。特别是乡镇这一级大部分没有安监机构，少数有机构的乡镇，监管人员又没有执法权，责权不统一，一线监管责任难以到位。以吕梁市为例，在全市现有安全监管队伍中，专司执法的监督人员不足100人。面对全市1700多家生产经营单位和众多的行业，若以目前全部监管人员计，平均每人监管17家生产经营单位。按平均每2人每天检查1家企业计算，一个多月才能跑遍所有的企业。由于监管力量的有限和监管任务繁重之间的矛盾突出，致使在隐患的发现上存在盲区。[②]

4. 对中小企业安全监管不到位。长期以来，我国安全生产工作的重点主要放在国有企业，特别是国有大中型企业。随着经济体制改革的深入和经济的快速发展，各类非国有生产经营单位大量增加，行业结构、从业人员结构复杂。一方面，地方政府、企业主仅仅注意自身的经济利益，忽视安全生产，致使生产经营单位规避法规、不循标准、制度不全、“三违”严重；另一方面，当前各级机构改革，使安全监督管理队伍发生较大变化，有些生产经营单位甚至取消了安全管理机构和专业安全管理人员，致使安全生产监督力量薄弱，造成了对中小企业的监管不到位置。

5. 安全监管的技术保障手段比较落后。目前我国安全监察缺乏有效的技术保障手段，安全生产信息体系、人才队伍培

---

① 罗云、黄毅：《中国安全生产发展战略——论安全生产保障五要素》，化学工业出版社2005年版。

② 张志刚、王四赖：《安全监管工作面临的矛盾和对策》，国家安全生产监督管理总局编《调查研究》，2007年第5期。

训体系、事故预警体系、应急救援体系等不健全，安全检测检验、安全评估和鉴定、安全标识和安全防护用品管理等尚未在全国各行业普遍、有效推行，这些安全生产监察技术保障条件的限制，使安全生产监察工作的质量、规模和程度等都处于较低水平。

三、煤炭生产的安全监管体制

（一）我国煤矿企业安全生产监管体制的变革

新中国成立后，第一个负责煤矿安全问题的机构是燃料工业部下属的技术安全监察处，该处于1949年10月设立。1953年开始，参照苏联的模式，引入一个严密的矿厂监察体系，建立煤炭工业三级技术安全监察机构：国家的、地方的和地区的。到1955年末，全国共有10个产煤区和27个矿区建立了技术安全监察机构。在“大跃进”的高潮时期，这个体系被当作增加产量的不必要的障碍被废除了。煤炭工业部以“（1958）煤人计便字第1832号函”指示，撤销技术安全监察局，改由生产部门管理安全。1962年，又在煤炭工业部下重新设立了负责煤矿安全的国家机构，较低层次的机构到下一年才再次得以建立。但是，在“文化大革命”爆发后，矿山监察系统再一次被关闭了。12年（1966—1977年）后的1978年，在国家、省和地区层次上的煤矿安全监察体系再次恢复。五年后的1983年，煤炭工业部颁布了《煤矿安全监察条例》。依照《煤矿安全监察条例》的规定，1983—1990年，煤炭工业部、省（市、区）煤炭局（厅）、煤炭公司、统配矿务局、基建局都设立了安全监察局，统配和省直属煤矿建立了安全监察处（站），市、县煤炭局建立了安全监察科。部、省（市、区）煤炭局（厅）、矿务局的安全监察局，上、下之间是业务领导关系。矿务局安全监察局受矿务局正局长直接领导。矿务局安全监察局向矿（工程处、火药厂等）派驻安全监察处。市、县煤炭局安全监察科向市、县煤矿派驻监察组和监察员。矿务局安全监察局局长、驻矿安全监察处（站）长分别由副局、副矿级干部担任。到 1990 年的时候，全国各级安全监察人员总共 31000 名。该阶段建立起来的煤矿企业安全生产监管体制（如图 5－2 所示）在 1999 年以前差不多没有什么变化。①

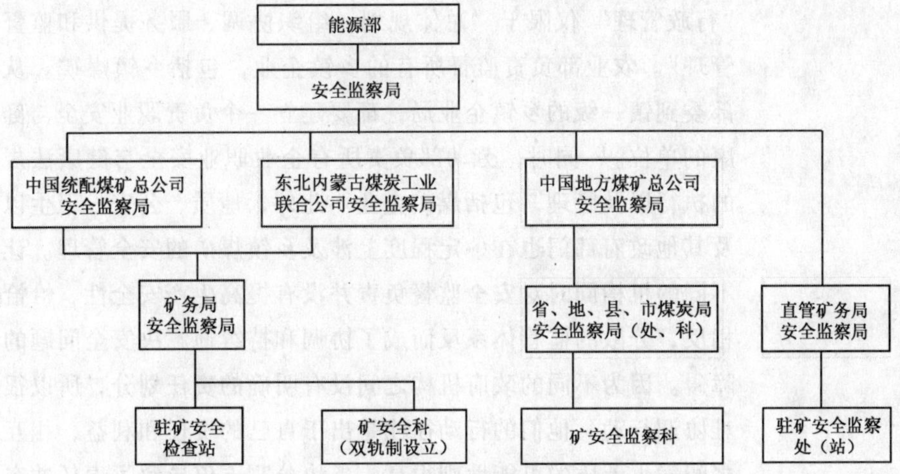

图 5－2　1990 年煤炭工业安全监察管理体制示意图

资料来源：编委会：《中国煤炭志·综合卷》，煤炭工业出版社 1999 年版，第 401 页。

1999 年以前的煤矿安全监察体制有两个比较显著的特点：第一，它仅包括国有煤矿，不包括乡镇煤矿。第二，所有的监察机构都是相应层级上负责煤炭生产的行政部门的下属单位。在改革开放之前，国家不但拥有而且经营着这些矿山，煤矿自己不用单独承担赢利或亏损的责任，这个体系运转得很有效。

① 《当代中国的煤炭工业》，第 231—235 页；《中国煤炭志·综合卷》，第 399—402 页；王绍光：《煤矿安全生产监管：中国治理模式的转变》，《比较》（第 13 辑），第 79—110 页。

从历史的实际情况看，当该体系正常运作时，死亡率都下降了；相反，当该体系瘫痪时，死亡率就上升了。然而，改革开放后的若干变化侵蚀了该体系的有效性。这主要表现在以下四个方面：

1. 条块分割的乡镇煤矿安全管制。如前所述，乡镇煤矿自20世纪80年代获得了迅猛发展，但是，我国对乡镇煤矿的安全管理却十分分散，这对于制定和实施一个清晰、全面的提高乡镇煤矿的安全战略是个严重的障碍。1986年，国务院授权煤炭工业部负责“乡镇煤矿的安全管理”。但是，这样的“行政管理”仅限于“总体规划、组织协调、服务提供和监督管理”。农业部负责监督所有的乡镇企业，包括乡镇煤矿。从部委到镇一级的乡镇企业局，都要建立一个负责职业安全与健康的单位。[①] 同时，劳动部负责所有企业职业安全与健康法规的执行以及管理，包括煤矿企业。此外，地质、公安、卫生以及其他政府部门也在一定程度上涉及乡镇煤矿的安全管理。让不同的机构同时对安全监督负责并没有提高生产安全性，恰恰相反，分散的监管体系反而成了协调和持续地解决安全问题的障碍。因为不同的政府机构之间没有明确的责任划分，所以很难协调行动。他们的行动往往是出于自己的责任和利益，相互之间发生矛盾的可能性则很高。条块分割不仅导致了责任冲突和逃避，而且减少了认真处理安全问题的激励，弱化了执行的效果，在法规和覆盖面上留下了空白。

2. 国有煤矿财务“硬约束”与安全“软约束”。国有企业的改革始于20世纪80年代，国有煤矿的性质也逐步发生了改变。尽管从名义上说它们还是国有的，但已不再由国家直接经营。在财务上，国有企业日益由“硬预算约束”取代“软预算约束”，经营不善的国有煤矿照样有破产的可能。为了在激烈的市场竞争中求生存，他们通常为了追求更大的利润而选

① 1984年，农牧渔业部颁发了《乡镇煤矿安全生产若干暂行规定》。

择忽略安全。具有讽刺意味的是，随着安全与健康的指导原则由原来的“国家监察、行业管理、群众监督”，变成“企业负责、国家监察、行业管理、群众监督”，国有企业刚刚获得激励，以安全为代价追求利润，现在又被赋予了确保安全的重要任务。结果可想而知：20 世纪 80 年代国有煤矿死亡率的显著下降趋势在 90 年代停止了。

3. 经常性政府重组。20 世纪 80 年代末开始的经常性政府机构重组使煤矿安全监察任务变得更加复杂。1988 年政府机构改革，将煤炭工业部（自 1975 年就已存在）并入能源部。1993 年能源部被取消，被撤销的煤炭工业部重新恢复。仅仅 5 年后，国务院于 1998 年决定对政府再次进行重组。结果，煤炭工业部降为国家经济贸易委员会下的局级单位，煤炭工业局不再直接管理煤矿。原属煤炭工业部的 94 个国有重点煤矿的管理权转移至地方政府管辖。上述政府机构频繁重组弱化了煤炭行业管理，造成了煤矿安全监察系统的混乱，直接影响煤矿安全生产。2005 年，全国人大常委会在安全生产法执法检查中，特别指出了煤炭行业管理弱化问题：煤炭行业管理弱化已成为煤矿安全基础管理工作滑坡、造成煤矿重特大事故频发的主要原因之一，对煤矿安全生产的影响十分深远。有鉴于此，全国人大常委会建议国务院尽快研究适应新时期的煤炭行业管理体制问题。与此同时，煤矿安全监察系统的工作人员在这段时间内一直处于焦虑不安的状态，不能确定自己是否会丢掉工作或是被调往何处。结果，安全问题的责任边界变得很不清晰，总体的事故统计不怎么准确，安全法规的执行也没有以前那么严格。

4. 地方保护主义严重。经济体制改革的逐步推进，使得地方政府谋求当地经济发展的热情空前高涨，但也产生了比较严重的地方保护主义。地方保护主义在经济活动中的诸多领域均有表现，煤炭的安全生产也不例外。在理论上，县市级和乡镇级的地方政府是煤矿安全问题的监管者，但实际上，他们更是自己辖区范围内的煤矿所有者和经营者。由于多数煤矿地处偏远地区，这些地区经济也往往最落后。在这些地区，煤矿是当地的经济命脉，它不仅创造就业机会，还创造地方税收。有时，乡镇煤矿甚至成为政府收入的唯一主要来源。由于缺乏资金，地方政府经常要依赖小煤矿的税收来支付日常运转费用，包括人员的工资。因此，工作和税收的重要性就轻而易举地超过了安全方面的重要性。地方政府为了从小煤矿中取得收入，经常对违反安全法规的做法视而不见。此外，负责审批经营许可证的地方政府官员和经营煤矿的地方企业家之间的密切关系也普遍存在，一些地方政府官员秘密成为小煤矿的董事会成员，或是从煤矿所有者手中拿回扣的现象并不罕见。“官煤勾结”使有关安全规定的执行变得更加困难。近年来，中央政府大力推动提高煤矿安全，但是，尽管中央每年这样都要关闭成千上万的不安全小煤矿，但是在检查人员离开后他们又会重新开始。地方保护主义的存在是一些小煤矿难以彻底关闭的主要根源。在地方保护主义庇护下，已经关闭的小煤矿也很容易“死灰复燃”。

从20世纪90年代中期开始，政府开始发布有关煤矿死亡率的系统信息，并且允许媒体更深入地报道死亡事故。例如，1996年以前的《中国煤炭工业年鉴》没有关于煤矿事故的数据，但此后该《年鉴》则比较详细地记录了死亡事故的信息。而关于煤矿事故的新闻经常在报纸和政府网站中出现。这反映出政府对于日益严峻的安全生产形势的关注。在世纪之交，我国煤矿安全监察体系出现了较大转变。1999年12月30日颁布的《国务院办公厅关于印发〈煤矿安全监察管理体制改革实施方案〉的通知》确定了煤矿安全监察管理体制的改革方案。同日，发布了《关于加强煤矿安全监察信息工作的通知》。2000年，国务院决定在煤炭工业局之外再设立国家煤矿安全监察局，这是中国政府第一次建立独立于煤炭生产管理机制的煤矿安全监察机制，该机构负责全国的煤矿安全。它与

2001年成立的国家安全生产监督管理局实行一个机构、两块牌子，下设煤矿监察一司（监管大中型煤矿企业）、二司（监管小型煤矿企业）。同年，国家经贸委下属的煤炭工业局被撤销。煤矿安全生产及管理下放到地方的各矿务局负责，而安全生产的监察由新设立的煤矿安全监察局负责。2003年3月，国家安全生产监督管理局被升格，为国务院主管安全生产综合监督管理和煤矿安全监察的直属机构。国家煤矿安全监察局及其分支机构与其负责监管的煤矿之间，没有任何经济或体制上的联系，成为独立的第三方监管人。2003年11月，国务院安全生产委员会成立，旨在加强对全国安全生产工作的统一领导。2005年国家安全生产监督管理局进一步升格为国家安全生产监督管理总局。一系列变动之后，煤矿安全"国家监察、地方监管、企业负责"的基本格局确定，煤炭行业管理与安全生产监管分属不同政府组织的机构设置也渐次清晰。但长期以来，政府既要管生产、又要抓安全的观念，在短期内仍难以彻底消除。

除了行政级别以外，国家煤矿安全监察局在两个方面与以前有所区别：一方面，以前的煤矿安全监察机构通常从属于相应级别的负责煤矿生产的行政管理组织，而国家煤矿安全监察局则完全不需要考虑煤炭生产的问题。其唯一职能是规范和保证煤矿的安全和职业健康，而不是其他，从而保证了该机构的"独立性"。或者说，国家煤矿安全监察局及其分支机构与它们负责监管的煤矿之间没有任何经济或体制上的联系，使得它们现在可以成为独立的第三方监管人。另一方面，煤矿安全监察局的体系是垂直型的。2005年11月底，随着福建煤矿安全监察局、广东煤矿安全监察局和广西煤矿安全监察局的挂牌成立，至此，全国26个产煤省份都已设置了垂直管理的煤矿安全监察机构。虽然省级煤矿安全监察机构都已组建完毕，但市、县一级的煤矿安全监察机构的组建工作远未完成。尽管人员配备特别是符合专业条件的人员队伍建设仍是一项艰巨的工作，但毕竟垂直型的监察机构的建立，在很大程度上可以排斥来自地方保护主义的干扰。至此，可以说，“国家监察，地方监管，企业负责”的垂直管理的煤矿安全监管模式在我国已经确立。

根据《煤矿安全监察体制改革实施方案》的规定，国家设立国家煤矿安全监察局，省（自治区、直辖市）设立由国家煤矿安全监察局垂直领导的省（自治区、直辖市）煤矿安全监察局，同时，省（自治区、直辖市）煤矿安全监察局在大、中型矿区设立煤矿安全监察办事处，作为其派出机构。煤矿企业内部仍然设置安全监察处或安全科，履行企业内部安全监督检查和日常安全管理工作的职能，具体如图5－3所示。

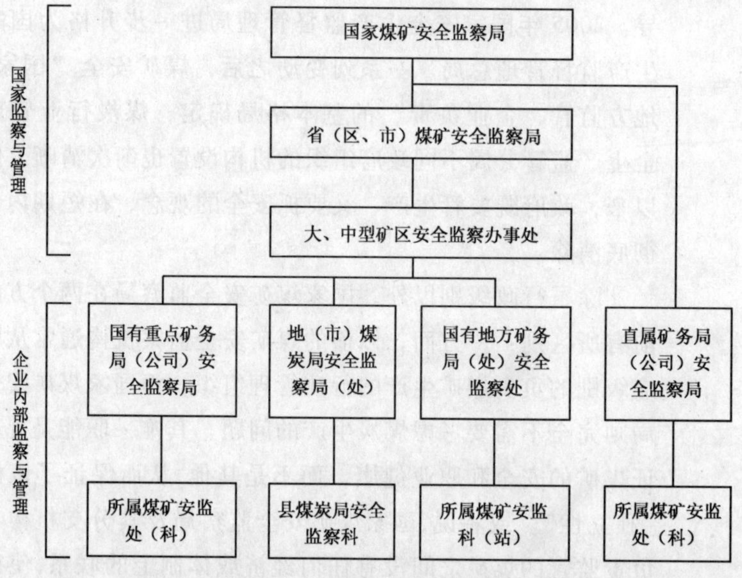

图5－3　我国现行煤矿安全监察管理体制示意图

资料来源：《煤矿企业安全管理手册》，第4页。

（二）我国煤矿企业安全生产监管的效果与问题

近年来，我国煤矿安全生产监管的主要进展是：建立健全了安全生产法律法规；明确了工作目标，确立了年度控制指标体系；建立了安全生产许可制度，加强了行政执法力度；利用经济手段刺激企业搞好安全生产；整顿和关闭非法生产小煤矿；治理官煤勾结；加强信息披露和舆论监督等。从近年来煤矿安全生产实际状况看，我国煤矿安全生产监管的效果是明显的，不但遏制了煤矿安全生产事故和死亡人数的继续上升的势头，而且在 2006 年使我国煤矿安全生产明显好转。比如，2006 年煤矿企业发生死亡生产事故 2945 起，死亡 4746 人，比 2005 年减少 361 起、1192 人，分别下降 10.9% 和 20.1%。我国煤矿安全监管的不断强化，还有利于调整我国煤炭行业产业结构，淘汰那些规模小、安全无保证、资源浪费严重、地质条件差、采煤方式落后的煤矿，提升煤炭行业的经济效益和产业竞争力。

但与此同时，我国煤矿安全监管的实际执行效果比预期效果要差，煤矿安全生产尚未出现根本好转。突出地表现在非法煤矿继续从事生产，并由此造成安全生产事故维持在一个较高的水平上。比如，2007 年 1 月，全国煤矿共发生死亡 3 人以上的重特大事故 15 起，死亡 96 人，其中非法小煤矿 5 起，死亡 28 人，约占事故起数和死亡人数的 1/3；乡镇煤矿 8 起，超过 1/2，死亡 62 人，约占 2/3。

安全生产事故之所以继续存在且比较严重，与我国煤矿安全监管存在的问题是分不开的。我国煤矿安全监管存在的主要问题有：

1. 缺乏总体规划。近年来，我国煤矿安全生产监管力度是空前的，然而，由于缺乏总体规划，往往是今天发现问题，立马就出台一项制度，企业还没有反应过来又出台一项更严格的制度，使煤矿很难有时间适应。比如，一些小煤矿好不容易获得开采煤炭的诸多许可证，但很快新的规定又使这些煤矿属于非法煤矿。由于煤矿企业的资产专用性程度很高，政策缺乏连贯性，这会使煤矿投资者蒙受巨大的政策风险。面对这种情况，一些小煤矿表现出很强的“最后的晚餐”效应——一些预期被列为关闭对象的矿井在关闭之前，利用最后的机会，超强度、超能力、超定员突击生产，使发生事故的几率大为增加。①

扭转煤矿安全生产严峻态势，需要多方面力量长期的努力，而不能简单地急于求成，否则，会适得其反，事与愿违。当前，我国煤矿安全监管中通过层层下达安全生产控制指标的做法，存在一定程度的非理性，因为所确立的指标并没有什么科学依据，而是依据"长官意志"，其结果是，一些企业为完成目标采取"弄虚作假"的手段，甚至为完成短期的目标而损害长远的目标。这方面，美国的经验值得借鉴。美国也为矿山安全生产设立控制目标，但是，其目标设置较为科学：第一，每一年度矿山事故死亡人数控制目标为前5年每年事故死亡人数的平均数。这样经过多年努力，使每年事故死亡人数保持下降趋势；第二，矿山工伤事故率低于前5年平均数；第三，将煤尘超标率、石英粉尘超标率、噪音超标率每一年度均降低5%。②

2. 不同煤矿的执法效果大不一样。我国煤矿企业安全生产监管实行垂直管理体制：国家煤矿安全监察局是负责煤矿安全监察的行政执法机构，依法对煤矿企业行使安全生产国家监察的职权；同时在重点产煤省和地区设立煤矿安全监察局及煤矿安全监察分局。省级煤矿安全监察局实行国家煤矿安全监察局和所在省（自治区、直辖市）政府双重领导的管理体制，以国家煤矿安全监察局为主。煤矿生产安全管制体制对于煤矿企业，尤其是对地方所属的煤矿企业的安全生产行为有着重要的影响。在垂直的安全生产管制体制下，正是由于中央政府

① 国家安全生产监督管理总局承认：煤矿"六证"发放环节较多，要提高办事效率，让大多数合法的矿主感到满意，合法的矿主整天为办证像热锅上的蚂蚁到处跑，三个月到期，这个还没办完，那个又到期了，亟待改进。"六证"审批要加快进度，提高效率。（摘自李毅中2007年2月25日讲话《当前安全生产的十个热点问题》）

② 王显政主编：《美国煤矿安全监察体系》，煤炭工业出版社2001年版，第3—4页。

(由国家煤矿安全监察机构代表)、煤矿企业所在地政府和煤矿企业本身利益的不一致，多方利益主体博弈的结果，使得有关煤炭安全生产的很多整顿措施在地方无法得到切实有效的执行，由此也导致了煤矿企业的安全生产状况呈现出随所有制不同而不同的特点，这就是为什么地方煤矿企业相对而言事故更多、更频繁的原因之所在。

比如，在关闭小煤矿方面，国家态度是十分坚决的，但由于小煤矿与当地财政和就业关系十分密切，地方政府的态度则是游离的，这就是一些非法小煤矿屡禁不绝的重要原因。比较典型的情况是，一些被国家监察部门下达了停产指令的煤矿却继续生产，最终酿成事故的情况屡屡发生，凸显地方政府对国家安全监察的抵制态度。

3. 重复执法与监管者缺乏监督问题。当前，各级煤矿安全监察机构是煤矿安全监察制度的最重要的执法主体，但并非唯一主体。根据我国法律法规规定，非中央煤矿企业从事煤矿生产，一般要经过省级煤炭管理部门的批准，从各级国土资源管理部门（各级国土资源厅、局）取得探矿权许可证、采矿权许可证，进行矿山建设并经煤炭管理部门验收合格，向省级以上煤炭管理部门申请取得煤炭生产许可证，并向省级以上煤矿安全监察局申请取得煤炭安全生产许可证以后，才可以实际投入生产。上述管理部门都对煤矿企业的安全生产负有一定的监督管理责任。另外，作为企业，各级劳动、工商、税务等行政机构也对煤矿企业拥有不可忽视的管理权。这些行政主管机构的价值追求是不同的，煤矿安全监察局的主要目标是降低煤矿生产安全事故率，煤炭管理部门的主要目标是煤炭工业经济的持续发展，国土资源局的主要目标是矿产资源的战略管理与合理开发利用，劳动局的主要目标是职业健康与卫生控制等等，这些不同的价值目标时有冲突，不但内在地弱化了煤矿安全监察工作的力度与绩效，而且使煤矿企业难以适从。如何缓解这些冲突与差异，是完善煤矿安全监察体制必须要面对的一个问题。

根据规定，目前从事煤炭开采需要“六证”，即采矿许可证（由国土资源部门颁发）、煤炭生产许可证（煤炭行业主管部门颁发）；安全生产许可证（煤矿安全监察部门）、矿长资格证（发展改革委）、矿长安全生产资格证（煤矿安全监察局）和营业执照（工商行政管理部门颁发）。在调查中，一些企业反映，需要的证件过多，之所以需要这么多的证件，主要的目的不是从搞好安全生产出发，而是照顾到政府部门的权力平衡。过多的证件迫使企业同多个政府部门“周旋”，耗费了企业过多的精力，而且这些证件在办理时甚至要求互为前置条件，使得企业难以适从。

据调查，目前有六种机构对国有重点煤炭企业进行安全方面的监察、监管和执法，形成职能交叉、政出多门的问题，也使企业疲于应付。以被调查的山西省某国有重点煤炭企业为例，该企业反映，需要接受如下几个部门的安全监管和检查：(1) 山西省国有资产管理部门安全管理委员会安全指导处；(2) 山西省煤矿安全监察局（包括所属地方分局）；(3) 山西省安全生产监督管理局；(4) 山西省煤炭工业局安全运营处；(5) 山西省安全委员会（其日常办事机构设在安全生产监督管理局内）；(6) 应急救援办公室（隶属于山西省煤矿安全监察局），以及应急救援中心（隶属于山西省安全监督管理局）。并且，这些部门每年与企业签订的责任书的内容是不一样的，对企业下达的考核指标也不一致，即使同一个具体的考核指标也可能不一样。被调查企业还反映，一些执法单位存在较为严重的“以罚代管”问题。由于罚款可以给执法单位带来直接的好处，一些执法单位便乐于此事，在发现安全隐患时，并不是积极帮助企业采取措施解决问题，而是任凭问题的继续存在，以便下次发现同样的问题而对企业继续罚款。

煤矿安全生产执法部门众多，但是如何对这些部门行使的执法权力加以有效监督还是一个问题。否则很容易导致执法部门玩忽职守或滥用权力。比如，执法部门不履行煤矿安全生产监管或监察职能时，如何处理？执法部门对于违反煤矿安全生产法律法规的行为处罚畸轻畸重，又如何处理？现行煤矿安全监察部门自己负责煤矿事故调查，自己批复事故调查报告，这就造成了自己监督自己的问题，这种情况如何处理？均无行之有效的机制约束。

4. 缺乏三方机制，忽视工人在安全监察中的主体性作用。 目前我国煤矿安全立法和执法过程中，缺少职工和工会的参与。比如，目前立法很大程度上是国家机关立法、专家立法，没有反映职工的利益和要求，法律法规中国家利益本位倾向明显。

搞好煤矿安全生产，政府的监督作用非常重要，但是，要从根本上搞好安全生产，必须充分发挥企业和工人的积极性。尤其是出台一系列安全生产方面的政策时，更需要充分考虑到企业和工人的承受力，否则，出台的政策难以得到贯彻实施。要使政策更加科学，特别是在制定涉及企业和工人切身利益的政策时，就需要广泛吸收企业和工人的意见，需要有一个三方机制。① 从国际经验看，搞好煤矿安全生产需要有一个三方机制。比如，在南非，矿产与能源部（主管煤矿安全监察），法定的三方机构是矿山健康与安全理事会，由政府、雇主组织和雇员组织三方代表组成（各5名代表，矿山监察局局长任理

① 三方机制是指政府、雇主组织和工人组织之间，就制定和实施经济与社会政策而进行的所有交往和活动。在市场经济条件下，政府、雇主和工人尽管大目标是一致的，即促进经济发展，推进社会进步，但各自还有不同的利益要求和价值取向，特别是对于涉及劳动关系的重大问题难免出现分歧。为保证三方各自的利益，就需要一种制度和机制来解决各自的分歧，通过协商、对话和合作达到各方基本满意的目标。许多国家基本上都成立了三方机制，比如，在南非，矿山健康安全委员会由安全健康监察局、煤矿企业和矿工三方代表组成。1990年，我国全国人大常委会批准国际劳工组织《三方协商促进实施国际劳工标准公约》（第144号），在国家层面上，2001年8月，劳动与社会保障部、中华全国总工会、中国企业联合会建立了国家协调劳动关系三方关系会议制度，但地方级和产业级三方机制还十分缺乏。2002年，由国家建设部、中国海员建设工会和中国建筑业协会三方成立了全国建设系统的三方会议制度，这是我国第一个行业性的三方机制。

事会主席），主要职能是向部长提供矿山健康与安全方面的建议。在印度，法律规定矿区和煤炭子公司需要成立三方委员会，均由工人代表、矿山安全监察总局代表和管理人员组成，定期检查各矿区和煤炭子公司的安全状况。[①] 但是，我国煤炭行业缺乏这样一个三方机制。尽管根据法律法规规定，我国煤矿企业中存在工会和工人代表大会组织，但这些组织在安全监察中发言权较小，工人在安全生产监察中的主体地位在很大程度上被剥夺。

由于煤矿工人时刻处在安全生产工作第一线，煤矿安全事关他们的生命健康权利，而权利的主张永远是最具有生命力的。现代社会应当是一个权利主导型社会，而不应当是一个单纯的权力主导型的社会。权力主张可以在一定时期内高效地解决一种社会问题，但权利主张才是真正持久的社会变革动力。在这种情况下，应充分发挥煤矿工人的安全权利主张和安全权利要求，而不仅仅是通过行政奖惩、行政首脑问责制等各种方式去提高行政监察主体的工作积极性。应创造条件，充分发挥煤矿工人及工会组织的安全监察作用。

5. 监管内容有待完善。根据前述本文的计量分析，采煤技术先进程度、员工素质、安全生产投入、生产能力利用率、市场结构、地质条件等对安全生产都有明显的影响，对照这些因素可以发现，我国在煤矿安全生产监管方面是有缺陷的，突出地表现在煤矿企业应采用的生产技术、煤矿从业人员资格、员工培训等规定不够具体、详细。

在完善监管内容方面，美国的经验值得借鉴。比如，1977年10月美国国会通过的新修订的《1977年联邦矿山安全与健康法》，该法对煤矿安全条件、技术装备和劳动保护提出了全面、系统、严格、具体要求，迫使煤矿经营者必须投入大量资

---

① 黄盛初："主要产煤国家煤矿安全现状及经验"，《2005世界煤炭发展报告》，煤炭工业出版社2006年版。

金和人力改造安全设施如通风和防尘设施、巷道支护维修以及安全设备仪器等。这为以后的煤矿安全生产奠定了基础。[①] 又如，美国劳工部颁布了对矿工进行强制性健康和安全训练及再训练条例。劳工部下属的矿山安全与健康管理局强制执行矿工安全培训；各煤炭公司按职工工资 8 美分/小时支付矿工培训基金。按照美国法律规定，受雇新工人被录用后，必须接受安全基础知识的培训和法规的教育，井下矿工人不少于 40 小时，露天矿工人不少于 20 小时，才能上岗，然后在有经验的矿工带领下，实习半年，半年后，才能独立工作。对改变工种的工人，要从事其他工种工作时，也必须在重新接受安全知识教育后，才能走上新的岗位。[②]

6. 监管“漏洞”较多。

（1）安全评价报告存在不实的问题。按照《煤矿企业安全生产许可证实施办法》的规定，申请办理煤矿安全生产许可证前，必须由有资质的安全评价机构对矿井安全生产状况进行评价，评价报告是颁证机关受理、审核的重要依据。但在实际操作过程中，评价报告不实的情况较多，有的甚至弄虚作假，可信度低，不能真实反映矿井的实际安全生产情况，起不到把关的作用。[③]

（2）将已关闭矿井纳入资源整合范围。比如，黑龙江省将已关闭的 227 个矿井中的 37 个纳入资源整合范围；重庆市将已关闭的 230 个矿井中的 133 个列入资源整合范围；江西省拟将已关闭的 82 个矿井中的 4 个纳入资源整合范围等。[④] 一些地方以资源整合和技改、改扩建为名，行保护落后生产能力

① 王显政主编：《美国煤矿安全监察体系》，煤炭工业出版社 2001 年版，第 40—41 页。

② 王显政主编：《美国煤矿安全监察体系》，煤炭工业出版社 2001 年版，第 40—41 页。

③ “煤矿安全生产许可证颁证工作取得较大进展”，安全监管总局政府网站，2006 年 4 月 26 日。

④ “煤矿安全生产许可证颁证工作取得较大进展”，安全监管总局政府网站，2006 年 4 月 26 日。

之实，暂时掩盖了矛盾，埋下了事故隐患。发生“11·26”特大瓦斯爆炸事故的山西省临汾市芦苇滩煤矿，是被当地列为资源整合的矿井，有关证照已暂扣，仍继续生产。2006年10月份以来发生特大、特别重大事故的山西省盂县东方振兴煤业公司、青海省海北州振兴煤矿、贵州省毕节市花果山煤矿，都属于这种情况。[①]

（3）矿井生产能力核定工作走过场。有的煤矿特别是原生产能力在3万吨/年以下的煤矿，为逃避关闭，与核定资质单位联手作弊，上报违规和虚假能力。有的在没有采用新技术新工艺、也没有进行改扩建的情况下，核定能力成倍增长。这样的核定，使非法变成了合法，隐患更为严重，无异于鼓励煤矿冒险生产，纵容不法矿主继续以矿工生命为代价来换取眼前利益。一些小煤矿核定能力提高后，势必依靠增加作业人数、延长劳动时间、提高劳动强度来实现提高产量，埋下了更大隐患。

四、非煤矿山的安全监管问题

（一）近年来非煤矿山安全监管的主要措施

针对非煤矿山安全生产的突出问题，国家一方面不断完善各种安全生产法律法规建设，一方面加大力度促进这些安全生产法律法规的贯彻落实，其中最突出地就是从2002年开始，国家连续地进行了整治非煤矿山安全生产问题。随着非煤矿山安全专项整治工作不断深化，各地对专项整治工作高度重视，

① 国家安监总局：《关于几起煤矿等特大特别重大事故的通报》（安监总政法［2006］247号）。

全国31个省（区、市）都成立了以安全监管、公安、监察、国土、工商、环保等部门组成的非煤矿山安全整治领导机构，其中半数以上的地区由主管副省长挂帅。据统计，截至2005年底，全国共取缔、关闭非法或不具备基本安全生产条件的非煤矿山近6万个。

2003年国家先后出台了《国务院办公厅关于深化安全生产专项整治工作的通知》,《关于深化非煤矿山安全整治工作的通知》，国家安全生产监督管理局等6部门联合下发的《关于印发〈深化非煤矿山安全生产专项整治方案〉的通知》等。经过整治，全国非煤矿山数量明显减少，但安全生产和采矿秩序效果不明显。截至2003年底，全国共取缔、关闭非法或不符合安全生产基本条件的非煤矿山近4万座，一些长期以来乱采滥挖现象严重的地区，矿业秩序得到明显改善，非煤矿山安全生产管理水平和防范事故的能力得到进一步提高，整治工作取得了阶段性成果。但是，由于多种因素的影响，全国非煤矿山安全生产形势仍然比较严峻，伤亡事故多发的状况仍未从根本上得到改变。据统计，2003年全国非煤矿山企业共发生伤亡事故2283起，死亡2890人，同比增加645起、836人，分别上升39.4%和40.7%，其中，一次死亡10人以上的特大事故起数、死亡人数，同比分别上升100.0%和491.8%。

鉴于此，2004年国家安监总局发出《关于进一步做好2004年深化非煤矿山安全生产专项整治工作的通知》，要求进一步做好2004年深化非煤矿山安全生产专项整治工作。2004年深化整治的主要目标：一是继续加大整治力度，依法关闭一批不符合基本安全生产条件的小采石场、小矿山，力争在2003年矿山总数的基础上再关闭5%，并要防止死灰复燃。二是通过整治，在非煤矿山遏制一次死亡30人以上的特别重大事故；与2003年相比，重、特大事故下降8%，总体伤亡人数有所下降。三是对80%的非煤矿山进行整治验收。四是将整治和安全生产状况评估工作结合起来，通过整治，各地评估为A级的非煤矿山占总数的比例达到20%以上。整治工作的重点：(1) 依法取缔证照不全的非法采矿点。(2) 停产整顿未参加第一轮整治、经整治验收不合格和被评估为D级的金属非金属矿山；限期整改被评估为C级的金属非金属矿山；对经停产整顿和限期整改仍然达不到《评估标准》A、B级的金属非金属矿山，不予颁发安全生产许可证。(3) 巩固和提升整治成果。督促已通过整治验收（按《评估标准》达到A、B级）的金属非金属矿山，逐步建立持续改进的企业安全生产自我约束机制，继续改善安全生产条件，完善安全生产设施，提高安全技术装备水平，落实隐患整改和灾害防治措施，逐步推行和建立安全生产标准化和职业安全卫生管理体系。(4) 加强督查。各地要加强逐级督查工作，制定并落实切实可行的深化非煤矿山整治工作措施，确保2004年深化非煤矿山整治工作任务按时完成。国家安全生产监督管理局将对各地的非煤矿山深化整治工作情况进行督查，并适时会同有关部门开展专项检查。

2005年，全国非煤矿山及相关行业安全生产形势稳定好转，据统计，全国非煤矿山共发生伤亡事故1928起，死亡2342人，同比减少320起、357人，分别下降14.2%和13.2%。但是，非煤矿山安全生产形势仍然不容乐观，2005年连续发生多起恶性坍塌、透水、中毒等事故。为此，国家安全生产监督管理总局仍然坚持要继续进行安全生产整治活动，进一步强调“对已关闭、吊销证照的矿山，要注意跟踪检查，防止死灰复燃；对已取得安全生产许可证的矿山，要实行动态管理，加强日常监督检查。”①

① 国家安全生产监督管理总局：《关于近期非煤矿山及冶金行业事故的通报》，2006年1月25日。

（二）非煤矿山安全生产监管的主要问题

1. 基层监管力量薄弱，无证和非法开采问题严重。受矿产品价格上涨带来的巨大利益驱动，目前一些地区无证违法开采、以采代探，一些企业违规开采等行为还比较严重。由于政府职能调整，在安全生产方面，行业管理弱化，安全监管责任难以落到实处，一些过去好的安全管理制度和措施被破坏，尤其是基层监管薄弱。比如，重庆70%以上的事故发生在县乡这一层面，80%以上的事故发生在小矿山中。一些地方县乡安监机构不健全，监管力量普遍不足。特别是由于乡镇这一级没有执法权，但又承担安全监管责任，责权不统一，一线监管责任难以到位。安全生产管理涉及的部门众多，条块机构重叠，职能交叉。目前，职责不明、多头管理、政出多门、力量分散的现状，仅靠联合执法难以改变。另外，由于行业和地域差异大，安全生产控制指标体系和考核体系不健全。众多重特大事故的发生，表明一些地方和企业的责任制得不到认真贯彻落实，使政策法令"空转"。另外，一些地方官员在矿山领域参股办矿、经营、收受贿赂等问题对安全生产造成严重影响。①

2. 安全生产许可证与采矿许可证期限不一致产生的问题。国家安监总局在《关于已申请安全生产许可证的非煤矿山整改和颁证有关问题的通知》中要求：对于采矿许可证的期限少于三年的情况，安全生产许可证的有效期限原则上应与其保持统一期限。一些地区反映，采矿许可证期限普遍少于三年，少数矿山采矿许可证期限少于半年。甚至因采矿许可证期限太短，导致不少矿山企业在申报安全生产许可证时采矿许可证尚在有效期限内，当安全生产许可审查合格决定颁证时采矿许可证已到期。此外，由于国土资源管理部门对矿山企业应缴纳税

① 肖健康：《安全生产的深层次问题及对策》，《调查研究》，2006年第4期。

费进行调整等原因，矿山企业在采矿许可证到期办理延期（或换证）后，新的采矿许可证上注明的生产规模与延期（或换证）前不一致。这些都给安监部门的安全生产许可颁证工作带来很大不便。若安全生产许可证的期限与采矿许可证保持一致，一方面使得安监部门的工作十分被动，另一方面给矿山企业带来很大负担；反之，若不与其保持一致，则因采矿许可证变动频繁，国土资源管理部门未能将有关情况及时通报给安监部门，这又给安全生产许可证的日常监管带来很大难度。①

3. 矿山安全评价质量不实的问题。在对由安全评价机构出具的安全评价报告进行审查时发现，少数评价报告的质量较差，主要表现在以下五个方面：一是针对性不强，不同类型的评价报告内容大同小异；同类评价报告千篇一律，针对性和可操作性不强，重点不突出，特别是提出的安全对策措施和建议上没有针对性；二是对矿山的工程地质、水文地质条件调查得不够透彻，缺乏具体详细的数据表述；对矿山现状和周边环境了解得不够仔细，泛泛而谈；三是个别评价报告反映的情况与矿山现场不符合；四是评价报告的结论意见模棱两可，安监部门很难将其作为是否可以颁证的依据；五是评价提出的整改意见落实情况确认意见不真实、不确切。②

4. 安全评价和许可证审查颁证责任不清的问题。矿山企业申办安全生产许可证须经过安全评价，并经安全评价机构对其隐患整改意见落实情况进行确认；又经过当地安全监管部门的初步审查和上级安监部门的发证审查，对审查中发现的隐患督促整改，由当地安监部门确认整改到位后才能颁证。通过这么多道程序，似乎能够层层把关，但是每个关口应负的责任不明确，一旦出了事故，每道关究竟要负什么责任，负多大责

① 董国庆、叶五岳：《矿山安全生产许可证监管工作的思考与对策》，《调查研究》，2007 年第 8 期。

② 董国庆、叶五岳：《矿山安全生产许可证监管工作的思考与对策》，《调查研究》，2007 年第 8 期。

任，都难以界定。[①]

（三）进一步加强非煤矿山安全生产监管的对策建议

1. 推动和规范基层监管机构建设。针对非煤矿山点多面广、事故多发的形势，很有必须强化基层安全监管机构和队伍建设。加强和规范基层包括非煤矿山在内的安全监管机构建设对于确保国家安全生产政策落到实处是十分重要的。这方面，可以借鉴的例子有：（1）山东省2004年初出台了《关于进一步加强安全生产工作的决定》，明确规定“安全生产监管任务较重的市、县（市、区）年内要建立安全生产监察大队，其他县（市、区）也要在3年内全部建立”，并把各级安全执法监察队伍建设作为政府专项督察内容，强力推动。（2）四川省犍为县石溪镇通过建立“三长”、“一岗双责”以及“包保”责任制，推动了各相关部门通力合作、齐抓共管，在全镇形成了“抓发展必须抓安全，机关干部人人都是安全员”的良好氛围。一是建立了“三长”责任制。镇长、村主任、安全联组组长分别对镇、村和行业安全生产管理工作负责，并规定了“三长”的具体安全管理职责。“三长”责任制的实行，明确了镇及各行政村“一把手”的安全生产责任。二是推行了“一岗双责”制度。明确了“谁主管，谁负责；管生产、管行业，必须管安全”的原则，规定了班子副职对分管业务范围内的安全生产工作负责，部门干部对行业范围内的安全生产工作负责，抓发展必须抓安全。三是建立了“包保”责任制。按片明确安全生产负责人，全镇划分为农村三大片，集镇一大片，分别由4名镇副职领导负责包片；行政村（社区）又按村民小组分片，由村干部负责实行包片。

① 董国庆、叶五岳：《矿山安全生产许可证监管工作的思考与对策》，《调查研究》，2007年第8期。

2. 进一步落实安全主体责任。一是落实企业安全主体责任。通过严格执法，加大法规标准的宣传和贯彻力度，促使矿山企业依法组织生产，强化安全管理，设置相应的安全管理机构和配备专业技术人员，加强对从业人员的安全意识教育和安全作业技能的培训，保证必须的资金投入，加大隐患排查和整改力度。要重点加强《金属非金属矿山安全规程》和《尾矿库安全技术规程》等法规的宣传、贯彻和培训，以及对安全费用提取和使用的监督检查。二是落实安全监管主体责任。加强各有关部门的协作，从非煤矿山开采的规划、立项、设计、施工、投产等环节上依法强化监管，实行综合治理。积极开展联合执法，坚决打击非法开采、破坏资源和污染环境的行为，不允许不具备安全生产条件的矿山继续违规生产。同时，要严格矿长、安全管理人员和特种作业人员的资格培训和考核，确保培训质量，避免走过场。

3. 加强对安全评价机构的监管。进一步规范安全评价的中介机构和评价人员的从业行为，各级安全监管部门要加大执法力度，依法加强监管。对出具虚假报告的评价中介机构要依法查处，严格按照国家有关规定对评价机构和评价人员进行考核管理；对那些评价水平低、质量差、考核不合格的评价机构，要按规定注销其资质，使其退出安全评价市场；对出具虚假证明材料、违反国家有关规定的评价人员，要注销其安全评价人员资格，并追究其责任。

4. 相关部门的行政许可应相互协调衔接。一个矿山企业需要办理许多行政许可证明。这些许可都是根据相关部门的法律法规和部门规章来设立的，程序繁杂，各自为政，各种证照的有效期限也不一致，相互之间不衔接。矿山企业为了能取得相关证照而疲于应付，相关行政部门在办理许可手续时也感到很不顺利，尤其是作为安全生产许可证前置的采矿许可证有效期限很短，给安全生产许可证的颁发和日常监管带来很大难度。建议国家安监总局与有关方面协调，修改相关法律法规和配套规范，使矿山各项行政许可工作能相互衔接。尤其是对采矿许可证的有效期应有明确的规定，应根据矿产资源的赋存条件、开采规模等情况合理设置，限制最短开采期限，以避免短期行为，也便于与安全生产等许可工作相衔接。

5. 开展矿山安全生产许可证年检工作。为能有效地监督矿山企业贯彻执行安全生产法律法规，始终保持安全生产条件，并且促进企业不断加强安全管理，提高安全水平，防止矿山企业取得许可证后放松管理，出现隐患，达不到安全生产条件，应对矿山安全生产许可证实行年检制度。为了对企业的安全生产条件有比较及时和全面的了解，应由有资质的机构对矿山作业安全条件和危险性较大的设备进行检测检验，安监部门根据检测机构提交的报告和对企业安全管理及事故情况的审查，确定是否通过年检。对于达不到安全生产条件，通不过年检的矿山企业，要予以限期整改、停产整顿，暂扣甚至吊销矿山安全生产许可证的处罚。建议国家安监总局在修改相关法规和规章时，设定矿山安全生产许可证年检和检测检验制度。

6. 进一步发挥社会制约机制作用，形成监管合力。

（1）发挥从业人员的监督作用。矿山要保障从业人员对安全生产的知情权、参与权和监督权，切实维护从业人员的合法权益。要建立和落实特聘安全群众监督员制度，为群众监督员履行职责创造必要的工作条件，充分发挥群众监督员的安全生产现场监督作用。

（2）党政工团齐抓共管。国有大中型矿山要充分发挥企业党组织、工会、共青团和职工代表大会在企业安全生产的作用，营造党政工团齐抓共管的良好氛围。

（3）加强社会监督。鼓励和支持群众及媒体举报矿山违法违规生产、重大安全隐患和瞒报伤亡事故等行为。大力宣传非煤矿山安全基础管理的先进典型和经验，对典型事故案例和严重违法违纪行为，要在媒体曝光，接受社会监督。积极开展安全文化建设，努力营造加强基础管理、搞好安全生产的浓厚氛围。

五、建筑业的安全监管问题

（一）建筑业监管的政策体制框架

我国建筑行业的安全监管主要由行业主管部门——建设部负责，国家安全生产监督管理总局负责综合性监管。按照国务院三定方案确定的职能分工，在中央一级，建筑行业的监管由国务院多个部门分工完成，建设部是国务院建设行政主管部门，负责对房屋建筑和市政基础设施的监管，由有关业务司和建筑行业稽查办公室协作完成；交通、铁道、水利、国有资产管理等部门负责各自职权范围内的行业管理职责。国家安全生产监督管理总局承担综合性监管职责。省级、地市级建设行政主管部门也相应设立了建筑行业监管机构，由综合管理和专业监管两部分机构和人员组成；大部分省级、地市级建设行政主管部门都从事针对建设项目的直接监管，按照项目投资来源划分各自的监管领域。具体如图5-4所示。

目前，我国建筑业的行业管理体制正在向着综合化、专业化、规范化、信息化、与国际惯例接轨、监管事务联动等方向发展。目前建筑业的监管方法主要有审批、备案、报告等（见表5-1）。此外，行政主管部门定期和不定期地进行各类检查，如建筑市场检查、质量安全检查、法律法规实施情况检查、建立公众的检举、控告、投诉渠道等，都是政府采取的具体监管方法。对于建筑市场的违法违规问题，建设行政主管部门依据法律法规，进行相应的行政处罚和行政处分。由此可见，安全监管是建筑业诸多监管方面的一个。

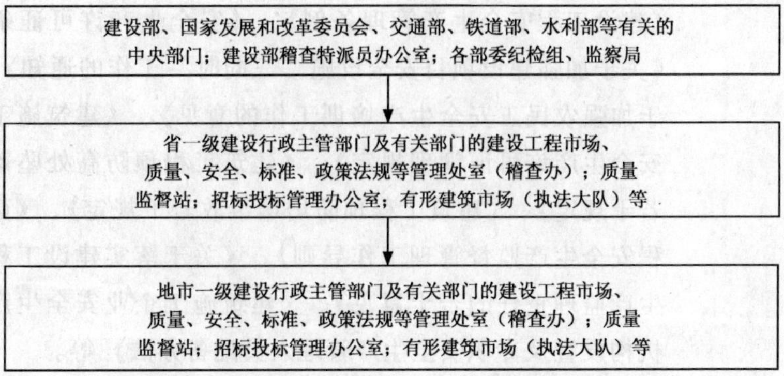

建设部、国家发展和改革委员会、交通部、铁道部、水利部等有关的中央部门；建设部稽查特派员办公室；各部委纪检组、监察局

↓

省一级建设行政主管部门及有关部门的建设工程市场、质量、安全、标准、政策法规等管理处室（稽查办）；质量监督站；招标投标管理办公室；有形建筑市场（执法大队）等

↓

地市一级建设行政主管部门及有关部门的建设工程市场、质量、安全、标准、政策法规等管理处室（稽查办）；质量监督站；招标投标管理办公室；有形建筑市场（执法大队）等

图 5－4　现行建筑活动及行业管理体制示意图

资料来源：国家信息中心中国经济信息网：《中国行业发展报告——建筑业》，中国经济出版社 2005 年版。

表 5－1　建筑业监管手段一览表（仅限于法律及国务院行政法规一级）

许可与审批	备　案	手　续
·建筑工程施工许可 ·建筑施工企业、勘察单位、设计单位和工程监理单位从业许可 ·从事建筑活动的专业技术人员从业许可 ·招标代理机构资格认定 ·考核质量监督机构 ·施工图设计文件审查 ·需要进行邀请招标的项目的审批 ·招标范围内的工程不进行施工招标的审批	·招标人确定中标人 15 日内，提供招投标情况的书面报告 ·建设单位自建设工程竣工验收合格之日起 15 日内将竣工验收报告及相关部门使用许可文件报建设行政主管部门及有关部门备案 ·质量事故发生后的 24 小时内有关单位向建设行政主管部门及有关部门报告	·工程质量监督手续 ·移交建设项目档案

资料来源：国家信息中心中国经济信息网：《中国行业发展报告——建筑业》，中国经济出版社 2005 年版。

（二）我国建筑行业加强安全生产监管的措施及存在的问题

1. 出台了一系列安全生产法律法规。鉴于安全生产的严峻形势和国家要求加强安全生产的要求，从 2002 年开始，国家比较密集地出台了一系列加强建筑业安全生产的法律法规，这在我国历史上是空前的。其中比较具有代表性的法律法规是：《国务院关于进一步加强安全生产工作的决定》、

《建设工程安全生产管理条例》、《安全生产许可证条例》、《关于加强建设项目安全设施“三同时”工作的通知》、《关于加强农民工安全生产培训工作的意见》、《建筑施工企业安全生产许可证管理规定》、《建筑工程预防高处坠落事故若干规定》、《建筑工程预防坍塌事故若干规定》、《建筑工程安全生产监督管理工作导则》、《关于落实建设工程安全生产监理责任的若干意见》、《建筑施工企业安全生产管理机构设置及专职安全生产管理人员配备办法》等。

(1) 发布了《关于加强建设项目安全设施“三同时”工作的通知》。2003 年 9 月国家发展改革委、国家安全生产监督管理局《关于加强建设项目安全设施“三同时”工作的通知》(发改投资［2003］1346 号)，要求凡新建、改建、扩建的建设项目，从可行性研究至竣工验收、投入生产和使用，都必须严格按照建设项目安全生产设施与主体工程同时设计、同时施工、同时投入生产和使用的要求进行建设与管理，安全设施投资应当纳入建设项目概算。

(2) 出台了《建设工程安全生产管理条例》。在安全生产监管方面，2003 年 11 月 12 日，国务院第 28 次常务会议通过了《建设工程安全生产管理条例》，自 2004 年 2 月 1 日起施行。根据该条例的规定，施工企业的安全生产条件应作为企业获取资质的必要条件。

(3) 出台了《建筑施工企业安全生产许可证管理规定》。规定国家对建筑施工企业实行安全生产许可制度，建筑施工企业未取得安全生产许可证的，不得从事建筑施工活动。建筑施工企业取得安全生产许可证，应当具备下列安全生产条件：①建立、健全安全生产责任制，制定完备的安全生产规章制度和操作规程；②保证本单位安全生产条件所需资金的投入；③设置安全生产管理机构，按照国家有关规定配备专职安全生产管理人员；④主要负责人、项目负责人、专职安全生产管理人员经建设主管部门或者其他有关部门考核合格；⑤特种作业人员经有关业务主管部门考核合格，取得特种作业操作资格证书；⑥管理人员和作业人员每年至少进行一次安全生产教育培训并考核合格；⑦依法参加工伤保险，依法为施工现场从事危险作业的人员办理意外伤害保险，为从业人员交纳保险费；⑧施工现场的办公、生活区及作业场所和安全防护用具、机械设备、施工机具及配件符合有关安全生产法律、法规、标准和规程的要求；⑨有职业危害防治措施，并为作业人员配备符合国家标准或者行业标准的安全防护用具和安全防护服装；⑩有对危险性较大的分部分项工程及施工现场易发生重大事故的部位、环节的预防、监控措施和应急预案；⑪有生产安全事故应急救援预案、应急救援组织或者应急救援人员，配备必要的应急救援器材、设备；⑫法律、法规规定的其他条件。

（4）发布了《建筑工程安全生产监督管理工作导则》。2005 年 10 月 13 日建设部发布《建筑工程安全生产监督管理工作导则》，就建筑工程安全生产监督管理制度、安全生产层级监督管理、对施工单位的安全生产监督管理、对监理单位的安全生产监督管理、对建设、勘察、设计和其他单位的安全生产监督管理、对施工现场的安全生产监督管理等进行了具体规定。比如，在建筑工程安全生产监督管理制度中规定，建设行政主管部门应当依照有关法律法规，针对有关责任主体和工程项目，健全完善以下安全生产监督管理制度：建筑施工企业安全生产许可证制度；建筑施工企业“三类人员”安全生产任职考核制度；建筑工程安全施工措施备案制度；建筑工程开工安全条件审查制度；施工现场特种作业人员持证上岗制度；施工起重机械使用登记制度；建筑工程生产安全事故应急救援制度；危及施工安全的工艺、设备、材料淘汰制度；法律法规规定的其他有关制度。与此同时，各地区建设行政主管部门可结合实际，在本级机关建立以下安全生产工作制度：建筑工程安全生产形势分析制度；

建筑工程安全生产联络员制度；建筑工程安全生产预警提示制度；建筑工程重大危险源公示和跟踪整改制度；建筑工程安全生产监管责任层级监督与重点地区监督检查制度；建筑工程安全重特大事故约谈制度；建筑工程安全生产监督执法人员培训考核制度；建筑工程安全监督管理档案评查制度；建筑工程安全生产信用监督和失信惩戒制度。

(5) 加强了对建筑工程监理单位的监管。按照《建筑工程安全生产监督管理工作导则》（建质［2005］184 号）及《关于落实建设工程安全生产监理责任的若干意见》（建市［2006］248 号）的有关要求，加强对监理单位监管，指导和督促工程监理单位落实安全生产监理责任，做好建设工程安全生产的监理工作。

2. 开展了建筑业安全生产专项整治活动。按照国务院召开的2006 年全国安全生产工作会议部署，在全国重点行业开展建筑施工安全专项整治工作。国务院安委会办公室组织建设部、交通部、铁道部、水利部、信息产业部和电监会的有关安全监管机构进行了认真研究，制定了《建筑施工安全专项整治工作方案》，决定自 2006 年 3 月至 12 月在房屋与市政工程建设、铁路工程建设、公路工程建设、电力工程建设、重点水利工程建设和通信工程建设等领域开展建筑施工安全专项整治工作。专项整治的目标是：通过专项整治，进一步加强建筑安全监管工作力度，完善建筑施工安全监管体制和机制；强化企业的责任主体，落实安全责任制；集中解决建筑施工安全管理中存在的突出问题，提高建筑施工安全生产的总体水平；进一步提高从业人员安全意识和防护自救能力；实现建筑施工坍塌、坠落等重、特大事故上升势头得到有效遏制、建筑业事故死亡人数较 2005 年总体下降 3%以上的目标。

各有关行业主管部门开展建筑施工安全专项整治工作的主要任务和措施是：①依法加强建筑施工安全的监督管理，

健全机构，完善机制，落实责任。②通过专项整治，对不符合安全生产条件的施工企业进行限期整改。对整改不合格的，由有关职能部门暂扣或吊销其安全生产许可证。③落实建设工程各方的安全生产主体责任，建立健全安全生产责任制。④指导、督促建设工程的各方责任主体，认真贯彻执行《安全生产法》、《建设工程安全生产管理条例》等法律法规。不断增强各级管理人员，特别是企业法定代表人、工程项目经理的安全意识，加强对农民工的安全教育和培训。要依据法律法规、标准规范组织施工活动，增强事故预防能力和应急处置能力，提高建筑施工企业本质安全水平。

3. 建筑业安全生产监管存在的主要问题。

（1）政府行业安全管理不到位，监管责任不落实。目前负责全国建设工程安全生产监督管理的建设行政主管部门，仅对建筑业中的房屋建筑和市政工程实施监督管理，而对其他各类建设工程的安全生产实施依法监管工作，尚未做到位；有关交通、铁道、水利、电力等行业主管部门在本职责范围内，对专业建设工程安全生产的监管职责界定不清，安全管理体系不健全，主体责任还未完全落实；安全监管部门的综合监管职责不明确，缺乏有效手段，其指导、协调和监督工作难度大；有些建设工程（如化工、冶金及开发区、工业园区建设等）的政府行业安全管理职责不明，行政监管主体缺失，建筑施工安全处于失控状态，存在管理盲区。

（2）企业主体责任不落实，安全基础管理薄弱。建筑施工安全生产涉及建设、施工、监理、设计、勘察等诸多责任主体，从历次安全检查特别是重特大建筑事故暴露出的问题看，有的施工企业安全生产规章制度流于形式，责任制未落到实处，安全生产管理机构和人员不到位，执行安全法规和标准规范意识差，“三违”现象时有发生；施工现场管理混乱，安全设施和劳动安全防护不到位，不少总承包企业对分包企业资质，特别是安全生产条件审核把关不严，违规分包现象严重；一些监理公司忽视对建设项目的安全监理，项目监理人员不认真履行安全监理职责的现象比较普遍；有的设计单位对执行安全标准和规范重视不够，造成有的工程存在安全设计缺陷等；有的建设单位存在过分依赖监理、施工单位，未发挥业主安全监督管理的作用。

（3）法规制度建设相对滞后，执法监督乏力。目前与建筑安全新形势、新任务要求相适应的安全法律法规和制度建设相对滞后。如（1997 年颁布的）现行《中华人民共和国建筑法》中关于建筑领域调整的范围和对象，特别是有关建设管理和责任主体各方的安全生产条件、安全生产许可、职责定位、行政处罚等方面的规定不明确或缺失，有的内容与有关法律法规不一致；有的建筑安全技术标准及规范已明显落后，特别是由于保障建筑施工安全投入的法律法规和经济政策缺乏强制性、可操作性，造成企业在招投标中，不规范竞争，为保证低价中标，压减应有的安全投入，埋下了大量事故隐患。执法监督不力，对逾期未申请安全生产许可证或整改不合格的建筑施工企业，未制定明确、有效的处罚规定和办法，从严执法不到位，动态监管不及时；此外，对存在重大安全隐患和发生事故的企业和责任人处罚力度不够等。

（4）农村建筑安全监管是空白，安全隐患问题突出。由于我国长期以来实行的是“城乡二元结构”的社会经济管理模式，有关行业职能部门对村镇建筑安全管理的重要性认识不足，重城市、轻村镇的现象在一些地方由来已久。不少村镇未设立相应的质量安全管理机构，已有的监管体系也大都只适用于城市地区，而忽视了对村镇建筑安全特别是农民建房施工安全的日常监管和技术指导，形成了对村镇建筑安全管理的“真空”。一是有关法律法规及制度适用范围过窄，安全管理未能覆盖所有村镇建设工程特别是农房建设。在现行的《建筑法》、《建设工程安全生产管理条例》、《建设工程质量管理条例》及相关制度规定中，明确规定将农村的建筑面积300平方米以下等部分建设工程特别是农民自建低层（三层以下）住宅的安全管理排除在外，不适用其规定。二是对村镇基层政府及有关职能部门建设工程安全管理的职责未作出明确规定。如有关法律法规仅赋予县级及以上人民政府建设行政主管部门或者有关部门的管理职责，而县级以下的乡镇人民政府、街道办事处以及村委会等对建筑安全生产管理的职责却没有规定。三是缺乏对村镇建筑安全管理和技术指导的专门法律法规及制度规定。这在一定程度上造成了村镇建设安全管理的职责不清、管理主体不明确、工作乏力、监管责任不落实等问题。

（三）进一步完善建筑业安全生产监管的政策措施

建筑施工安全工作是一个系统工程，涉及多个部门和方方面面的工作。从其特点看，点多面广，劳动密集，流动作业，层次较多，事故易发，属高危行业；从建设工程各方主体看，涉及建设、施工、监理，以及勘察、设计、设备供应等多个环节；从政府监管主体看，涉及建设、铁道、交通、水利、电监和安全生产监管等部门。综合各方面的情况，建筑安全监督管理方式应积极推进“四个转变”：一是由对单一部门管理转向对全行业统一监管；二是由治标为主转向标本兼治，重在治本；三是由施工现场的应急管理转向强化企业安全基础管理；四是工作重心由事后管理转向隐患治理和事故预防。为此，提出以下对策措施和建议：

1. 依法落实政府监管责任，加强建筑行业安全管理。政府是安全生产监管主体。政府及负有安全生产监督管理职责的有关部门，要认真贯彻执行《中华人民共和国安全生产法》、《建设工程安全生产管理条例》等法律法规，根据权、责统一的原则，依法全面落实政府安全监管责任。建设行政主管部门应对各类建设工程实施监督管理，对建筑行业安全生产工作负全责；铁道、交通、水利、电监等专业建设工程主管部门，应负责有关专业监管，并接受建设行政主管部门的指导、协调和监督；安全生产监督管理部门应对建设工程安全生产实施综合监管，指导、协调和监督各有关部门的安全管理工作。同时要进一步研究和明确、细化安全监管部门综合监管的职责定位，形成建设行政主管部门依法统一监管，各相关部门各司其职，各负其责，相互支持，密切配合，协调运转的建筑业安全生产管理格局和工作机制。

2. 强化安全基础管理，落实企业主体责任。企业是安全生产的责任主体。要按照《中华人民共和国安全生产法》、《建设工程安全生产管理条例》等法律法规的规定，落实企业安全生产责任制，制定完备的安全生产规章制度，设置独立的安全生产管理机构，配备专职安全管理人员，保障安全投入，把安全生产各项工作真正落实到位。特别是要落实企业法定代表人安全生产第一责任人的责任，将安全责任落实到每个班组、岗位、项目经理和施工人员。政府有关部门要强化对企业安全生产“第一责任人”履职尽职情况的监督和考核，促进企业主体责任落实到位。同时，要加强施工现场的生产管理、技术管理和劳动组织管理，严格按照安全生产法规、标准和规范进行施工作业，大力推进建筑企业安全质量标准化工作，打牢安全管理基础，确保施工企业本质安全。工程建设、监理、设计、勘察等单位要依法认真履行有关安全职责，并承担相应的法定责任，有关部门要加强监督检查，督促落实各方相关安全责任。

3. 研究和实施建筑安全生产的治本之策。标本兼治，重在治本，是实现安全生产长治久安的基本途径。一是要加强建筑安全管理法律、法规和行政规章及安全标准、规范的修订、制定工作。当前应加快《中华人民共和国建筑法》的修订工作，增加有关安全生产内容，特别是要明确建设行政主管部门对建筑活动实施统一监督管理的行政管理主体地位，明确其对建筑安全生产实施统一监督管理的职责；在从业资格和施工许可前置条件中应补充有关安全生产许可的规定；修订、完善“两个责任主体”安全职责、责任和行为等方面的内容；研究制定建筑施工企业违反安全生产法律法规的处罚办法等。二是研究制定建筑安全生产的经济政策。制定建筑施工企业安全生产费用提取、安全生产风险抵押金、意外伤害保险、工伤保险及建筑事故死亡、伤害的经济赔付标准和实施办法，发挥经济政策对建筑安全生产的引导和保障作用。

4. 认真开展建筑施工安全专项整治工作。有关部门要结合本部门、本行业建设工程的特点，按照职责分工，落实国务院安全生产委员会办公室印发的《建筑施工安全专项整治工作方案》提出的以预防坍塌、高处坠落事故为重点的专项整治总体目标和各项要求，细化实施方案，认真组织实施。各有关部门要加强领导，落实责任，强化监督，严格督查，相互配合，突出重点，务求实效。对整治中发现的问题，限期整改，消除事故隐患。对隐患严重或不符合安全生产条件的施工企业，责令停业整顿。对整改不合格的，应暂扣或吊销安全生产许可证，直至取消相关资质。通过专项整治，坚决遏制重特大坍塌、高处坠落事故以及隧道坍塌、透水、瓦斯爆炸、桥梁坍塌、塔吊坍塌、深基坑坍塌、高大棚架坍塌、拆除工程坍塌事故多发的势头，促进建筑安全生产形势的稳定，确保实现建筑业安全生产“十一五”规划目标。

5. 严格实施安全生产许可条例，强化日常动态监管。建筑施工企业安全生产许可制度是从源头强化政府安全生产监管、落实企业主体安全责任的重要手段。用足用好这一有力武器，必须狠下决心，严把建筑市场安全准入关。一是对逾期未取证的施工企业，依法责令退出建筑市场。对经整顿仍达不到安全生产颁证标准的建筑施工企业，要立即采取有效措施，严禁从事建设项目招投标、施工等任何建筑施工活动，坚决依法撤销其建筑资质证书，并向社会公布，强化社会监督。二是加强对持证施工企业的日常动态监管。进一步完善许可证日常动态监管制度和监管程序，实施许可证年检制度，对持证企业进行抽查和回检，加大对持证企业的监管力度。对安全生产条件发生重大变化、降低安全生产条件或发生事故的持证企业，必须重新审核安全生产条件，责令整改。同时针对不同情况，依法暂扣、吊销许可证，并进行经济处罚。三是要加强执法监督检查，对无安全生产许可证仍擅自进行建筑施工活动的企业，要依法严格处罚，清除出建筑市场，决不能放任自流。建设行政主管部门、安全生产监管部门和有关行业主管部门，应加强协调配合，推进联合执法，强化监督检查，确保法律的权威性。

6. 完善法律法规和监管制度，加强对农村建设工程的安全监管。完善法律法规，落实安全监管主体责任。应尽快制定、修订和完善村镇建筑安全管理的法律法规，依法加强监管。应尽快修订《中华人民共和国建筑法》、《建设工程安全生产管理条例》、《建设工程质量管理条例》等法律法规，把村镇建筑质量安全管理工作，特别是农民建房（包括三层以下的农民建房）纳入调整范围；研究制定加强村镇建筑安全管理专门的法律法规和办法，制定村镇建设工程安全管理条例（办法），明确县级人民政府行政主管部门、乡镇基层政府及办事机构的监管职责和责任，并赋予相应的管理手段，做到职责清晰、责任明确、权责统一。

建立健全监督管理体系，切实履行安全监管职责。从国家和地方层面研究和制定加强村镇建筑安全管理和技术指导服务的制度、措施和办法。一是要进一步理顺管理体制，加强安全管理体系建设，完善相关制度措施，建立健全政府统一领导，建设行政主管部门监管，相关部门协调配合，乡镇、街道办事处、村委会负责的村镇建筑安全监管机制，健全机构，配备相应的监管人员，加强基层队伍建设。二是根据农村特点，制定村镇建设工程从建设规划、招投标、开工许可、工程设计、施工、监理到竣工、验收等各个环节的安全管理制度和办法。三是实行登记备案和监督检查制度。由乡镇（街道）政府部门对参与农民建房的个体工匠实行申请登记备案制度。特别是村委会要加强对农民拆、建房的安全管理，与业主签订安全保证书等。在乡镇（街道）设专职或兼职农村建房质量安全员，专门负责质量安全管理，定期进行监督检查。四是对个体施工队伍实行资质管理，审查合格的方可承揽农房建设项目。五是对村镇规划区内的所有公共建筑及设施工程必须委托有相应资质的设计单位进行设计，由有资质的施工单位承建，并严格遵守工程监理、竣工验收制度。六是有关职能部门要加大监督检查力度，督促各地建立和落实农民住房选址意见书和开工许可制度，对不执行“一书一证”（村镇规划选址意见书、开工许可证）制度的，要采取措施，责令整改。

第六章

安全生产的投入保障

安全生产的实现要依靠资金、人员等各方面的投入作为保障。要提高安全生产的能力，必然要求有相应的投入。但是，安全生产的投入不仅仅是企业负担，不是不必要的成本，而是企业生产的必要保障，是对员工应尽的义务，是企业应该履行的社会责任，是企业持续发展的基础。

一、安全投入对安全生产的影响

企业安全投入是以提高企业安全水平和安全产出（收益）为主要目的，减少事故发生和企业财产损失，保障员工生命安全和健康而进行的一项预防性投入。对于什么是安全投入，有不同的定义和界定范围。有的学者认为，安全投入（成本）是指一国（包括部门、行业、企业等）为事先预防、控制事故发生而进行的资金投入。[①] 另外一些学者认为，安全投入、安全成本和安全投资具有密不可分的联系，安全投入是从安全产出的角度来表征安全经济活动，安全成本是从消耗的角度来表征安全经济活动，而安全投资是从资金运动的角度来表征安全经济活动的。理论上，企业的任何资源都可以货币化，在实际运作过程中三者的数量关系应当是相等的，故而可以用安全投入来描述安全生产的经济活动。[②] 有关安全投入最为宽泛的定义是：安全生产投入是指一国在企业生产经营活动的全过程中，为控制危险因素，消除事故隐患或危险源，提高作业安全系数，所投入的人力、物力、财力和时间等各种资源的总和。具体进一步分析，如图 6－1 所示，从安全生产投入的实施主体来定义，有狭义的安全生产投入和广义的安全生产投入之分。狭义的安全生产投入是指以企业为主体的安全生产投入。广义的安全生产投入则是在狭义的安全生产投入之上，增加以政府为主体的社会性安全生产投入。具体地说，狭义安全生产投入是指企业为控制危险源，消除事故隐患，提高作业安全系数，实现生产现场标准化，治理尘、毒危害，根治跑、冒、滴、漏，改善作业环境，实现环境标准化，强化安全教育，加大安全文化建设，提高安全文化素质，实现员工本质安全化而进行的投入，包括人力、物力、财力和时间等，其最终目的是为了保障生产经营活动的正常开展和员工生命安全，为企业创造一个正常的安全生产秩序和良好的作业环境，更好地实现企业经营战略。按照投入的用途和功能，将企业安全生产投入分为安全生产设备投入、日常安全生产管理投入、劳动防护与保健投入、安全生产宣传教育投入、应急救援系统投入、保险投入和事故投入等七大部分。由政府实施的安全生产投入包括安

① 汤凌霄、郭熙保：《我国现阶段矿难频发成因及其对策：基于安全投入的视角》，《中国工业经济》2006 年第 12 期。

② 陈全君：《煤炭企业安全投入及其指标体系的构建研究》，《中国煤炭》2005 年第 9 期。

全生产监管机构与人员投入、安全生产教育和培训投入、安全生产科技投入、财政直接投入与资助以及安全生产法规投入等。① 事实上，企业的投入可以划分为两类，即以增加生产为主要目的的生产性投入和以提高安全水平为主要目的的安全性投入。然而，在实际工作中，有时很难区分一项投入是生产性投入还是安全性投入。生产性投入和安全性投入都会带来生产和安全两方面的产出。作者认为，企业安全投入是以提高企业安全水平和安全产出（收益）为主要目的，减少事故发生和企业财产损失，保障员工生命安全和健康而进行的一项投资，预防性性投入是其主要的组成部分，但不限于预防性投入。从来源看，企业安全投入既可以来自于企业自身，也可以来自于企业外部如政府的补充投入，而安全产出（收益）也并不局限于企业内部，而是具有外部性。

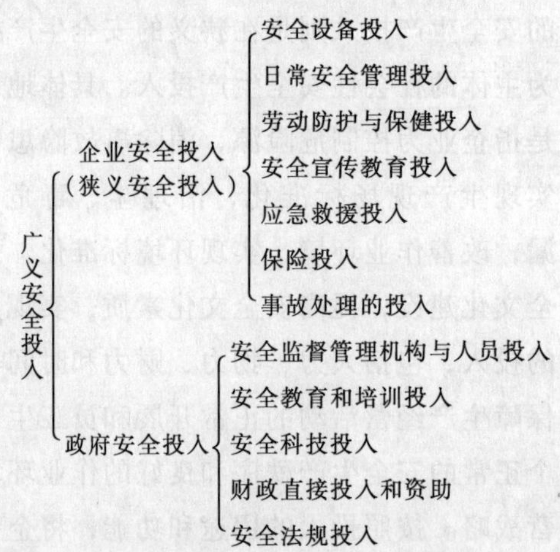

图 6－1　广义安全投入体系图

资料来源：罗仲伟、冯健：《安全生产投入研究》，《研究报告》2006 年第 2 期。

安全投入与收益有什么关系呢？根据“安全投入边际收益递减规律”和“安全投入的基本经济目的是使收益最大化”

① 罗仲伟、冯健：《安全生产投入研究》，《研究报告》2006 年第 2 期。

的原则，可以构建安全投入与安全收益的关系曲线，从中我们可以具体分析安全投入的收益问题。如图 6-2 所示，当安全投入量为 0 时，无安全或完全处于自然状态，安全收益为 0。一般地，安全投入量越大，安全度越高，安全收益随之增大。但在最低初始固定安全投入 A 之前，安全收益一直为 0。当安全度达到一定程度时，再增加安全投入，安全边际收益递减。在企业安全收益曲线与 45 度线相交的 C 点和 D 点（盈亏平衡点），安全投入成本与安全收益相等，净收益为 0。企业投入额介于 0—P_2 时，投入成本大于收益，净收益为负。但收益随投入增加而增加，且边际收益大于边际成本。投入额介于 P_2—P_3 时，收益大于成本，净收益为正。但在 E 点之后，收益随投入增加出现递减，使边际收益小于边际成本。在 E 点净收益最大，为企业最佳安全投入点。

相应地，社会安全收益也遵循边际收益递减规律和追求安全净收益最大化法则，但是由于安全损失负外部性的存在，社会安全收益曲线的边际收益往往大于企业安全收益曲线的边际收益，社会安全收益曲线在企业安全收益曲线之上。与企业安全收益曲线的净收益为 0 的点在 C 点和 D 点不同，社会安全收益曲线净收益为 0 的点则在 G 点和 H 点，也就是说，从社会角度看，在 P_1—P_4 之间的安全投入都能获得正的净收益，这个范围比企业合理安全投入范围 P_2—P_3 要广，换句话说，对于企业来说不是合理的安全投入，而从全社会角度看却可能是合理的。社会安全净收益最大点在 S 点（安全收益与安全投入的差额最大），它要求的最佳安全投入水平为 Ps，大于企业最佳安全投入点 Pe。一般地，存在 $|Ps - Pe| < |Bs - Be|$，因此，社会安全净收益大于企业安全净收益。

社会安全收益曲线与企业安全收益曲线之间关系取决于负外部性内部化的程度。安全生产事故所造成的外部性由企业承担的部分越大，那么企业安全收益曲线就会向上移动，与社会安全收益曲线越靠近，反之，则会向下移动，与社会安全收益曲线越远离。

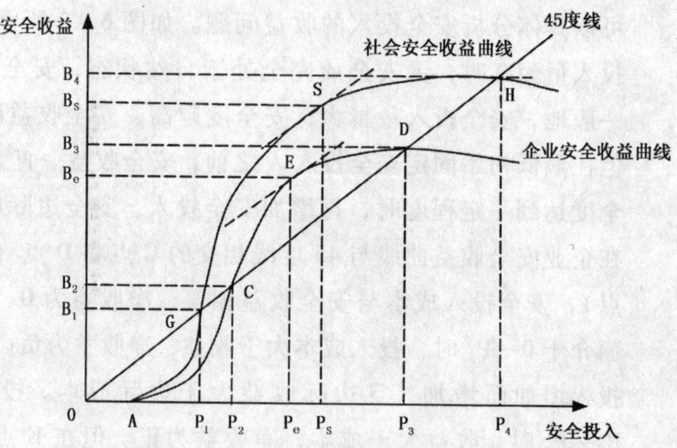

图 6-2　安全投入与安全收益的关系

资料来源：汤凌霄、郭熙保：《我国现阶段矿难频发成因及其对策：基于安全投入发视角》，《中国工业经济》2006 年第 12 期；郭朝先：《中国煤矿企业安全生产问题研究》，中国社会科学院研究生博士论文 2007 年，第 68 页。

根据上述分析，可以看出企业安全投入对安全生产有如下影响①：

1. 安全生产对安全投入具有最低“门槛”要求，没有基础性的安全投入，就不会有基本的安全生产保障。图 6-2 显示，在 A 点之前的安全投入并不会带来任何安全收益，这个 A 点就是安全投入的最低“门槛”。有时，这个门槛还很高。对于“门槛”的理解，一般认为是基础性的固定资产投入。它说明企业在实施安全投入时，必须先有一次性的、大量的基础性投入。比如，与瓦斯治理要求相匹配的安全生产系统，投入为上千万元。当许多中小煤矿不能以合理成本筹集这笔巨额资金时就尽可能地维持落后、简陋的生产方式。

2. 追求安全生产的经济效益需要巨额的安全投入。企业

① 参阅汤凌霄、郭熙保：《我国现阶段矿难频发成因及其对策：基于安全投入发视角》，《中国工业经济》2006 年第 12 期。

进行安全投入的目的是为了获得安全的经济效益，但是，为达到这个目的，所需的投入是巨大的。从图 6－2 中可以看出，企业不但要跃过最低“门槛”，还必须越过盈亏平衡点 P_2，然后才能有正的净收益，否则只能是负的净收益。巨额性的安全投入迫使许多企业选择放弃。比如，有些矿山采用机械化程度非常高的综采，有些采用机械化程度相对较低的高档普采，有些采用一般的普采。采用综采方法的安全保障程度相对较高，而采矿投入也相对较大，在其他条件大体相同的情况下，综采的百万吨死亡率明显低于普采。对于普采矿井来说，提高安全保障程度可供选择的方案之一就是转为综采，其安全投入无疑是十分高昂的，不仅包括综采设备费用，还要考虑废弃普采设备造成的损失。

3. 安全投入所产生的安全收益具有隐蔽性。理论上，安全收益由两部分构成：一部分是减损收益，即生产安全所避免的事故造成的损失，即伤亡、职业病、财产损失、危害事件的经济消耗损失减少量，也就是计算期内若无安全投入情况下的预期事故损失与有投入情况下实际事故损失之差。另一部分是增值收益，即安全投入改善劳动条件、创造良好的工作环境、提高劳动生产率，从而增加产值所产生的收益。其具体数值为安全的生产贡献率与生产值的乘积即安全投入在更新改造费中所占比例与生产值的乘积。生产投入形成产品，其价值容易计量。而安全依附于生产，无论是减损收益，还是增值收益，都不直接表现为产品因而难以单独地、及时地、直接地被观察和计量出来具有一定的隐蔽性，从而削弱安全投入的动机。

4. 安全投入所产生安全收益具有实现滞后性。从经营者或承包者期限看，我国煤炭资源开采中存在大量的承包、租赁和转包行为，国有企业经营者存在任期制等，都具有时限性，企业主或经营者本期的安全投入如果不能在其任期能实现收益，其结果就是不投入。从安全投入的设备看，尽管瓦斯检测器、瓦斯抽放设备、自救器、探放水设备等一投入就立即见效，但占安全投入比重较高的工程性投入（如执行“三同时”的安全设施投入）有明显的滞后性。即从投入到产生收益一般须经历投入无利期、微利期、持续强利期、利益萎缩期和失效期5个时期。在利润萎缩期和失效期还需要再投入。毫无疑问，收益实现的滞后性将影响投入的积极性。

5. 增加安全投入可以降低安全事故发生的概率，但短期内安全事故发生具有偶然性，高安全投入不一定能够使安全生产事故降低到零。尽管从全行业长期来看，安全投入不足必将导致事故发生，且投入越低事故发生概率越高。但就单个企业而言，短期内安全事故的发生具有偶然性，这将导致安全损失的偶然性，从而引起减损收益大小的不确定性，使得安全投入与安全事故的关系在一定程度上具有模糊性。因此，它容易使独立决策的企业在安全投入上产生侥幸心理和“惜投”行为。

6. 安全投入具有外部性。外部性指的是某经济个体的行为影响其他个体，却没有为之承担应有的成本或没有获取相应报酬的现象。当前我国矿难处理中现实存在的“企业肇事，政府埋单，受害者承受极度损失和痛苦”的“潜规则”，使企业对矿难承担的责任有限，“事故成本”很低。若短期内加大安全投入反而会增加生产成本，降低企业经济效益，故客观上容易助长“理性经济人”的“惜投”行为。由于上述原因，逻辑上必使企业为节约成本而在安全生产活动中进行“投机取巧”，在安全投入上“过分节约”。这些行为将使企业所提供的安全水平偏离社会所要求的最优均衡点。

二、我国安全投入保障方面存在的问题

1. 安全投入总水平不足。据原国家安全生产监督管理局2003年主持鉴定的“安全生产与经济发展关系研究”课题调

查结果显示，20世纪90年代我国企业安全生产投入量有一定的增长，但其增长速度远不及GDP的增长速度；同时，安全投入占GDP的比重（相对量）以3.8%的速度下降。这与同期我国GDP每年以8%左右的速度增长极不相称。我国20世纪90年代企业平均的安全总投入（包括安全措施经费、劳动防护用品等）占GDP的比重为0.703%，不到1%，而发达国家的安全投入一般占GDP的3%。而事故带来的经济损失最保守的估计应占GDP的1%—2.5%。在人均安全投入方面，用万人投入率比较，美国是我国的3倍，英国是我国的5倍，日本是我国的3倍多（见表6-1）。[①] 显然，事故隐患问题严重、事故居高不下，主要原因之一是由于我国的安全投入不足。

表6-1　我国安全生产投入与发达国家的比较

国　家	职工死亡率（10万人死亡率）	平均投入（万美元/万人）
中国	9.8	68.98
美国	3.2	212.9
英国	0.7	316.5
日本	3.3	251.7

资料来源：罗云、黄毅：《中国安全生产发展战略——论安全生产保障五要素》，化学工业出版社2005年版。

我国安全投入总量不足，原因是多方面的。考虑到企业通常是一个国家安全生产投入的主体，企业安全投入不足，除了安全投入本身具有许多不利的特征外（由其经济学特性决定），最根本的原因是长期以来我国并没有采取有足够力度的措施，使得企业安全生产事故外部性内部化。

在市场经济体制下，随着现代企业制度的建立，企业成为市场经济的主体，有了自主决策权、生产经营权，自负盈亏。但由于相关法律体系尚不健全，国家行政执法机构的监管尚未

① 罗云、黄毅：《中国安全生产发展战略——论安全生产保障五要素》，化学工业出版社2005年版。

覆盖到所有企业，存在大面积的监管空白，导致法律强制约束力不足。某些地方政府出于本地经济发展的考虑，经常干涉执法机构的安全执法，使有关执法部门执法时心存顾虑，难以对安全投入严重不足的企业实施处罚。与此同时，对从业人员伤亡事故的赔偿金额也非常低，这使得企业经营者违反安全生产规定的成本很低。一些企业老板变相抵制安全监察执法，出钱雇人当法人代表、厂长经理，以求在发生事故时有"替身"代己受过坐牢，达到逃避法律责任的目的。另外劳动者个体的弱势地位也导致企业管理者漠视安全投入。在就业压力下，从业人员为了保住工作，虽有安全意识，但面对企业在安全生产方面的违法违纪行为，往往忍气吞声，委曲求全，敢怒不敢言。一旦发生事故，一些企业采取的都是不报、瞒报、漏报，赔付给受害者很少的钱，这进一步降低了企业违反安全生产的成本。上述种种原因导致违反安全生产所产生的外部性问题难以内部化，相当多企业的老板要钱不要（工人的）命，在不具备基本的安全生产条件下，违法生产，导致安全事故频频发生。

2. 安全生产教育投入严重不足。从业人员素质普遍偏低。由于全社会安全文化氛围不良，安全教育的普及化差，安全科普水平低，使我国全民安全素质偏低，企业从业人员普遍呈现技术水平低、人员素质差、生产效率低的情况。特别严重的是越是高危行业的从业人员，素质越差。以煤矿为例，大型现代化煤炭企业拥有大学本科以上学历的人数占职工总数平均值仅为2.93%，而采用纯炮采方式生产的普通煤炭企业，拥有大学本科以上学历的人数占职工总数平均值的比重就更低，只有1.85%。[①]

专业安全人员队伍的整体素质有待提高。我国的安全工程

① 罗云、黄毅：《中国安全生产发展战略——论安全生产保障五要素》，化学工业出版社2005年版。

专业学历教育晚于发达国家约20年。在很长一段时期，安全技术人员没有法定的社会地位，直到1997年发布了《中高级安全工程师评审条例》才有所改观，但由于在此之后国家安全管理体制处于不稳定期，推行安全工程师制度非常迟缓。2003年国家出台了注册安全工程师执业资格制度，期望这种情况在未来时期有所进步。据原中国劳动保护科学技术学会的调查，我国20世纪90年代安全专业人员的平均专业年龄仅为5年，说明安全生产领域专业人员的不稳定性。这就导致我国职业安全监察人员的素质不高，法制观念不强，执法不严，执法不规范及执法水平低的情况；在企业从事安全生产管理和技术的人员思想不稳定，没有事业前途，管理和技术水平低。

职业安全技术培训质量不高。长期以来，我国各行业管理部门与企业都建立了比较完整的职业安全技术培训体系，为全国企业和管理机构培训了大批人员，对改善我国的企业安全状况起到了重要的作用。但近年来，随着国家经济体制与管理体制改革的不断深化，以往计划经济管理体制下形成的一套培训模式已经越来越不能适应形势发展的需要，问题主要是：安全培训流于形式；安全培训内容脱离生产实际；安全培训师资力量逐渐老化；安全培训部门信息闭塞；乡镇企业人员缺乏基本的培训。

针对我国安全生产教育滑坡趋势，特别是农民工安全生产教育存在的诸多问题，2006年10月27日国家安全生产监督管理总局、国家煤矿安全监察局、教育部、劳动和社会保障部、建设部、农业部、中华全国总工会等七部委联合发布了《关于加强农民工安全生产培训工作的意见》（以下简称《意见》）。《意见》要求切实提高农民工特别是煤矿、非煤矿山、危险化学品、烟花爆竹、建筑等高危行业农民工自我安全保护的意识和能力，有效保障农民工生命财产安全，促进全国安全生产形势稳定好转。《意见》确定的工作目标是：到2010年，农民工安全生产培训制度体系更加完善；有关部门协调配合、企业自主负责的农民工安全生产培训机制初步形成；农民工安全生产培训机构、师资、教材建设进一步加强，培训质量显著提高；广大农民工自我安全保护的意识和能力明显增强。《意见》对于培训内容和培训时间等作了明确的规定，比如，煤矿、非煤矿山、危险化学品、烟花爆竹等高危行业的农民工首次岗前安全生产培训时间不得少于72学时，建筑行业的农民工首次岗前安全生产培训时间不得少于32学时，每年接受再培训时间不得少于20学时；其他行业农民工首次岗前安全生产培训时间不得少于24学时，每年接受再培训的时间不得少于8学时。对初中以下文化程度的农民工，培训前应根据工作需要进行文化课补习。《意见》还对拓宽经费渠道、加大培训投入提出了要求，各地有关部门在统筹安排使用中央财政用于解决农民工问题的专项资金时，要兼顾农民工安全生产教育培训，要积极争取地方财政对农民工安全生产培训的资金支持，广泛吸纳社会赞助资金，积极筹集培训经费。《意见》指出，根据《国务院关于大力推进职业教育改革与发展的决定》，一般企业按照职工工资总额的1.5%足额提取教育培训经费，从业人员技术要求高、培训任务重、经济效益较好的企业可按2.5%提取，列入成本开支。要保证经费专项用于职工特别是农民工的教育培训，严禁挪作他用。

3. 安全生产科技投入不足。我国安全生产形势严峻，事故高发的主要原因之一在于安全生产科技基础薄弱，安全技术滞后于生产技术的发展，安全科技不能为安全生产提供强有力的支撑和保障。安全科技的投入水平一方面是国家经济实力的体现，同时也是社会管理者意识的表现。安全生产科技工作作为以社会公益性为主导的事业，在我国其投入水平与国外相比存在巨大差距。比如，美国用于职业安全与健康的资金投入最多，其中用于职业安全与健康科研的经费投入也最多，以2002年为例，美国联邦政府预算中直接分配给国家职业安全研究院和事故伤害预防与控制中心的经费为4.1亿美元（据

2002 年美国联邦财政预算报告）。相比而言，我国“十五”期间国家科技攻关经费中直接用于安全方面的经费大约为 8155.7 万元人民币，每年平均仅 1631.14 万元人民币，若折合成美元则仅有 197.24 万美元/年（美元换算率按当时的 8.27 计）。若与美国相比，则 2002 年仅美国国家职业安全研究院和事故伤害预防与控制中心每年的政府预算科研经费就是我国安全科研经费的 207.87 倍，而美国的 GDP 总量是我国的 10 倍。长期以来，由于领导者重视程度不够和全社会安全生产意识淡薄，安全科技投入严重不足，与国外安全科技水平的差距越来越大，主要表现在：一是安全生产科学理论落后。到目前为止，安全科学的学科性质、研究对象、研究范畴还没有统一的认识，与相关学科和专业关系还没有理清，在高层次的科学研究领域安全科学还没有纳入到资助的范围；二是危险源辨识、风险分析和风险评估技术应用程度低。缺乏适合于我国国情的检验检测、安全评估、寿命预测技术和基础数据库，造成各类潜在危险的大量存在，缺乏有效预控手段；三是安全检测、危险源监测和灾害事故预警机制尚未建立。发达国家已有先进技术对关键装备、大型承压设备和危险装置进行在线检测，对埋地燃气管道腐蚀与泄漏实施不开挖在线检测监测，但我国在这方面的研究刚刚起步或基本上是空白；四是风险控制和灾害事故防治技术还不成熟。在针对危害识别和风险评价所提出的危险、事故隐患，采用先进的防治技术进行有效的风险控制方面和研究重大突变事故的预防措施方面，研究远远不够，要形成体系还需要相当长的时间；五是应急救援技术能力还比较差，无论是在危险化学品应急救援方面，还是在特种设备应急救援方面，以及在矿山、交通、建筑、电力供应等方面，普遍存在着对重大突发性灾害应急预案缺乏深入的研究，很难有效实施；六是事故调查分析处理技术还不完善，在事故调查分析的组织、目的、程序以及相关的技术手段等方面与国外差距很大；七是安全技术标准体系需要不断完善。安全技术标准缺口大、已有标准的科技含量低，大多缺少详细的安全技术设计要求；八是安全信息管理技术需要加强和提高。①

4. 作为软件的法律法规体系、技术规范投入力度不够。发达国家普遍重视安全的法律法规体系、技术规范等安全生产软件方面的制度建设。比如，美国《职业安全与健康法》特别强调制定安全与健康标准，它是美国职业安全与健康监督管理工作的基础和核心。美国职业安全与健康监督局负责组织制定的标准包括4大类：一般工业标准、建筑业标准、农业标准、海运业标准，并随着经济发展和技术进步不断进行修订和简化。近20年，由于部分标准已不再适用于保护工人的安全与健康，有900多项被予以废止，如防火、电器标准，其篇幅由25万字减少到1.5万字，这说明职业安全与健康标准在不断改进和完善。②

安全生产法律法规体系建设是一项艰巨、漫长的工作，每一个法律法规和标准的制定，都需要大量的调查、实验、试验等研究工作，只有在大量研究的基础上，才能制定出适合国情的安全生产法律法规和标准。我国由于对安全生产法律法规和标准研究不够，使得很多安全生产法律法规还停留在原劳动保护法规的计划经济模式下，原则性较强，操作性较差。如在矿山安全生产的设计、生产过程、安全生产的监督、检查和评价等停留在定性的原则条款方面，技术层面的可操作性差，缺乏量化的技术指标。

5. 国家安全生产监察力量投入不足。安全监察需要投入大量的人力、物力才能够取得应有的监督检查效果。从表6－2提供的数据看，我国安全监察人员的万人（职工）配备率是相当低的，只有0.2，而美国是我国的10余倍、英国是我国

① 参见罗云、黄毅：《中国安全生产发展战略——论安全生产保障五要素》，化学工业出版社2005年版。

② 参见王显政主编：《完善我国安全生产监督管理体系研究》，煤炭工业出版社2005年版。

的22倍、日本是我国的7倍、德国是我国的16倍、意大利是我国的6倍。这种状况使得很多不符合安全生产条件的企业得以继续存在，导致我国事故发生率和职工死亡率居高不下。如果以我国目前从业人数约2.4亿人计，则按英国的水平，我国应有监察人员10万多人；按德国水平应有8万多人；按美国水平应有5万多人；按日本水平应有3.5万人；按意大利水平应有3万多人。这样，若要达到发达国家的较低水平，我国的专职安全监察人数至少需配备3万人。与此同时，工业发达国家的安全监察机构经费比较充足，保证了安全监察机构的正常运转。而我国安全监察经费相对比较匮乏，使得一些必要的安全监察工作难以开展，甚至出现利用安全监察的"特权"谋取"好处费"的问题。

表6－2　　　我国安全生产监察力量与发达国家的比较

国　家	安全监察人数（人）	职工人数（人）	万名职工中的监察人数（人）	职工死亡率（10万人死亡率）
中国	6200	16259.6	0.2	9.8
美国	8000	3897.1	2.1	3.2
英国	4000	884.7	4.5	0.7
日本	3500	25825.2	1.4	3.3
德国	4960	1422.8	3.5	2.8
意大利	1250	932.9	1.3	5.5

资料来源：罗云、黄毅：《中国安全生产发展战略——论安全生产保障五要素》，化学工业出版社2005年版。

三、煤炭生产的安全投入分析：以维简费为例

总体上说，我国煤矿安全投入欠账非常严重。煤炭工业协会在一份研究报告中指出，规模以上煤矿安全投入欠账多达

317.03亿元，吨煤欠账38.38元，其中，国有重点煤矿欠账191.61亿元，吨煤欠账52.96元；推算全国煤矿安全投入欠账534.77亿元，其中，国有重点煤矿安全投入欠账376.88亿元（表6－3）。根据百名专家2005年对45户重点监控煤矿企业调查分析，仅国有重点煤矿安全投入欠账就高达689亿元。比如，国有重点煤矿需要补掘通风巷道超过47万米，扩修巷道超过41万米；地方国有煤矿和乡镇煤矿通风系统中，通风机老化，效率低下，系统不合理，通风断面小，通风能力不足等问题较为突出。国有重点煤矿尚需增补地面抽采系统228套，井下抽采系统285套；地方国有煤矿只有18.5%的高瓦斯矿井装备了瓦斯抽采系统；乡镇煤矿的高瓦斯矿井与瓦斯突出矿井中多数没有装备瓦斯抽采系统。有水害威胁的乡镇煤矿中，有近10%的矿井没有井下水仓，有13.4%的矿井没有排水能力或排水能力不足，有31.53%的矿井水仓容量不符合煤矿安全规程要求，只有32%的矿井装备了探放水设备。国有重点煤矿尚需增补自然发火预测预报系统105套，灌浆系统205套，注氮系统145套；地方国有煤矿和乡镇煤矿的防灭火系统多数不健全、不完善。在国有重点煤矿中，部分矿井安全监测仪器、仪表配备不足；部分矿井监控系统装备不全、功能落后，设备严重老化或者带病运转，未实现自动调校；地方国有煤矿和乡镇煤矿安全装备水平较低，有的根本不具备防灾能力；乡镇煤矿氧气检测仪、CO检测仪配备每处矿井平均不到一台；相当比例的乡镇煤矿自救器不足或没有配备自救器；多数小煤矿仍使用落后的电气设备，电气安全防爆性能差，失爆率高。①

---

① 国家安全生产监督管理总局、国家煤矿安全监察局：《煤矿安全生产“十一五”规划（草案）》，2006年4月。

表 6－3　　　　煤矿企业安全欠账分析表

	安全欠账（万元）		2002 年产量（万吨）		吨煤安全欠账（元/吨）	
	被调查单位合计	其中：国有重点煤矿	被调查单位合计	其中：国有重点煤矿	被调查单位合计	其中：国有重点煤矿
被调查单位合计	3170333	1916085	82608	36178	38.38	52.96
其中：一通三防	993368	720067	—	—	12.03	19.9
防治水	180501	99111	—	—	2.19	2.74
顶板管理	500649	379393	—	—	6.06	10.49
机电运输	747156	336565	—	—	9.04	9.3
安全保护措施	65380	23058	—	—	0.79	0.64
安全培训	61118	24220	—	—	0.74	0.67
其他	622160	333670	—	—	7.53	9.22
另外：因新规程而增加	341070	218691	—	—	4.13	6.06
推算全国	534.77	376.88	1393350	71163	—	—

资料来源：中国煤炭工业协会编著：《中国煤炭经济研究（2001—2004）》，煤炭工业出版社 2005 年版，第 760 页。

近年来，国家加大了煤矿安全投入的力度，确立了“企业负责、政府支持”的原则，形成国家、地方和企业共同增加煤矿安全投入的机制。2004 年，国家安排 22 亿元国债资金项目支持大中型国有煤矿安全改造。据报道，国家初步确定从 2005 年开始连续实施 3 年，每年安排 30 亿元国债资金支持国有重点煤矿治理事故隐患。在 2005 年国家安排的 30 亿元国债资金中，安排拨款补助资金 14 亿元，主要用于 45 户安全重点监控企业中经济较困难的煤矿；安排贷款贴息资金 16 亿元，用于支持煤矿安全改造贷款项目。在安排国债资金项目时，要求地方政府也要积极筹集资金。对国家安排的国债拨款项目，省级财政要安排配套资金，中央和地方财政的比例为：东部地区 1∶0.8，中部地区 1∶0.4（山西为 1∶0.2），西部地区和东北老工业基地 1∶0.2。据估计，通过连续 3 年的 90 亿元国债资金可以带动补上 500 多亿元的历史欠账。从 2005 年起，通过多渠道筹集资金，争取用 2—3 年的时间，基本完成煤矿安全技术改造任务，使煤矿安全生产条件得到明显改善，有效控制特别重大瓦斯事故。

但是，煤矿企业安全投入不足问题仍没有彻底解决。下面我们以维持简单再生产费用为例来具体分析我国煤炭行业的安全生产投入不足问题。

长期以来，我国煤矿生产安全投入的主要来源有三个方面，一是企业在成本中提取的维持简单再生产费用（简称维简费）中开支，二是直接在成本费用中列支，三是财政支持。主要来源是维简费。[①] 只是到了 2004 年财政部等三部委颁布《关于印发〈煤炭生产安全费用提取和使用管理办法〉和〈关于规范煤矿维简费管理问题的若干规定〉的通知》（财建［2004］119 号）时，煤炭生产企业的安全费用才单独从煤炭生产成本中提取。本处主要考察我国煤矿企业的维简费提取和使用情况。

20 世纪 50 年代初期到 60 年代初期，我国国有煤矿的安全生产投入，大多数是在国家基本建设投资中列支。从 1965 年开始，经国务院批准，煤矿开始在成本中提取维持简单再生产资金，并将煤矿安全措施支出列入其开支范围。当年，煤矿维简费由投资、“四项费用”拨款（技术措施费用、劳动安全保护措施费用、新产品试制费用和零星固定资产购置费）、成本中预提三项来源构成，维简费合计为 4.18 元。开支范围包括：（1）立井和分水平（阶段）开采的，年产 21 万吨以上的斜井和平硐，在向下一水平延深时，需要开凿的主、副井筒及井底车场、主要水仓、水泵房、井下火药库和井底车场内的各种硐室工程；（2）矿井在开采水平内或延深用的为全矿井服

---

① 《财政部、国家发展改革委、国家煤矿安全监察局关于建立煤矿安全生产设施长效投入机制的请示》，《中国煤炭经济研究 2001—2004》，第 780—783 页。

务或为一翼服务的风井；（3）矿井新增或延深的注砂井、交通井；（4）露天矿的固定干线延长和相应地增加站房、信号站工程；（5）露天矿在岩层或煤层内开凿的贮水洞、永久排水坑和绞车道、风道、防水墙、硐室等工程；（6）以上矿井中露天的管、线、路工程和需要增加的设备及安装费用。

1967 年对维简费进行了较大的改革，固定资产停止计提折旧基金，四项费用不再拨款，生产矿井国家不再投资。维简费全部在煤炭成本中预提，提取标准为吨煤 1 元提高到 1.5 元。其构成为 1965 年定的“井巷工程基金”吨煤 1 元仍保留，四项费用拨款吨煤原为 0.38 元，财政部核定后为吨煤 0.5元，合计吨煤 1.5 元（其中吨煤 0.04 元用于煤矿机械制造厂，1.46元用于煤矿维持简单再生产）。这次改革，把煤炭工业生产矿井中的原由国家投资的吨煤 2.8 元取消了，改后煤炭企业维持简单再生产费用严重不足，出现了采掘失调、企业无法维持生产、巷道、设备失修越来越突出等问题。因此，从 1972 年起国家开始补助，而且补助金额逐年增加。1972—1976 年的 5 年中每年补助的金额为 2500 万元、1 亿元、1.02 亿元、1.8 亿元、3.5 亿元，5 年累计补助 7.57 亿元。尽管国家补助逐年增加，但维简费欠账却越来越多。

在这种情况下，原经煤炭工业部和财政部多次调查研究，考虑到国家财力限制，提出了逐步改革的方案。1974 年首先同意煤矿机械厂恢复计提折旧费用，不再吃煤矿的维简费。1977 年起从成本中提取的维简费由 1.5 元提高到 2 元，财政部按吨煤 0.5 元定量给予补助，由原煤炭工业部调剂使用。这两次改革，使维简费的标准由吨煤 1.46 元提高到 2.5 元，但仍未达到 1967 年以前的吨煤 4.18 元的水平。与此同时，根据 1976 年原煤炭工业部和财政部联合通知《煤炭工业企业更新改造资金提取标准和使用范围》，除对开拓延深工程及设备费用开支范围作了统一规定外，对维简费开支范围还作了以下规定：（1）单位价值在 15 万元以下（包括 15 万元）的设备购置、设备更新及其安装费用；本企业房屋建筑物固定资产重建和零星土建工程；民房拆迁到户以上的一般由更新改造资金解决，如有特殊情况，专案处理；（2）在原有固定资产基础上进行技术改造的技术措施费用、劳动安全保护措施费用；（3）生产地质勘探费用，试制新产品措施费用；（4）综舍利用，处理“三废”等措施费用；（5）职工住宅、学校校舍经省煤炭局批准可以适当增建一部分，使用额度要控制在职工住宅、校舍应计折旧额度以内，严禁修建楼、堂、馆、所。

20 世纪 80 年代初，由于对矿井的改造、挖潜、革新等力度加大，加上物价上涨因素，维简费更加不足。经中央财经领导小组决定，从 1981 年起，将统配煤矿的维简费由吨煤 2.5 元提高到 4 元，其中从成本中提取 2.75 元，财政部拨给 1.25 元（由煤炭工业部集中使用）。根据 1981 年原煤炭工业部《关于颁发〈煤矿维持简单再生产资金使用与管理办法〉的通知》（［1981］煤财字第 141 号），规定维简费中用于安全措施费用支出（包括工程支出和所需设备购置）在 0.3 元/吨左右。

1983 年，维简费由两个渠道解决改为三个渠道解决，即在原有基础上，增加价外向用户收取 2 元。吨煤维简费使用标准由 4 元增加到 6 元。这一段时间内维简费使用标准不断提高，但由于物价上涨，使用范围不断扩大，仍入不敷出。

从 1985 年起，固定资产恢复计提折旧，根据 1983 年测算的数据，吨煤负担折旧费 3.5 元，再从原煤成本中提取井巷工程基金 1.5 元，价外向用户收取 2 元，财政不再补助。三项来源合计吨煤维简费提高到 7 元。同时规定折旧费吨煤超过 3.5 元的部分与盈亏指标挂钩，如果盈亏指标有余力，可以留着维简费使用。如果完不成盈亏指标，要用超过 3.5 元的部分弥补。1985 年，原煤炭工业部、财政部《印发〈关于煤矿维持简单再生产资金管理的若干规定〉的通知》（［1985］煤财字第 312 号），对维简费使用范围再次做出规定。主要是：

(1) 用于维简费工程支出;(2) 直接用于费用支出;(3) 按规定弥补流动资金不足;(4) 转作应交能源基金和预算调节基金;(5) 弥补盈亏包干不足;(6) 罚款净支出;(7) 应交上级部分;(8) 转作其他基金;(9) 其他减少。

1989 年 7 月 1 日,井巷工程基金预算标准由吨煤 1.5 元提高到 2.5 元,由此,维简费使用标准达到吨煤 8 元。同时,为了维持综采产量,保证综采设备的更新,经国务院批准,从 1990 年起价外向用户收取吨煤 1 元的综采设备更新资金。同年 8 月 20 日起,在煤炭产品调价时,决定价外向用户加收吨煤 2 元,其中 1 元用于维简费,1 元用于建立开发基金。至此,吨煤维简费为 10 元。

1991 年 12 月,国家规定计划内统配煤炭综合售价平均吨煤提高 5 元,其中 2 元作为专项维简费,即 1 元用于治理瓦斯防尘,1 元用于塌陷危房改造、搬迁补助资金。这样维简费上升到吨煤 12 元。而根据《中国统配煤矿总公司关于两元专项维简费集中办法的通知》精神,“为了集中运筹、调剂余缺,更好地解决总公司系统内安全治理及塌陷搬迁工作。经研究今年集中部分资金。其中用于瓦斯煤尘防治的 1 元集中 70%,用于塌陷危房改造、搬迁补助的 1 元集中 50%。”

根据国务院国发[1992]37 号文件的规定,从 1992 年 7 月 1 日起,统配煤矿吨煤提价 10 元,并将以前价外征收的维简费、综采设备更新基金等专项基金,全部并入价内。《财政部关于统配煤矿提价后有关财务处理的通知》[(92)财工字第 380 号]规定:“对原价外征收的维简费并入价内后,其收入要全部纳入企业的销售收入核算,同时,再按吨煤应提取的维简费标准,在生产成本中列支。各地区统配煤矿列入成本的维简费标准如下:(1) 吨煤提取标准 6 元的地区:河北、山西、山东、安徽、江苏、河南、宁夏、甘肃、新疆、云南。(2) 吨煤提取标准 6.20 元的地区;东北内蒙古煤炭工业联合公司(包括:内蒙古东部、黑龙江、吉林、辽宁)。(3) 吨煤提取标准7元的地区：内蒙古西部三局一矿。（4）吨煤提取标准8元的地区：贵州、四川、陕西、湖南、江西、重庆、北京。”这说明，煤矿维简费标准有了大幅度下降。此后，一直到2004年5月21日《煤炭生产安全费用提取和使用管理办法》和《关于规范煤矿维简费管理问题的若干规定》出台，煤矿维简费标准基本上没有大的变动，其中出台的一些文件中提到维简费提取和使用管理问题，主要是重申应按规定提取和使用，不得少提和挪用的问题，至于标准本身没有大的变动。

至于地方国有煤矿和乡镇煤矿的维简费，则主要是参照国有重点煤矿的标准进行。比如，1995年煤炭工业部、财政部颁布的《乡镇煤矿维简费暂行管理办法》（煤办字［1995］第585号）规定：“乡镇煤矿维简费提取标准，有国有重点煤矿的省、自治区、直辖市参照国有重点煤矿的标准执行；没有国有重点煤矿的省、自治区、直辖市，按吨煤8.5元至10.5元执行。具体办法由省、自治区、直辖市煤炭工业主管部门会同同级财政主管部门核定。”同时规定“乡镇煤矿维简费用于安全技措费的比例不得低于30%”。“市、县煤炭工业主管部门可集中一定比例的维简费用于矿区安全生产公用工程；省、自治区、直辖市煤炭工业主管部门可集中少量维简费用于乡镇煤矿的新技术推广。煤炭工业主管部门集中使用的比例的总和不得超过25%。具体实施办法由各省、自治区、直辖市制定，报煤炭工业部备案”。

根据上述历年维简费提取标准和《中国煤炭工业统计资料汇编（1949—2004）》统计的实际提取情况，整理得到国有重点煤矿维简费提取标准与实际提取，如表6-4所示。

表6-4　1978年以来国有重点煤矿维简费提取标准与实际提取额

年　份	维简费提取标准（元/吨）	维简费实际提取额（元/吨）	同期物价指数	百万吨死亡率
1978	2.5	—	100	6.94

续表

年　份	维简费提取标准（元/吨）	维简费实际提取额（元/吨）	同期物价指数	百万吨死亡率
1979	2.5	—	102	6.1
1980	2.5	2.04	108.1	4.53
1981	4	2.69	110.7	5.2
1982	4	2.8	112.8	4.44
1983	6	2.85	114.5	4.51
1984	6	2.87	117.7	3.99
1985	7	5.35	128.1	3.84
1986	7	5.71	135.8	2.99
1987	7	5.91	145.7	2.57
1988	7	6.67	172.7	2.51
1989	7.5	5.32	203.4	1.73
1990	9	5.77	207.7	1.43
1991	10	6.56	213.7	1.06
1992	12	3.34	225.2	1.01
1993	7	6.8	254.9	1.11
1994	7	6.64	310.2	1.26
1995	7	6.74	356.1	1.16
1996	7	6.56	377.8	1.17
1997	7	6.41	380.8	1.42
1998	7	6.45	370.9	1.09
1999	7	5.51	359.8	1.01
2000	7	5.33	354.4	1.44
2001	7	5.62	351.6	1.21
2002	7	7.02	347	1.27
2003	7	7.08	346.7	1.1
2004	7	10.83	356.4	0.93

注：同期物价指数以商品零售价格总指数表示（1978年=100）。

资料来源：根据《中国煤炭工业统计资料汇编（1949—2004）》，《中国统计年鉴》各期，《中国煤炭志综合卷》等整理。

综合上面的信息，我国煤矿维简费有以下几个特点：第一，总是在入不敷出时才不得不考虑提高维简费提取标准，而在1993年之后，维简费提取标准被“冻结”了，这种状况远远不能满足煤炭企业对维简费的实际需求；第二，在大多数情况下，企业没有按照规定足额提取维简费，尤其是在煤炭行业效益欠佳时，企业要么少提或不提维简费，要么在账面上已经提足了维简费，但由于没有资金，实际投入非常少；第三，维简费提取标准和实际提取数额从表面上看是增加了，但往往赶不上同期物价上涨的速度，因此，提取的维简费数额实际上是下降的；第四，维简费支出的范围较广，很难保证用于企业安全方面的支出，用可能挪作它用，甚至用于弥补企业亏损，尽管国家不断发文修正维简费的使用范围，力争使其能够用于企业的设备更新改造，但很难落到实处；第五，长期的安全投入不足，必然影响到我国企业的安全生产。从维简费提取与百万吨死亡率关系基本上可以发现这样一个规律性现象：维简费提取少，则事故发生率就高，维简费提取多，则事故发生率低；维简费长期提取偏低，将导致安全生产事故频发，而维简费提取标准不断增加的时期，也是煤矿安全生产事故下降比较明显的时期；维简费对安全生产事故发生的影响具有一定的累积性和滞后性。

根据财政部经济建设司、中国煤炭工业协会的一项调研进行推算，仅国有重点煤矿1995—2001年就少提维简费32亿元（表6－5）。由此可知，在维简费本身就入不敷出且使用面较广，经常被集中使用或被挪作他用的情况下，煤矿企业用于安全生产方面的投入缺乏刚性约束，煤矿安全投入明显不具有持续性。

为改变这种不利于安全生产投入的局面，建立煤矿安全生产设施长效投入机制，经国务院批准，决定建立煤炭生产企业单独提取安全费用制度，同时规范煤矿维简费管理。财政部、国家发展改革委、国家煤矿安全监察局于2004年5月21日联合颁布了《煤炭生产安全费用提取和使用管理办法》和《关于规范煤矿维简费管理问题的若干规定》。将煤矿安全费用从维简费分离出来，单独提取和核算，专门确立了各自的使用范围，使煤矿安全投入的资金初步有了正式的渠道。历年煤矿维简费提取和安全费用提取标准见表6－6。

表6－5　　1995—2001年国有重点煤矿维简费提取情况

	1995年	1997年	1998年	1999年	2000年	2001年
计划提取（全国平均数）	7	7	7	7	7	7
实际提取（元/吨）	6.74	6.41	6.45	5.51	5.33	5.62
吨煤少提（元/吨）	0.26	0.59	0.55	1.49	1.67	1.38
原煤产量（万吨）	48228	52916	50349	51271	53574	61857
推算少提维简费（万元）	12539	31220	27692	76394	89469	85363

资料来源：《中国煤炭经济研究2001—2004》，煤炭工业出版社2005年版，第761页。

表6－6　　历年煤矿维简费提取和安全费用提取标准

年　份	维简费标准	安全费用标准
1965—1966年	4.18元/吨	包含在维简费中
1967—1971年	1.5元/吨	
1972—1976年	1.5元/吨＋财政补助	
1977—1980年	2.5元/吨	
1981—1982年	4元/吨	
1983—1984年	6元/吨	
1985—1989年上半年	7元/吨	
1989年下半年	8元/吨	
1990年初—8月20日	9元/吨	
1990年8月20日—1991年底	10元/吨	
1992年上半年	12元/吨［新增加部分（2元）以集中使用为主］	
1992年下半年—2004年5月20日	分地区从6元/吨至8元/吨不等	

续表

年　份	维简费标准	安全费用标准
2004 年 5 月 21 日—2005 年 3 月底	分地区从 8.5 元/吨至 10.5 元/吨不等（此前有规定的，按孰高原则执行）	按煤矿类型不同，分别提取 2 元/吨至 10 元/吨不等
2005 年 4 月 1 日至今		按煤矿类型不同，分别提取 3 元/吨至 15 元/吨不等

资料来源：根据《中国煤炭志·综合卷》、《中国煤炭经济研究 2001—2004》、《中国煤炭工业年鉴》等资料整理。

四、非煤矿山安全投入存在的问题与对策

（一）我国非煤矿山安全生产投入存在的问题

1. 虽然非煤矿山维简费提取标准几经变化，但提取总额仍然不足。和煤矿企业类似，非煤矿山企业中的固定资产更新、技术改造资金和安全费用等方面的支出均主要来自维简费，维简费提取的高低就成为影响矿山安全的主要因素之一。维简费是采掘行业按其行业固有的特点设立的一种特有基金，在财务上它是属于专项资金类。根据财政部、原冶金部 1981 年发布的《冶金矿山维持简单再生产资金使用和管理办法》规定，维简费使用范围如下：（1）生产矿山在不增加规模生产能力的基础上，为持续生产需要进行的开拓延深工程。（2）补充矿山消失的生产能力，延长矿山寿命需要在原有采区采取措施或在外围新建采区需要进行的工程。（3）为挖掘生产潜力，克服薄弱环节，综合利用资源，提高产品质量，降低原材料消耗，改善劳动条件，三废治理，消除安全隐患，保证安全生产和进行技术革新所需要的技术措施工程。（4）设备进行更新（超过设计规定使用年限的及不能继续使用的报

废设备）和生产工艺配套需要的设备补充。（5）生产地质勘探费用（用于矿量升级和进一步探清矿体边缘形态的补贴）。（6）职工宿舍、学校校舍等生活福利设施，经上级生产部门批准可以解决部分资金，但应当从严掌握。可见，安全生产投入隶属于维简费支出。但是，由于矿山企业效益不佳，当企业在一些开支项目无法列支时，就存在挪用维简资金的情况，也就会挤占安全投入的支出。尤其严重的是，长期以来我国矿山维简费提取标准偏低，往往滞后于实际需要，矿山的安全投入也就难以保证。下面是我国矿山维简费标准逐步演进的经过。

——1981 年财政部、原冶金部制定的《冶金矿山维持简单再生产费用使用和管理办法》规定，每吨铁矿石计提 3 元，一半由企业提取摊入成本，一半由国家补助。

——1984 年财政部、原冶金部在铁矿石销售价格提高的基础上提高了重点铁矿山维简费标准，每吨铁矿石由 3 元提高到 6 元，中央财政拨款 1 元，企业负担的 5 元计入生产成本。

——1990 年 6 月 6 日财政部、原冶金部《关于提高重点铁矿山维持简单再生产费用标准的通知》（［90］财工字第 234 号）规定：为解决重点铁矿山生产、建设严重滞后，维持简单再生产资金缺口较大等问题，决定适当调整重点铁矿山维持简单再生产费用提取标准。（1）将重点铁矿山维持简单再生产费用标准由每吨原矿提取 6.7 元提高到 10 元（其中原中央财政补贴 1 元的办法继续执行），增提部分全部进入企业生产成本。（2）地方中、小铁矿山维持简单再生产费用的标准是否提高，由各地自行决定。（3）维持简单再生产费用标准提高后，不能调整企业承包基数，不增加企业亏损补贴，全部由企业自行消化。增提的维持简单再生产费用也应按规定缴纳能源交通重点建设基金和预算调节基金。（4）各企业应严格按照《冶金矿山维持简单再生产资金使用和管理办法》（试行草案），从严掌握开支，专款专用，努力提高资金使用效果。该规定自 1990 年 5 月 1 日起执行。

——1991年5月4日财政部、中国有色金属工业总公司在《关于提高有色金属统配矿山维持简单再生产费用标准的通知》（［91］中色财字第379号）中规定：为了保证有色金属矿山持续生产，解决开拓延伸、技术改造、设备更新及治理安全隐患等维持简单再生产所必需的资金，决定提高有色金属统配矿山的维持简单再生产费用标准，具体标准如下：（1）坑内矿：铝、镍矿山和其他坑内矿山每吨矿石分别由9元提高到16元和13元；（2）露天矿：铝矿山和其他露天矿山每吨矿石分别由8.2元提高到16元和11元；（3）砂矿：海滨砂矿和其他砂矿每吨矿石分别由4元提高到5元和8元。提高后的每吨矿石维持简单再生产费用标准扣除1元后，其余部分由企业进入生产成本。地方中小有色金属矿山维持简单再生产费用的标准是否提高，由各地自行决定。标准提高后企业减少收入的部分，按企业隶属关系和现行财政体制分别由中央和地方财政负担。考虑到财政及企业的承受能力，增提部分，1991年按50%提取，1992年起按全额提取。该规定自1991年1月1日起执行。

——1992年原冶金部、财政部《关于提高重点石灰石矿矿山维持简单再生产费用标准的通知》（冶经［1992］312号）指出，为了解决石灰石矿山因采场逐年逐伸、原材料和设备价格上涨，致使维持简单再生产所需资金严重不足的问题，经研究，决定适当调整重点石灰石矿山维持简单再生产费用的提取标准，以加快矿山技术改造。（1）将冶金重点石灰石矿山维持简单再生产费用的提取标准由现在的每吨原矿2元提高到每吨原矿4元，增提部分计入企业生产成本（附重点石灰石矿山企业名单）。因增提维简费而增加的支出，由企业提高效益自行消化，不调整企业承包基数。（2）地方中小石灰石矿维持简单再生产费用的提取标准，请各省、自治区、直辖市自行决定。（3）各企业应严格按照《冶金矿山维持简单再生产资金使用和管理办法》（试行草案）的规定，从严掌握开支，专款专用，努力提高资金使用效果。该规定自1992年1月1日起执行。与此同时，1992年5月6日中国有色金属工业总公司、财政部《关于提高有色金属统配矿山石灰石维持简单再生产费用标准的通知》（［92］中色财字第0380号）指出：为保证有色金属矿山持续生产、补充矿山消失的生产能力、延长矿山寿命，解决开拓延伸、维持简单再生产所必需的资金，现决定适当调整郑州铝厂、山东铝厂、贵州铝厂及山西铝厂的石灰石维持简单再生产费用标准：每吨石灰石从2元提高到4元。增提的维简费由企业进入生产成本。地方中小有色金属石灰石矿山维持简单再生产费用的标准是否提高，由各地自行决定。该规定自1992年1月1日起执行。

——2004年12月22日财政部《关于提高冶金矿山维持简单再生产费用标准的通知》（财企［2004］324号）指出，为支持资源型产业的发展，解决冶金矿山维持简单再生产资金严重不足的问题，决定调整冶金矿山维持简单再生产费用提取标准。决定从2004年1月1日起，将冶金矿山维简费标准提高到每吨原矿提取15—18元。其中，国有大中型冶金矿山企业维简费标准为每吨18元，其他冶金矿山企业可根据自身条件在每吨15—18元的范围内自行确定提取标准。企业提取的维简费全部计入生产成本。

经过上述过程，尽管维简费提取标准不断提高，但与矿山企业的实际需要还有很大的距离。其中的存在的主要缺陷之一是安全费用没有从维简费中独立出来，导致矿山在安全生产方面的支出严重不足。造成安全投入严重不足的原因还有：大量非煤矿山的基本建设投资全部由国家拨款转为企业自行筹措资金建设，即利用国家开发银行贷款及其他借款方式；同时，由于资金来源的不同，国家确定的基本建设核算方式也有所变化，以及物价的变化，相同规模采选矿山所需固定资产投资规模不断增大，按20世纪90年代初期国家规定维简费标准计提的维简费已经不能回收初始投资，不足以维持矿山的简单再生产，更不能保证非煤矿山的安全生产；由于矿山开采延伸、扩帮、开拓、巷道工程一年比一年多，采剥（掘）比，也从1990年2:1上升到2.5:1，致使维简费支出逐年增多；直到2004年之前，绝大部分非煤矿山维简费标准已近15年未变，导致矿山维持简单再生产资金入不抵支，极度缺乏，工程投资欠账太多，严重威胁矿山安全生产与发展。由于维简费严重不足，现用设备不能及时更新，只能拼设备生产，造成维修费用高，安全隐患大，不仅影响矿山生产发展，也严重危害矿工生命安全。

2. 非煤矿山的安全生产科技落后。在矿山安全生产科学实践中，对矿山灾害的成因、发生规律、破坏程度和防治方法等已进行了卓有成效的研究，并取得了大量的研究成果，对解决矿山安全生产中的重大安全问题起到了决定性的作用，非煤矿山的安全科技工作有了较大的发展。在取得技术进步的同时，我国非煤矿山安全生产形势依然严峻，安全事故呈上升趋势，而非煤矿山安全科学技术进展缓慢，使得我国非煤矿山安全生产科学技术水平较低，安全生产科学技术发展严重滞后国民经济和社会发展，同时与发达国家的差距进一步扩大，尚不能为非煤矿山安全生产提供足够的支撑和保障。目前，安全科学技术工作中存在的主要问题是：

（1）科学技术整体水平不高。矿山安全科研机构与科研人员的装备水平和创新能力较差，一些影响非煤矿山重特大事故发生的本质——安全技术基础工作薄弱；造成重大事故隐患的一些技术关键长期以来没有得到有效解决；安全科技开发和新技术推广还没有形成产业化的系统与机制。对灾害的隐情、灾害的预测预报，灾害的诱发机制以及相应的灾害防治措施等没有进行系统而全面的调查研究，从而导致对我国矿山安全生产方面缺乏强有力的技术支持。与此同时，和国外矿业发达国家相比，我国矿业生产力水平还相当低下，生产技术落后，劳动生产率低。

（2）科研机构和人才短缺、应用基础研究薄弱。安全生产作为一种重要的社会公益性事业，在社会和经济可持续发展中占据越来越重要的地位。近年来，许多矿山企业困难重重，负担沉重，矿业企业举步维艰，面临着萎缩倒闭的危险，整个矿业经济严重衰退。高等院校、科研、设计、设备制造等与矿山相关的专业或领域也严重萎缩，有的高校采矿专业停止招生，一些科研、设计院所也在转向改行，造成非煤矿山科技人才大量流失，尤其是高危、艰苦的安全领域人才培养后继乏人。导致我国非煤矿业行业安全生产科技基础研究严重匮乏。这是我国非煤矿山行业一些典型的、突出的重大安全问题难以解决的基本原因。

（3）安全监测技术装备、生产设备的安全检测检验落后。我国非煤矿山企业的技术水平参差不齐，技术装备差别很大。安全监测技术装备落后，大多数矿山基本上没有配备相关的安全监测设备，缺乏专门的安全监测技术队伍。由于没有建立有效生产设备市场准入制度，强制性的检测检验很少，在检测仪器设备、检测水平和管理方面与发达国家差距较大。

（4）安全生产科技工作投入严重不足。多年来，造成非煤矿山安全生产形势严峻的根本原因之一是国家与企业在安全生产方面的总体投入不足，特别是在矿山安全科技方面的投入更是严重不足，一些大中型国有企业虽然开展了一些科研项目，但投入的经费有限，而大多数企业，特别是一些小矿山、民营矿山基本上在矿山安全科技方面没有投入。

3. 非煤矿山技术装备落后。总体上，我国国有大中型非煤矿山在采矿工艺技术方面与世界先进水平较接近，目前国外地下矿山几种高效的采矿方法国内均有采用，但矿山开采规模与劳动生产率却相差甚远。我国矿山生产规模一般只有资源条件大体相同的国外矿山的1/2—1/5；露天矿劳动生产率相当于发达国家的1/10，地下矿山只相当于发达国家的1/20。多数中小矿山没有摆脱小生产模式，劳动生产率极低，开采技术落后，大部分采石场还是“一面坡”的开采方式，地下矿山有很多采用独眼井开采，地下矿山采掘业成了国民经济中最落后的生产行业。

露天矿山的装备水平要比地下矿山高；不论是露天矿还是地下矿，大型矿山的装备水平要明显高于中小型矿山。目前我国露天矿山的装备水平如下：小型矿山装备水平低，多数工序为笨重体力劳动；中型及部分大型矿山机械化程度较高，但设备落后，基本是20世纪60年代国产设备；少数大型矿山采用20世纪70年代以来研制的设备，还从国外引进了一些铲装运设备。地下矿山的装备水平更低，除少数有条件的大型矿山采用了国产或进口的较先进的设备外，多数矿山的装备只相当于发达国家20世纪60年代的水平，众多小矿山仍采用手工作业方式。

国外采矿的发展主要是通过提高机械化、自动化、采矿设备大型化来实现的，并且可对露天矿山汽车运输实现无人驾驶，地下矿山广泛采用了电动设备和液压凿岩设备。我国矿山机械制造与国外相比差距很大，虽已研制了多种露天及地下采矿设备（国外有的设备差不多都已引进），但使用效果不理想。国产设备可靠性差，故障多，难以推广；关键部件的技术及质量不过关；设备不配套，难以形成综合生产能力。

（二）改善非煤矿山安全投入的政策建议

1. 促进企业提取专项安全费用。建立安全投入机制，是搞好安全生产的根本保障。建立和实施安全费用提取制度，建立企业、地方、国家多渠道的安全投入机制，促使企业加大投入，依法提足大修、折旧和维简费等专项资金，优先用于隐患治理和安全技术改造，淘汰落后的工艺技术和设备，这些措施可以从根本上提升企业安全生产水平。

针对非煤矿山、建筑、危险化学品等高危行业安全投入不足等问题，2006 年 12 月 8 日，财政部、国家安全监管总局出台了《高危行业企业安全生产费用财务管理暂行办法》（财企［2006］478 号），要求从 2007 年 1 月 1 日起各类矿山应足额提取相应的安全费用。安全生产费用（简称安全费用）是指企业按照规定标准提取，在成本中列支，专门用于完善和改进企业安全生产条件的资金。安全费用按照“企业提取、政府监管、确保需要、规范使用”的原则进行财务管理。矿山企业安全费用依据开采的原矿产量按月提取。各类矿山原矿单位产量安全费用提取标准如下：（1）石油，每吨原油 17 元；（2）天然气，每千立方米原气 5 元；（3）金属矿山，其中露天矿山每吨 4 元，井下矿山每吨 8 元；（4）核工业矿山，每吨 22 元；（5）非金属矿山，其中露天矿山每吨（立方米）1 元，井下矿山每吨（立方米）2 元；（6）小型露天采石场，即年采剥总量 50 万吨以下，且最大开采高度不超过 50 米，产品用于建筑、铺路的山坡型露天采石场，每吨 0.5 元。煤系及与煤共（伴）生的金属、非金属矿山、水体下开采矿山、有自然发火可能性的矿山、在需要保护的建（构）筑物和铁路下面开采的矿山及其他对安全生产有特殊要求的矿山，经省级安全生产监督管理局会同财政厅（局）核准后，可在前述规定的基础上提高提取标准，但增加的提取标准不得超过原提取标准的 50%。

企业提取安全费用应当专户核算，按规定范围安排使用。年度结余下年度使用，当年计提安全费用不足的，超出部分按正常成本费用渠道列支。安全费用应当按照以下规定范围使用。（1）完善、改造和维护安全防护设备、设施支出，其中：矿山企业安全设备设施是指矿山综合防尘、地质监控、防灭火、防治水、危险气体监测、通风系统，支护及防治边帮滑坡设备、机电设备、供配电系统、运输（提升）系统以及尾矿库（坝）等；（2）配备必要的应急救援器材、设备和现场作业人员安全防护物品支出；（3）安全生产检查与评价支出；

(4) 重大危险源、重大事故隐患的评估、整改、监控支出；(5) 安全技能培训及进行应急救援演练支出；(6) 其他与安全生产直接相关的支出。与此同时规定，企业应当为从事高空、高压、易燃、易爆、剧毒、放射性、高速运输、野外、矿井等高危作业的人员办理团体人身意外伤害保险或个人意外伤害保险。所需保险费用直接列入成本（费用），不在安全费用中列支。企业为职工提供的职业病防治、工伤保险、医疗保险所需费用，不在安全费用中列支。矿山企业已提取维持简单再生产费用的，应当继续提取，但其使用范围不再包含安全生产方面的用途。

2. 推动科技进步，推广先进适用技术。

(1) 淘汰落后的生产工艺和设备。凡是不符合“节约发展、清洁发展、安全发展”要求的落后生产工艺和设备，都将列入“黑名单”并退出市场。对不具备安全生产条件的生产工艺和设备，如未建立机械通风系统、使用非正规采矿方法、不符合国家产业政策的小高炉炼铁、无正规设计等落后工艺、设备和生产手段，以及矿用设备未取得安全标志的，都必须予以淘汰。深入研究并提出非煤矿山及相关行业应当淘汰的不符合安全要求的落后生产工艺和设备目录，不断提高非煤矿山及相关行业的安全生产技术水平。

(2) 配备先进的尾矿库监测手段。尾矿库作为重大危险源，应当做好实时监测监控工作，但目前多数尾矿库尚处于人工观测状态，手段落后、准确度低，资料数据的整理与分析滞后，难以实时、准确地反映库区的实际情况，这对于尾矿库安全运行、及时发现坝体隐患、预防事故的发生带来了很多问题。为此，有必要采用现代通信手段实施尾矿库的在线监控。

(3) 继续推广中深孔爆破开采技术。按照安全规程要求，露天采石场必须实行分台阶开采或分层开采，采用中深孔爆破技术就能满足开采台阶参数和凿岩平台宽度，是达到有关规定要求的重要技术手段。要将推广中深孔爆破开采技术与新建、改扩建项目的开采设计和安全许可工作紧密结合起来，从源头上把好安全准入关，防止产生新的事故隐患。

3. 加强国家对矿山安全技术的研发与推广投入。矿山安全科技发展属于社会公益事业的范畴，特别是对于一些重大的矿山安全生产问题，矿山安全技术研究投入大、周期长，又不能产生直接的经济效益，一般矿山企业不愿意花大量的人、财、物力来进行安全技术的研究，而资金投入是保证安全科技发展的重要措施之一，应积极争取国家和社会对安全科研和技术创新的支持，同时拓宽经费渠道。在目前的情况下，主要应由国家各级部门立项，根据安全科技工作的需要，设立不同类型的矿山安全生产科研项目，同时国家安全生产监督管理局应通过有关渠道，争取在国家重点科技攻关计划、国家自然科学基金、高技术产业化、技术创新计划中加大对非煤矿山安全生产科技的投入，同时建立国家安全生产专项资金渠道，加大资金支持力度和项目管理措施。鼓励科研机构和企业加强安全科技成果转化，积极引进推广新技术、新产品，形成科研与技术创新的良性循环发展机制。

五、建筑业安全投入存在的问题与对策

（一）我国建筑业安全投入存在的主要问题

建筑工程中的安全投入，是指用于改善劳动环境、保障劳动者的生命安全和避免危害、减轻损失的那一部分资源，包括人力、物力和财力上的投入。在建筑工程中具体表现为安全设施的维护和保养，对施工人员的安全培训和安全教育，安全技术措施及安全管理条例的制定，安全专职人员的配备，安全措施费，安全施工费等。改革开放以来，尽管国家对安全工作十

分重视，在安全生产方面制定了一系列方针政策和法律法规。但在许多施工企业，由于种种原因，忽视了对安全的投入，导致伤亡事故居高不下。

1. 工程款拖欠日益严重，企业无力进行安全投入。近年来，建筑业拖欠工程款的问题愈演愈烈，除导致建筑企业拖欠职工工资特别是农民工工资，使建筑工人的合法权益得不到保障外，还形成了波及全社会的债务链，危及国民经济整体的安全运行，给社会稳定带来隐患。在这种形势下，加上长期以来由于安全生产未受到足够重视，建筑施工企业加强安全生产投入就成为了一句空话。

到 2001 年底，全国建筑业企业累计被拖欠工程款（此处指拖欠一年以上的工程款，下同）2787 亿元，比 1996 年增加了 1 倍以上，占当年建筑业总产值的 18.1%。2003 年下半年，随着全国清欠款力度的加大，建筑业拖欠工程款高速增长势头得到遏制，但截至 2003 年底，全国仍有 49.2% 的建筑业企业存在不同程度的被拖欠工程款现象，且拖欠三年以上、久拖不还的欠款所占比例很大。截至 2003 年底，全国共有 124059 个竣工项目存在拖欠问题，拖欠总金额为 1756 亿元，累计拖欠工程款为 3670 亿元，比上年同期增长了 9%，增幅回落 11.8 个百分点。2003 年在被拖欠企业中，国有建筑业企业累计被拖欠约 1318 亿元，比上年增长 0.4%，占总累计拖欠款额的 35.9%；股份制企业累计被拖欠约 1600 亿元，比上年增长 21%，占总累计拖欠款额的 43.5%；集体企业累计被拖欠款同比下降了 13.3%，私营企业同比增长了 28.6%。2003 年在拖欠业主中，政府拖欠 642.8 亿元，占总拖欠额的 37%。其中，市政工程拖欠款最多，约 265 亿元；教育工程其次，拖欠款约 155 亿元；第二是交通工程，拖欠的总额约 122 亿元。①

① 国家信息中心中国经济信息网：《中国行业发展报告——建筑业》，中国经济出版社 2005 年版，第 44—45 页。

2. 安全资金投入不足，且难以专款专用。尽管安全投入是生产的必要成本，但它带来的效益是隐性的、长期的，不能立即为企业带来看得见的、眼前的经济利益。因此一些企业对安全投入的资金能省就省，一部分企业甚至还存在侥幸心理，认为自己只要管理得好，平时注意一点，就可以节省下这笔费用。

近年来，由于建筑施工企业经济效益欠佳，无序竞争问题突出等原因，不少建设单位没有按照国家规定和工程标书支付足够的安全费用。一些施工单位对列入建设工程概算的安全作业环境及安全施工措施所需费用挪作他用，并未用于改善安全生产条件、采购或更新施工安全防护用具及设施等方面。

3. 安全投入的结构不合理，人员配备不足。若将安全投入分为安全教育、文明施工、个人劳动保护、现场安全设施，有据调查显示，用于现场安全设施的比重占67.07%，用于文明施工的比重占29.09%，用于个人劳动保护的比重占2.92%，用于安全教育的比重占0.91%。[①] 可见，绝大部分建筑施工企业的安全投入都用于购置现场安全设施方面，而用于现场人员的安全教育和个人劳动防护所占的比例却特别小，加在一起只占全部安全投入的3.8%。其实，根据对以往事故案例的分析，可以看出，绝大多数的事故都是由于针对现场工作人员进行的安全教育不足而导致的。而完善的个人防护用品尽管价格不菲，但却是防止事故发生的关键环节。因此，目前建设项目的安全投入比例构成尚需加以调整，特别应该增加安全教育和个人防护用品的比例。

目前，建筑企业主要对在改善生产技术、提高生产效率方面有贡献的人才加以重奖，而对安全投入的积极性不高，对安全方面的人才也不太重视，导致投身安全管理的人才不多，配备不足，影响了安全生产。

① 方东平等：《建设项目安全投入与安全业绩分析》，《建筑经济》2001年第3期。

（二）治理建筑业安全投入不足的政策措施

为了克服建筑业安全投入不足，安全生产形势恶化的趋势，国家加大了对建筑施工行业的治理力度，一方面，加大了拖欠工程款和农民工工资的治理力度，另一方面，出台了一系列措施，确实加强建筑业安全生产的投入。

1. 关于安全防护、文明施工措施费用的提取与使用的规定。建设部2005年6月7日出台的《建筑工程安全防护、文明施工措施费用及使用管理规定》指出，安全防护、文明施工措施费用，是指按照国家现行的建筑施工安全、施工现场环境与卫生标准和有关规定，购置和更新施工安全防护用具及设施、改善安全生产条件和作业环境所需要的费用。建筑工程安全防护、文明施工措施费用是由《建筑安装工程费用项目组成》（建标［2003］206号）中措施费所含的文明施工费、环境保护费、临时设施费、安全施工费组成。建设单位、设计单位在编制工程概（预）算时，应当依据工程所在地工程造价管理机构测定的相应费率，合理确定工程安全防护、文明施工措施费。建设单位与施工单位应当在施工合同中明确安全防护、文明施工措施项目总费用，以及费用预付、支付计划，使用要求、调整方式等条款。依法进行工程招投标的项目，招标方或具有资质的中介机构编制招标文件时，应当按照有关规定并结合工程实际单独列出安全防护、文明施工措施项目清单。投标方应当根据现行标准规范，结合工程特点、工期进度和作业环境要求，在施工组织设计文件中制定相应的安全防护、文明施工措施，并按照招标文件要求结合自身的施工技术水平、管理水平对工程安全防护、文明施工措施项目单独报价。投标方安全防护、文明施工措施的报价，不得低于依据工程所在地工程造价管理机构测定费率计算所需费用总额的90%。建设单位与施工单位在施工合同中对安全防护、文明施工措施费用预付、支付计划未作约定或约定不明的，合同工期在一年以内的，建设单位预付安全防护、文明施工措施项目费用不得低于该费用总额的50%；合同工期在一年以上的（含一年），预付安全防护、文明施工措施费用不得低于该费用总额的30%，其余费用应当按照施工进度支付。但是，据调查，目前安全文明措施费提取普遍偏低。

2. 关于建筑施工安全费用的提取与使用的规定。根据2006年12月8日财政部、国家安全监管总局出台《高危行业企业安全生产费用财务管理暂行办法》（财企［2006］478号）的规定，自2007年1月1日起，要在建筑施工行业中提取相应的安全费用。建筑施工是指土木工程、建筑工程、井巷工程、线路管道和设备安装及装修工程的新建、扩建、改建以及矿山建设。安全生产费用（简称安全费用）是指企业按照规定标准提取，在成本中列支，专门用于完善和改进企业安全生产条件的资金。安全费用按照“企业提取、政府监管、确保需要、规范使用”的原则进行财务管理。建筑施工企业以建筑安装工程造价为计提依据。各工程类别安全费用提取标准如下：（1）房屋建筑工程、矿山工程为2.0%；（2）电力工程、水利水电工程、铁路工程为1.5%；（3）市政公用工程、冶炼工程、机电安装工程、化工石油工程、港口与航道工程、公路工程、通信工程为1.0%。建筑施工企业提取的安全费用列入工程造价，在竞标时，不得删减。国家对基本建设投资概算另有规定的，从其规定。总包单位应当将安全费用按比例直接支付分包单位，分包单位不再重复提取。

企业提取安全费用应当专户核算，按规定范围安排使用。年度结余下年度使用，当年计提安全费用不足的，超出部分按正常成本费用渠道列支。安全费用应当按照以下规定范围使用：(1) 完善、改造和维护安全防护设备、设施支出；(2) 配备必要的应急救援器材、设备和现场作业人员安全防护物品支出；(3) 安全生产检查与评价支出；(4) 重大危险源、重大事故隐患的评估、整改、监控支出；（5）安全技能培训及进行应急救援演练支出；（6）其他与安全生产直接相关的支出。与此同时规定，企业应当为从事高空、高压、易燃、易爆、剧毒、放射性、高速运输、野外、矿井等高危作业的人员办理团体人身意外伤害保险或个人意外伤害保险。所需保险费用直接列入成本（费用），不在安全费用中列支。企业为职工提供的职业病防治、工伤保险、医疗保险所需费用，不在安全费用中列支。企业应当及时、足额提取安全费用，并按规定使用。在年度财务会计报告中，企业应当披露安全费用提取和使用的具体情况。

3. 关于设置安全生产管理机构和配备专职安全生产人员的规定。2004 年 12 月建设部出台的《建筑施工企业安全生产管理机构设置及专职安全生产管理人员配备办法》，要求“建筑施工企业所属的分公司、区域公司等较大的分支机构应当各自独立设置安全生产管理机构，负责本企业（分支机构）的安全生产管理工作。建筑施工企业及其所属分公司、区域公司等较大的分支机构必须在建设工程项目中设立安全生产管理机构。安全生产管理机构的职责主要包括：落实国家有关安全生产法律法规和标准、编制并适时更新安全生产管理制度、组织开展全员安全教育培训及安全检查等活动。”其中，建筑施工总承包企业安全生产管理机构内的专职安全生产管理人员应当按企业资质类别和等级足额配备，根据企业生产能力或施工规模，专职安全生产管理人员人数至少为：（1）集团公司：1 人/百万平方米·年（生产能力）或每十亿施工总产值·年，且不少于 4 人。（2）工程公司（分公司、区域公司）：1 人/十万平方米·年（生产能力）或每一亿施工总产值·年，且不少于 3 人。（3）专业公司：1 人/十万平方米·年（生产能力）或每一亿施工总产值·年，且不少于 3 人。（4）劳务公司：1 人/五十名施工人员，且不少于 2 人。建设工程项目应当成立由项目经理负责的安全生产管理小组，小组成员应包括企业派驻到项目的专职安全生产管理人员，专职安全生产管理人员的配置为：（1）建筑工程、装修工程按照建筑面积：1万平方米及以下的工程至少1人；1万—5万平方米的工程至少2人；5万平方米以上的工程至少3人，应当设置安全主管，按土建、机电设备等专业设置专职安全生产管理人员。（2）土木工程、线路管道、设备按照安装总造价：5000万元以下的工程至少1人；5000万—1亿元的工程至少2人；1亿元以上的工程至少3人，应当设置安全主管，按土建、机电设备等专业设置专职安全生产管理人员。劳务分包企业建设工程项目施工人员50人以下的，应当设置1名专职安全生产管理人员；50—200人的，应设2名专职安全生产管理人员；200人以上的，应根据所承担的分部分项工程施工危险实际情况增配，并不少于企业总人数的5‰。

第七章

企业内部的安全管理

企业是安全生产的责任主体，企业内部的安全生产管理是履行安全生产责任的核心工作。企业内部安全生产管理是企业管理的一个重要的组成部分，改善企业安全生产状况，不仅需要加强企业生产管理，还需要整体上加强管理，完善企业基础管理工作，提高企业管理科学化和现代化水平。

一、加强管理是控制事故发生的关键

按诱发因素的不同，我国将事故分为责任事故和非责任事故两种类型。非责任事故主要包括：自然灾害事故和因人们对某种事物的规律性尚未认识，目前的科学技术水平尚无法预防和避免的事故等。责任事故是指人们在进行有目的的活动中，由于人为的因素，如违章操作、违章指挥、违反劳动纪律、管理缺陷、生产作业条件恶劣、设计缺陷、设备保养不良等原因造成的事故。① 责任事故是可以预防的，主要的措施就是强化管理。

综观大量的事故致因理论模型，可以发现，这些模型无一例外强调管理缺陷或管理失误是造成事故发生不可缺少的一环，加强管理成为控制事故发生的中心环节。

生产过程中事故的表现形式是多种多样的，事故的原因也是非常复杂的。但是，系统工程的分析观点认为：触发事故的真正原因不外乎由四大部分组成，即生产过程中物质设备的不安全状态、生产环境的不安全因素、操作者的不安全行为和管理缺陷所构成。在这四大因素中，管理缺陷又随时制约着物质设备的不安全状态、生产环境的不安全因素和操作者的不安全行为，它们之间的关系如同事故树中的条件或门的逻辑关系那样严密。详见图 7－1。

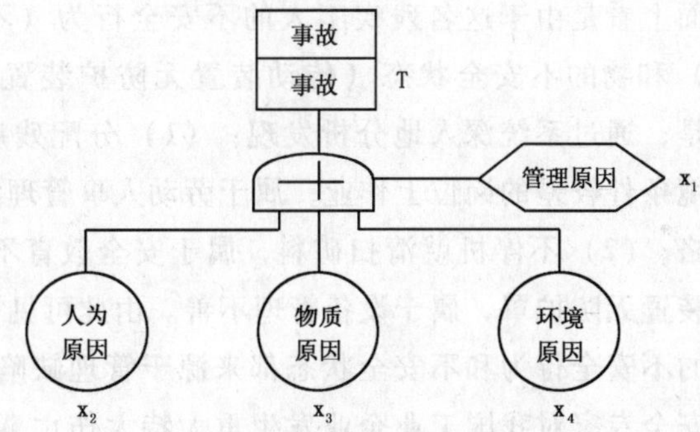

图 7－1　事故致因模式示意图

资料来源：于殿宝编著：《事故预测预防》，人民交通出版社 2007 年版，第 80 页。

根据事故致因模式图，运用布尔代数原理，可以写成如下数学方程式：

$$T = x_1(x_2 + x_3 + x_4)$$
$$= x_1x_2 + x_1x_3 + x_1x_4$$

式中：T 表示生产过程中的伤害事故或险肇事故；x_1 表示事故

① 赵铁锤：《中国煤矿安全监察实务》，中国劳动社会保障出版社 2003 年版，第 66—67 页。

的管理原因；x_2 表示事故的人为原因；x_3 表示事故的物质原因；x_4 表示事故的环境原因。

由此可知，管理原因与其他任何一种原因结合，都会引起事故的发生。换句话说，只要在生产过程中存在着管理缺陷或混乱，就会出现人为或物质或环境不良因素，引起事故的发生。所以，错综复杂的事故，从本质上分析都离不开这几种原因。

由图 7－1 可明显看出，事故隐患是伴随着生产过程而存在的事故可能性，它是由物质及环境因素的不安全状态和管理缺陷相互作用而形成的。这种事故隐患一旦偶然被人的不安全行为所触发，就必然发生事故。例如，某铁矿一位残疾工人单独顶岗作业，当他在环境条件较差的给矿机附近清扫矿料时，不小心摔倒在无防护罩的传动装置上，结果被绞死。该事故从表面上看是由于这名残疾工人的不安全行为（不停机清扫矿料）和物的不安全状态（传动装置无防护装置）所引起的。但是，通过系统深入地分析发现：（1）分配残疾工人单独在环境条件较差的岗位上作业，属于劳动人事管理和生产管理不严格；（2）不停机就清扫矿料，属于安全教育不够；（3）传动装置无防护罩，属于设备管理不善。由此可见，产生这次事故的不安全行为和不安全状态都来源于管理缺陷或管理混乱。有安全专家对我国工业企业发生重大特大伤亡事故进行分析，结果发现，造成事故的原因属于管理混乱、缺乏现代企业管理理论指导和安全生产管理落后的占 80% 左右。所以，管理好坏、管理人员素质的高低乃是一个企业或一个地区事故发生率高低的重要条件（因素）。

管理原因又称管理缺陷，管理缺陷是指管理者的错误指令和错误操作，或管理活动中存在的问题与隐患，以及急功近利行为。管理缺陷通常主要有：

（1）技术上的缺陷。如工业建筑、构筑物、机械设备、仪器。表、生产工艺流程、操作方法、维护检修等的设计、布置和材料使用、存放等方面有问题。

(2) 教育培训不够。操作（工作）人员缺乏安全知识或不懂安全操作技术知识等。

(3) 劳动组织不合理，劳动定员和劳动定额存在问题。

(4) 对现场工作缺乏检查、指导或错误指导。

(5) 没有安全操作规程或规程不健全、不科学；挪用安全措施费用；不认真实施事故防范措施，对事故隐患整改不力。

(6) 操作（工作）人员身体上、精神上的缺陷。如疾病、听力视力衰退、疲劳过度等等。

上述六条原因都是管理方面的原因。管理原因和物质技术原因或环境原因的相互结合就构成了生产中的事故隐患，而当事故隐患偶然被人的不安全行为所触发时，就必然会发生事故。这种基本的认识对于分析事故的产生和防范事故是极为重要的。

总之，从事故致因理论出发，可以得出如下几点基本结论：

(1) 管理原因是激发事故的首要因素。即管理上的缺陷、混乱、失误和漏洞是导致事故隐患存在和事故发生的首要因素与条件。

(2) 管理原因与任何一种原因结合，都会引起事故的发生。即管理缺陷随时制约着物质设备的不安全状态、生产环境的不安全因素和作业人员的不安全行为。就是说，生产过程中存在着管理缺陷，就会形成人为或物质或环境的不良因素，导致事故隐患的形成或事故的发生。

(3) 管理缺陷的多少及作用时间长短与事故发生频率是成正比关系的。即管理越混乱、管理缺陷越多，并且这种混乱局面持续越长（管理上的缺陷迟迟不能解决），那么发生事故的概率就越大，而且事故的级别也越大。

(4) 管理缺陷的多少与管理人员素质高低有着直接关系。

就是说，主要管理人员的素质高低，决定着管理缺陷的多少，甚至影响企业的兴衰。所以，一个企业、一个单位、一个地区事故发生率的高低与这个企业、单位、地区主要管理人员素质的高低是成正比例关系的。即企业的厂长、经理管理素质高，重视安全，事故就少；相反，企业的事故会接连不断往往是因为企业的厂长、经理管理素质低，不真正重视安全生产工作。

（5）在事故的处理中若仍有管理缺陷存在，必然会导致事故的扩大。就是说，如果在事故的处理或事故的抢救中，若仍有管理原因继续起作用，就会进一步导致事故的蔓延或扩大。

综上所述，一切事故都可归结为管理上的原因或缺陷所造成的（不含由于目前人类运用现代科学技术与手段无法抗拒的灾害事故）。根据事故致因理论或模式，一切事故都是由于人的不安全行为或物的不安全状态或环境的不安全因素所造成的，但是，无论是人的不安全行为，还是物的不安全状态或环境的不安全因素，统统可归结为管理上的缺陷。所以，一切事故皆可防，成败全在管理上。

二、我国企业安全管理存在的主要问题

1. 安全管理理论落后，对安全生产发展影响重大。近十几年来，我国每年因各类事故死亡人数都在 10 万人左右，发生各类事故 100 多万起。事故起因是多方面的，但这些因素中管理意识、手段、方法和体系的落后是最重要的因素。近年来，长期的安全管理科研投入不足，造成了安全管理理论滞后，安全管理方法、手段和体系落后的局面，严重制约了安全生产的可持续发展。

2. 基础管理薄弱，缺乏责任是事故发生的主要原因。对

我国历年事故发生的原因进行分析可以发现，缺乏责任始终是导致事故发生的主要原因，反映出我国安全基础管理十分薄弱。从表7－1可知，因违反操作规程和劳动纪律而死亡的人数占总死亡人数的一半以上，因生产场所环境不良或有缺陷而死亡的人数占第二位，因对现场工作缺乏检查或指挥错误而死亡的人数占第三位，这些因素都直接或间接地与企业管理水平有关。可见，强化企业内部管理对于搞好安全生产具有十分重要的意义。

表7－1　矿山死亡事故按事故原因统计分析　　单位：起

事故原因	1995年	1996年	1997年	1998年	1999年	合　计	百分比（%）
技术和设计上有缺陷	159	159	160	281	165	924	1.80
设备、设施、工具、附件有缺陷	249	177	238	244	102	1010	1.97
安全设施缺少或有缺陷	966	966	932	760	538	4162	8.11
生产场所环境不良或有缺陷	1557	1541	1350	1300	1044	6792	13.24
个人防护用品缺少或有缺陷	85	65	54	85	42	331	0.65
没有安全操作规程或不健全	465	751	394	621	277	2508	4.89
违反操作规程或劳动纪律	6657	6817	6132	4622	3384	27612	53.84
劳动组织不合理	78	77	48	162	41	406	0.79
对现场工作缺乏检查或指挥错误	1051	1019	1282	944	590	4886	9.53
教育培训不够缺乏安全操作知识	311	369	302	273	137	1392	2.71
其他	367	259	372	181	87	1266	2.47
合　计	11945	12200	11264	9473	6407	51289	100

资料来源：范维唐：《我国安全生产的形势、差距和对策》，煤炭工业出版社2003年版，第128页。

3. 不能认真吸取事故教训，导致恶性事故一再发生。安全管理强调要认真吸取事故发生的教训，避免类似事故再次发生。这也就是安全管理的PDCA循环法则的基本精神。PDCA循环最早来源于质量管理专家戴明，被称为“戴明环”，现被广泛应用于ISO9000质量管理体系、ISO14000环境管理体系和OHSMS系列国际标准。其中，P指计划阶段，D指实施阶段，C指检查阶段，A指评审改进阶段。通过PDCA循环，尤其是大环套小环，环环相扣，形成一个系统，以及循环上升的过程，使得质量和安全管理不断得以完善和迈上新台阶。但是，目前我国许多地方和企业在总结以往事故发生的教训时，存在“就事论事”、“走过场”、或者仅仅对相关责任人处罚了事等问题，没有从安全生产规律性角度出发，用科学的安全管理理论来总结事故发生的原因，从而导致事故一而再、再而三地发生。这就从根本上违背了安全管理中的PDCA循环法则。由于不能对造成管理缺陷与混乱的管理者进行从下到上的依法严肃查处，只是“用会议贯彻会议，用文件贯彻文件，用讲话贯彻讲话”的方式代替了事故的查处或措施的落实与隐患的整改；或者在表面上搞文字游戏，暗地里进行权钱交易，帮助事故隐患单位、事故单位或事故责任者隐瞒事故或事故隐患；或者正常的安全监督检查与管理成了摆设和例行公事，只听不看或只看不查，甚至走马观花。由此导致了事故的不断上升，乃至出现了事故的恶性循环。参见图7－2。

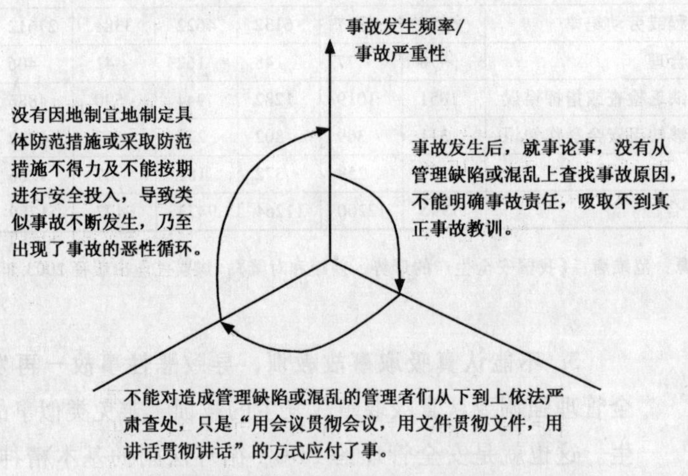

图7－2　事故恶性循环的“渐开线”

资料来源：于殿宝编著：《事故预测预防》，人民交通出版社2007年版，第242页（经改编）。

图7－2中的循环过程，是使事故不断增加并达到事故恶

性循环的过程，如果如此继续进行下去，就形成了渐开的循环方式。而由此不断发生的事故则按着“渐开线”的方式进行着恶性循环，这就是事故不断发生的本质过程，也是事故不断上升的基本规律。我国在这方面的例子是很多的。

例如：黑龙江省七台河市辖区内的煤矿，2004 年 5 月 13 日发生特大瓦斯爆炸事故死亡矿工 12 人；2005 年 3 月 14 日发生特大瓦斯爆炸事故死亡矿工 18 人；2005 年 5 月 11 日发生重大瓦斯爆炸事故死亡矿工 9 人；2005 年 11 月 27 日发生特别重大煤尘爆炸事故死亡矿工 171 人。这种在短时间内集中在一个地区内频繁发生的事故，就是一种典型的因为管理严重失控所导致的事故恶性循环过程。如果对此没能及时认识并纠正，就必然出现新的事故高峰期。又如，山西省左云县辖区内的煤矿，2005 年 12 月 28 日范家寺宝源煤矿发生特大透水事故，死亡矿工 17 人，失踪 3 人，矿主瞒报；2006 年 5 月 18 日张家场乡新井煤矿发生特别重大透水事故，矿井内被困矿工 56 人(全部死亡),矿主瞒报,并且逃匿……。在不到半年的时间内,同样的事故再次出现,就又是一种典型的事故恶性循环。

事故发生的规律和海因利希事故法则告诉我们，如果不在管理上认真查找事故原因，严肃处理每一起事故，认真吸取事故教训，消除事故隐患，事故就必然重复发生。同时事故发生的时间间隔也会越来越短，事故的级别也会越来越大，乃至导致了事故的恶性循环或新的事故高峰期的出现。

4. 小企业安全管理问题更为突出。根据全国总工会劳动保护部于 2003 年发布的《关于非公有制企业职工劳动保护问题的调研报告》，在民营企业中，经国有企业改制来的企业和规模以上的私营企业，安全生产条件和工人劳动保护方面普遍较好。这些企业能够贯彻落实国家安全生产和职业病防治的法律法规，按有关政策为职工上劳动保险（工伤、医疗、养老、失业、生育），还能从市场竞争的需要出发，自觉在企业建立 OHSMS（企业自律性的）职业安全健康管理体系。浙江一些外来加工企业还做好了应对 SA8000（社会责任认证标准）挑战的准备，这部分企业劳动保护现状也比较乐观。但是大部分规模以下（浙江标准，职工 100 人以下，月产值 500 万元以下）非公有制中小企业，由于尚处于资本原始积累阶段，重生产、轻安全，无视劳动者安全健康权益，企业劳动保护状况十分严峻。存在的问题主要有：

（1）设备陈旧，条件落后，环境恶劣，安全生产基础薄弱。大量小型非公有制企业主利欲熏心，“只管赚钱，不管安全”。为追求利润的最大化，有意降低、减少、甚至取消安全卫生基础设施的投入，迫使工人在拥挤、昏暗、潮湿的车间里生产，在噪声、高温、粉尘污染的环境中劳动，职工生命安全和身体健康缺乏保障。

（2）劳动安全卫生防护用品欠缺，不按期发放，职业危害难以避免。不少中小企业，为降低生产成本，肆意减免国家明文规定的劳动防护用品；一些企业既使发放安全卫生防护用品，也存在着以次充好，不按期更换等问题；有的企业还出台了进城务工人员自备劳动防护用品的“土政策”，任意剥夺职工应享受的劳动保护权利。

（3）任意延长劳动时间，加班加点严重。许多非公企业打着实行计件工资制的旗号，随意抬高工作定额，变相强迫工人加班加点，工作时间经常达到 10 小时以上；大部分非公企业几乎没有休息日、节假日，国家法定的休息时间在非公有制企业已经异化成为企业的一项施舍；既便休息日、节假日加班，绝大多数非公有制企业也不能按《劳动法》规定的标准支付加班工资。

（4）随意剥夺职工接受安全教育培训的权利。大部分非公有制企业错误地将安全教育培训与业务操作培训等同起来，甚至将安全教育培训与生产经营对立起来，为降低成本，企业首先削减的是安全教育经费。由于企业不按国家有关规定对进城务工人员实施安全教育培训，对存在的职业危害既不履行告知义务，又不交待防范措施，致使进城务工人员普遍缺乏安全生产观念、自我保护意识、安全操作技术和应对突发事件的能力。有关资料表明，在近年发生的企业工伤事故中，进城务工人员占伤亡总数的80%以上，已经成为最大的受害群体，更加可悲的是他们往往又是伤亡事故的直接责任人。

（5）企业安全生产管理薄弱。企业安全生产管理体制和制度不健全，管理人员匮乏；用工行为混乱，非法使用童工和在高危岗位使用未成年工；不依法与职工签订劳动合同，即使签订，合同中也缺少安全卫生相关条款，有些企业甚至与职工签订“霸王合同”、“生死合同”；不按国家有关规定为职工上工伤保险，职业因工造成各种伤害后得不到应有的医疗救治和经济赔偿，身心受到严重摧残。

三、煤矿企业安全管理的问题与工作重点

（一）当前煤矿企业安全管理存在的主要问题

当前我国煤矿企业管理中存在的突出问题主要有：部分煤矿企业法定代表人没有履行安全生产第一责任人的职责，安全生产责任不落实；部分企业安全管理体系和规章制度不健全，安全投入、劳动用工、设备管理、教育培训、技术和现场管理、领导干部带班下井等一系列安全管理制度没有落实到实处，违章指挥、违章作业、违反劳动纪律的现象大量存在。[①] 国家安全生产监督管理总局等七部委颁布的《关于加强国有重点煤矿安全基础管理的指导意见》（安监总煤矿［2006］116号）则指出了国有企业内部管

① 国家安全生产监督管理总局：《煤矿安全生产“十一五”规划》，2007年2月17日。

理的现状与问题：安全基础管理薄弱是当前国有重点煤矿安全生产的突出问题。总体上看，国有重点煤矿安全管理有基础、有经验，但由于体制、结构、市场等诸多因素的变化，安全基础管理出现不相适应、甚至滑坡的状况。主要表现在：一些企业领导思想认识不到位，对安全生产不重视，安全责任制落实不到位；技术管理、现场管理、设备管理弱化，劳动组织管理松弛，以包代管比较普遍；安全投入不足，工作质量、工程质量、材料设备质量达不到安全标准要求；规章制度执行不严，"三违"现象时有发生；队伍培训缺失，不适应安全生产的要求等。

1. 尚未形成完整的安全管理制度体系，管理随意性较强。根据2004年国家煤矿安全监察局颁布的《煤矿企业安全生产管理制度规定》，全国各类煤矿企业都应该建立以下15项安全生产管理制度：(1) 安全生产责任制；(2) 安全办公会议制度；(3) 安全目标管理制度；(4) 安全投入保障制度；(5) 安全质量标准化管理制度；(6) 安全教育与培训制度；(7) 事故隐患排查制度；(8) 安全监督检查制度；(9) 安全技术审批制度；(10) 矿用设备、器材使用管理制度；(11) 矿井主要灾害预防管理制度；(12) 煤矿事故应急救援制度；(13) 安全奖罚制度；(14) 入井检身与出入井人员清点制度；(15) 安全操作规程管理制度等。同时，要求煤矿企业所制定的安全生产管理制度应满足下列规定：符合相关的法律、法规、规章、规程和标准；内容具体，责任明确，能够对照执行和检查，严格管理措施，有针对性、可操作；对违反制度的各种行为有明确、具体的处罚措施和责任追究办法；所引用的依据及适用范围和时间明确，表述规范，条款清晰，能确保相关人员了解和掌握；以正式文件发布，并确保其能够约束涉及的部门和人。

但是，从许多调查结果来看，除了一些大型国有煤矿安全生产管理制度比较健全外，大多数煤矿企业并没有建立完整的安全管理制度体系，管理的随意性很强，不能够从制度上杜绝危险行为的发生。

2. 安全程度评估结果堪忧，煤矿管理严重滑坡。根据《关于开展煤矿安全程度评估工作的指导意见》（煤安监办字［2003］24号），煤矿安全程度评估采用定性和定量的方法，对煤矿重大危险源（事故隐患）进行辨识、评估；对煤矿的安全基础工作、管理水平、技术装备水平等进行综合分析，并对矿井安全程度进行类别划分。煤矿安全程度评估结果划分为A、B、C、D四个类别：A类为安全矿井、B类为基本安全矿井、C类为安全较差的矿井、D类为安全不合格的矿井。从评估办法看，安全程度评估中重点是评估企业管理状况。评估结果在一定程度上反映了企业基础管理状况。

从近几年评估的总体情况看，我国煤矿安全生产的基础工作非常薄弱，亟待加强。以陕西省为例，2003年在矿井安全评估中，除了国有重点矿评估为A类和B类的矿井多于C类和D类矿井之外，其他类型的矿井评估为A类和B类的数量大大少于C类和D类的数量（详见表7-2）。可见，陕西省煤矿安全管理总体水平严重偏低。全国其他省份煤矿安全生产基础情况也大同小异。

表7-2　　2003年陕西省煤矿安全程度评估情况

地　区	矿井类别	2003年评估类别（处）				
		评估总数	A类	B类	C类	D类
榆林	国有重点矿	26	6	17	2	1
	国有地方	25	0	6	17	2
	乡镇煤矿	373	0	80	229	64
延安	国有地方	15	1	2	7	5
	乡镇煤矿	100	10	14	44	32

续表

地区	矿井类别	2003 年评估类别（处）				
		评估总数	A类	B类	C类	D类
铜川	国有地方	8	0	4	4	0
	乡镇煤矿	90	3	30	51	6
渭南	国有地方	10	0	7	3	0
	乡镇煤矿	122	2	47	68	5
咸阳	国有地方	10	1	8	1	0
	乡镇煤矿	13	6	7	0	0
宝鸡	国有地方	2	1	1	0	0
	乡镇煤矿	无	无	无	无	无
商州	国有地方	6	0	5	1	0
	乡镇煤矿	3	0	3	0	0
汉中	国有地方	3	0	2	1	0
	乡镇煤矿	19	0	2	15	2
安康	国有地方	4	0	3	1	0
	乡镇煤矿	49	0	10	29	10

资料来源：李林：《陕西煤矿安全评估工作的现状及思考》，《中国煤炭》2005 年第 4 期。

3. 安全隐患大量存在，管理缺位屡酿大祸。事故之所以屡屡发生，与大量存在的安全隐患是分不开的。“隐患险于明火，防范胜于救灾”。一旦管理松懈，条件具备，隐患就转变成事故。切实加强安全基础管理，是避免事故发生最直接有效方法。海因里希曾提出了 1∶29∶300 事故法则，就是每 1 起伤害事故后面，有 29 起无伤害事故，存在 300 个事故隐患，被称为海因利希法则。因此，防止事故的关键在于从控制事故前期即消除隐患。

当前，我国煤矿事故不断与安全隐患没有排除有很大的直接关系。据统计，仅 2006 年 1—8 月，煤矿安全监察机构共查处各类煤矿安全重大隐患 10184 个，已整改 8671 个，整改率仅为 85.1%；其中，查处原国有重点煤矿安全重大隐患940个，已整改710个，整改率为75.5%；查处原国有地方煤矿安全重大隐患1347个，已整改1073个，整改率为79.7%；查处乡镇煤矿安全重大隐患7897个，已整改6888个，整改率为87.2%。[①] 可见，查处事故隐患在很大程度还是监管部门的事情，还没有转变为企业自身的自觉行动。更有甚者，一些煤矿即使被监管部门查出了事故隐患，也不积极采取整改措施，而是一味拖延，致使事故发生。可见，切实加强企业管理，杜绝事故隐患，对许多煤矿企业而言任重道远。

4.“三违”事故屡屡发生，管理松懈恶果凸显。“三违”是指违章指挥、违章作业、违反劳动纪律。“三违”是管理松懈、长官意志、野蛮作业的集中体现。一些管理人员和作业人员在煤矿生产过程中抱有侥幸心理，图省事，经常干出违反管理规定和作业规定的事情来，结果酿成事故，这是我国煤矿事故发生的首要原因。据统计，1997—2001年，全国煤矿企业10人以上重大伤亡事故中，由于“三违”造成事故的比重一直在67%以上，不少年份这个比重超过80%（见表7-3）。

表7-3　1997—2001年煤矿企业10人以上重大伤亡事故间接原因统计表　　单位：起

	1997年	1998年	1999年	2000年	2001年
10人以上重大伤亡事故	94	79	78	75	49
其中：三违	83	67	69	62	33
安全措施不力	11	12	8	12	16
工程质量低劣	—	—	1	—	—
安全教育不够	—	—	—	1	—
其中“三违”所占比例（%）	88.30	84.81	88.46	82.67	67.35

资料来源：根据历年《中国煤炭工业年鉴》相关资料整理。

① 国家安全生产监督管理总局网站资料。

5. 安全教育和培训流于形式，效果欠佳。20 世纪 90 年代以来，煤炭工人素质下降，技术人员缺乏，致使安全生产滑坡，这与国家学历教育和企业内部的教育培训滑坡有极大关系。

煤炭行业职工补充主要有两个来源：第一，生产工人主要通过社会招工，主要是农村劳动力，实行合同制或轮换制。第二，专门技术人员主要通过原煤炭院校输送毕业生。据统计，煤炭企事业单位生产建设一线的工程技术人员和管理人员 90% 以上都是煤炭院校培养或经过煤炭培训机构培训的；煤炭企业中的地矿类专业人员几乎 100% 由煤炭院校和培训机构培养、输送。近年来，随着煤炭工业管理体制和教育管理体制的改革，原煤炭院校划归地方管理，服务面由原来的以煤炭行业为主逐渐转变为以地方经济建设为主。在市场经济的驱动下，原煤炭院校纷纷更名，并对地矿类学科专业进行了撤并调整。调查表明，除中国矿业大学外，其他所有的原煤炭部所属的院校都改了校名，煤炭、矿业已与这些院校名称无关。据统计，近几年招生计划减少较多或已停止招生的专业有采煤、选煤、地质、安全、矿物加工、矿建、测量等。受此影响，在近几年各煤炭院校大幅扩招的情况下，地矿类专业招生数量逐年大幅减少。与此同时，煤炭企业近几年人才流失情况非常严重，高学历人才调出多于调入的企业占煤炭企业多数，使煤炭企业的人才队伍，特别是高层次人才出现了严重赤字。①

在普通工人的安全教育培训方面，形势则更不乐观。由于工人特别是农民轮换工、协议工的素质偏低，煤矿企业疏于管理，企业激励约束机制不健全等因素，使煤矿安全技能培训效果大打折扣。根据“煤矿等高危行业农民工安全培训督查调研组”的一项调查，我国对煤矿等高危行业农民工安全培训

① 中国煤炭工业协会编著：《中国煤炭经济研究（2001—2004）》，煤炭工业出版社 2005 年版。

存在如下突出问题：一是安全培训投入不足。没有建立农民工安全培训投入机制和渠道，没有从根本上解决农民工安全培训投入问题。一些企业特别是非公有制企业不愿意在安全培训方面过多投入，没有按要求提取培训经费。一些企业虽然提取了培训经费，但侧重于技能培训，用于安全培训的经费不多。一些小煤矿由于职工工资总额较低，提取的费用每年寥寥无几，根本不能满足企业安全培训的需要。二是企业安全培训责任落实不够。对安全培训工作重要性认识不足，积极性不高，仍然存在重生产、轻安全，重技能培训，忽视安全培训的问题。特别是农民工合同时间短、流动性大，企业不愿花费成本进行培训；而大部分农民工安全意识差，维权意识薄弱，也不愿参加培训，因此出现了农民工未经培训就上岗作业，文盲、半文盲下井作业等现象，特别是一些小企业尤为突出。三是培训针对性不强，培训质量达不到要求。一些地方和单位培训走过场，为了培训而培训，培训课时不够，教学内容不足，授课方式呆板，培训效果不佳。特别是在农民工培训中，普遍存在基础薄弱、条件简陋、标准较低等问题，大部分地区都没有开发针对农民工特点的安全培训教材，现有教材针对性不强，培训方式多限于课堂教学，培训时间不能保证。有的企业培训档案不全、培训记录不完整，在一些小煤矿存在安全培训档案造假应付检查的现象。四是安全培训参差不齐。国有大中型企业普遍较好，而本身没有培训能力的众多中小企业特别是非公有制小型企业，培训工作十分薄弱。另外，培训机构布局不够合理，中心城市偏多，经济欠发达地区过少，多数乡镇煤矿地处偏远又分散，本身不具备培训条件，送到外地培训既怕耽误生产又怕培训后流失，费用又高，导致农民工培训缺失。五是农民工培训协调机制没有形成。农民工培训涉及安全监管监察、劳动保障、工会、农业、教育、科技、建设、财政、扶贫等多个部门，需要各个部门共同按照各自职能，相互配合才能做好。目前这种配合协调机制还没有形成，需要政府加强指导，从培训规划、培训经费、培训组织、培训机构上予以保证。①

（二）进一步加强煤矿企业安全管理的工作重点

针对我国煤矿企业基础管理薄弱的现状，国家煤矿安全监察局等有关部门对下一步煤矿企业加强内部管理提出了一些指导意见和工作部署，概括起来，我国煤矿企业安全管理的主要工作重点有以下几个方面：

1. 强化煤矿重大事故隐患排查治理。根据《煤矿安全生产"十一五"规划》，"十一五"期间，煤矿企业要按照《国务院关于预防煤矿生产安全事故的特别规定》中认定的15种重大隐患，建立健全煤矿重大事故隐患排查、治理和报告制度。煤矿企业要建立隐患排查工作责任制。制定隐患排查整改方案，定期对煤矿存在重大事故隐患的作业场所、设施设备、重点环节、重点部位进行隐患排查，对排查出的事故隐患进行评估、分级和登记，明确隐患整改的期限和质量要求，实行动态管理。加大隐患治理投入力度，按照分级分期的原则，确保排查出的事故隐患得到及时有效的整改，对矿井通风系统、瓦斯抽采系统和采空区等存在重大事故隐患的设施、场所要重点治理，做到"项目、资金、设备材料、责任人、进度"五落实。煤矿企业要及时淘汰危及安全生产的落后设备、设施和工艺，提高安全生产技术水平和安全装备水平。地方各级政府及相关部门要加大对煤矿企业隐患排查治理现场检查力度，加强跟踪监督监察。②

2. 推进煤矿安全基础管理。各类煤矿企业要依法建立安全管理机构，配齐安全管理人员，建立和完善各项安全管理制

① 调研组：《煤矿等高危行业农民工安全培训督查调研报告》，国家安全生产监督管理总局《调查研究》，2006年第10期（总第126期）。

② 国家安全生产监督管理总局：《煤矿安全生产"十一五"规划》，2007年2月17日。

度。落实企业法定代表人第一责任人的职责，健全以总工程师为核心的技术管理体系。加强“一通三防”、水害防治和设备管理等现场技术管理，到2008年前45户煤矿安全重点监控企业完成通风工程补套，2010年所有矿井完成通风工程补套；所有井工矿全部建立矿井安全监测监控系统，高瓦斯和煤与瓦斯突出矿井尽快实现安全监测监控系统远程联网，国有重点煤矿企业实现矿务局（集团公司）内部联网，地方国有煤矿、乡镇煤矿实现县（区）范围内联网；自然发火矿井要建立健全防灭火系统、煤尘爆炸危险性矿井要严格落实综合防尘各项措施、加大水害威胁矿井防治水设施、设备的投入，完善防治水系统。坚持领导干部带班下井制度，强化基层区队班组建设，严格按照定编、定员、定额组织生产，建立完善入井人员位置监测及考勤系统，强化对入井人员的监督管理。积极推进安全质量标准化建设，推行作业现场精细化管理，制定每个工作环节的质量标准，全面开展安全质量标准评估、考核与评级，实现动态达标。在全国开展贯彻落实《煤矿安全规程》的专项活动，加强安全基础管理，推进安全质量标准化示范企业建设，建成一批本质安全型煤矿。[①]

为有效制止煤矿“三违”行为，企业应建立和完善井下人员岗位责任考核制度，所有作业人员必须严格执行作业规程、操作规程，履行岗位责任，遵守劳动纪律。要制定能够有效制止“三违”现象的处罚、教育规定，严肃查处“三违”行为。对于已经发生的事故，为深刻接受教训，举一反三，必须坚决落实“四不放过”：对事故的原因不查清不放过，当事人和群众没有受到教育不放过，事故责任人没有受到处理不放过，没有制定切实可行的措施不放过。

3. 加强煤矿企业人才队伍建设，提高从业人员素质。按照《煤矿安全规程》，我国煤矿需要对从业人员进行全员安全

① 国家安全生产监督管理总局：《煤矿安全生产“十一五”规划》，2007年2月17日。

培训，一些特殊工种需要持证上岗，但在实际工作中执行得不太好。目前，我国煤矿从业人员培训仅限于对矿长资格培训，煤矿企业安全检查人员培训工作才刚刚开始，而对全体人员培训，特别是对于其中的农民工培训，则几乎是一片空白。

提高煤矿企业从业人员素质，是从根本上搞好煤矿安全生产非常重要的一个方面。提高从业人员素质，从队伍上看，包括提高一般从业人员素质和提高专业技术人员的素质；从内容上看，包括直接招聘人员和加大培训力度两个方面。为此，我们应努力做到以下几点：

(1) 加大国家财政支持力度，加快培养煤矿急需专业人才培养。抓紧对煤炭企业后续人才的培养。采取免除学费、提高助学金、设置奖学金等措施，恢复煤炭院校对煤矿专业的招生规模。通过建立煤矿教育基金、实施财政补贴等措施，鼓励煤炭院校扩大煤炭主体专业招生规模。应鼓励企业与大专院校联合办学，根据企业需求，将煤炭行业有关专业纳入技能型紧缺人才培养、培训计划，在原煤炭高等院校设立由煤炭企业赞助的煤炭主体专业定向奖学金，为煤矿提供高素质的专门人才。

(2) 加强职业培训，变招工为招生，提高生产一线职工队伍素质。要求做到“先培训后上岗、不培训不上岗、培训不合格不上岗”。加大安全技改国债资金中用于煤矿人员培训的比例，强化煤矿职工在职安全培训。同时，强化技校建设，采掘工人的选择录用“变招工为招生”，比如，阳泉煤业集团深入开展劳动预备制培训，晋城煤业集团改革技校招生方式，变招工为招生等经验值得借鉴。

(3) 给予农民工安全培训的政策支持。建议各级政府将农民工安全培训资金列入政府预算，建立由政府、用人单位和个人共同负担的农民工培训投入机制。学习借鉴发达国家经验，改变我国工伤保险轻预防、重赔偿的传统观念和做法，研究工伤保险按比例提取，用于职工特别是农民工安全培训教育。加强劳动用工管理，全面实行用工登记制度，将岗前安全培训作为重要基础条件。认真落实由农业部等六部委共同制定的《2003—2010 年全国农民工培训规划》，加大中央和省级专项财政资金的支持力度，对入矿参加培训的农民工进行直接补贴。

（4）提高采掘一线工人福利待遇标准，增强采掘一线吸引力。采掘工人置身于安全生产的现场，其自身的素质与安全生产事故发生率有明显的直接关系，如果能在采掘环节中吸引更多高素质工人，则安全事故发生率可以较为直接地控制住。应改革煤矿工作制度，尽快推行四班六小时工作制。研究制定煤炭企业工资分配办法，提高一线工人的工资分配比例。根据井下矿工的劳动强度和风险、生产环境等情况，制订或提高煤矿艰苦岗位津贴标准。通过完善经济激励机制，吸引高素质煤矿工人到采掘一线工作。

4. 总结并推广国内企业成功经验。积极总结国内一些煤矿在安全管理方面的成功经验，并将他们的成功经验予以推广，对于搞好煤矿安全生产有很大的帮助作用。笔者认为，下述管理经验值得学习：

比如，兖矿集团的“以人为本”，双向监督制度实施，通过赋予现场工人“六项权力”，形成双向监督制约机制：一是区队班前不讲安全，工人有权拒绝下井；二是现场中没有跟班领导和安监员，工人有权停止生产；三是干部违章指挥，工人有权拒绝生产；四是安全设施不完善，工人有权不进入现场；五是安全没有保障，工人有权撤离现场；六是跟班盯岗干部早上井，工人有权早上井。兖矿采取“党委管党、行政管长、工会管网、团委管岗、居委会协防”的办法，形成方方面面抓安全、层层设防保安全的局面。在“三违”人员处理上，让“三违”人员持卡过区队、纪委、团委、工会、家属、安监等 6 关，每个关上都要对其进行安全教育，提出处理意见。

又如，枣矿集团通过综合分析事故发生的原因，得出规章制度落实的“折扣定律”，即安全生产的有关规章制度从集团公司、矿、区队、班组到现场每名矿工，层层下去，也往往是层层“折扣”，根源在于“严格不起来，落实不下去，贯彻执行不力”。为此，枣矿集团实行准军事化管理，锤炼执行力。制定并实施《准军事化管理细则》，提出了“把矿山打造成兵营，把职工塑造成军人”的目标，集团公司最高领导层率先垂范，在矿区上下全面展开，培养“没有任何借口”、“绝对服从”和定时复命、雷厉风行、令行禁止的作风。为有效遏制“三违”，他们仅在帮教这一环节上就要使其过“六道关”，即单位帮促教育关、个人反思亮相关、组织教育引道关，“三违医院”诊治关（“大夫”由安全管理人员承担）、家教亲情感化关、陪护伤员警醒关，时间总计31天。一般轻微的“三违”也要过三关，时间为9天。在规定的时限内，每一项都有具体的内容。实行准军事化管理所产生的直接效果是“三违”现象大幅减少。枣矿集团以“安全是根，根基不牢，地动山摇”的理念，深化对“三基”（基层、基础、基本功）建设的认识，不断强化措施。实现百万吨死亡率由2000年的0.75人、2001年的0.57人、2002年的0.28人，降为2003年的0.18人，2004年实现零死亡；2005年产煤2001.6万吨，百万吨死亡率0.1人的安全好成绩。山东省政府已先后两次在枣矿召开安全生产现场会，开展“全省工交系统学枣矿、国有大矿学枣矿”的“双学”活动。①

再如，针对安全管理滑坡情况和由来已久的“要我安全”的管理心态和模式，山西晋城无烟煤矿业集团有限责任公司成庄煤矿创新安全管理理念，实施“安全信誉机制”，通过对区队班组和职工在生产活动中的安全意识、安全行为、安全环境和安全能力进行量化考核，即安全信誉度评价，使之与安全信

① 杨庆生、李豪文、解士英：《创新安全文化建设推进企业安全发展——山东枣庄矿业集团公司安全文化建设调查报告》，《国家安全生产监督管理总局调查研究》（内部资料），2006年第1期。

誉警示、安全信誉激励相互联系和作用，促进区队班组和职工提高安全综合素质和能力的一种管理制度。“安全信誉机制”的建立和实施，对员工安全意识、操作规范、现场管理、安全生产能力等都有极大的促进作用。①

四、非煤矿山安全管理的问题与对策

（一）非煤矿山企业安全管理的问题

总的看来，非煤矿山安全管理工作薄弱。但少数大中型非煤矿山企业在管理人员理念、员工素质、管理机构、专业人才、管理制度、生产工艺、设备、安全投入等方面有较完备的基础，一些企业实施了 OSHMS，与国际管理惯例接轨程度较高，安全生产的保障程度较高。但是，绝大多数非煤矿山基础薄弱，管理水平不高。尤其是 80% 左右的伤亡事故发生在小矿山之中，说明这些企业安全管理问题是相当严重的，主要表现为：

1. 组织机构方面的缺陷。由于规模小、人员少，有的往往不注重安全管理组织机构的设置或不配备专职安全生产管理人员，导致企业日常安全管理工作无人抓、无人管。

2. 安全生产管理制度及其落实方面的缺陷。①企业各项安全生产责任制、各项安全生产规章制度及档案、各种岗位的安全操作规程等不健全，使企业安全管理工作无章可循；②有的企业虽然各项规章制度较健全，但仅仅是只停留在纸上，没

① 国家安全监督管理总局宣教中心安全文化研究所：《煤矿安全信誉机制的探索与实践——山西晋城煤业集团成庄煤矿安全文化建设调查》，《国家安全生产监督管理总局调查研究》（内部资料），2006 年第 15 期。

有真正去实行，仍然是有章不循，甚至违章指挥、违章作业；③在生产过程中的作业人员图省事或存在侥幸心理，不按安全操作规程去做，出现各种不安全行为。

3. 安全教育和培训缺陷。①有的企业不注重安全教育和培训，不进行新工人上岗前的三级安全教育和培训及换岗前的安全教育和培训；②企业往往不能够做到矿长、安全管理人员和特种作业人员持证上岗，导致管理人员指挥失误、作业人员操作失误、监护人员监护失误，发生伤亡事故。

4. 安全专项资金投入缺陷。安全教育和设施设备的资金投入没有或不足；劳动防护用品发放不及时或对作业人员按使用规则佩戴、使用劳动防护用品监督教育不够。

5. 作业环境管理缺陷。企业往往忽视对作业环境的粉尘、噪声、振动、有害物质、温度等的控制和管理，造成恶劣的作业环境，影响操作人员作出正确的判断和操作，危害作业人员的安全和健康。

6. 编制的事故应急救援预案不健全。无针对性，形同虚设，流于表面，应付检查。当事故发生时，往往在救援过程中导致次生事故发生和事故范围的扩大。

尽管矿山企业在申请安全生产许可证时都按要求上报了安全生产管理制度、安全技术操作规程、事故应急救援预案等材料，但在对矿山企业进行现场审查时发现，部分矿山企业无法提供上述材料，企业负责人和安全生产管理人员面对审查人员的询问，甚至对一些制度不清楚，更难以做到对制度进行严格贯彻执行。据了解，许多矿山企业直接把其他企业的大部分申报材料进行复制后改个名称然后上报，以至出现一个县（市、区）的申报材料出自同一“版本”。个别矿山企业甚至由中介机构进行安全评价、申报材料准备、申报“一条龙”服务，矿山企业本身对上报的材料没有留底，安全生产档案和台账工作较差。

按照事故原因分类，导致我国非煤矿山事故频繁发生的主要原因是“三违”（违章指挥、违章作业、违反劳动纪律）和生产场所环境不良。违反操作规程或劳动纪律和生产场所环境不良事故占总量的60%左右，其中违反操作规程或劳动纪律占35%左右，生产场所环境不良占25%（如图7－3所示）。

由此可见，我国非煤矿山的安全管理状况处于非常原始的阶段。

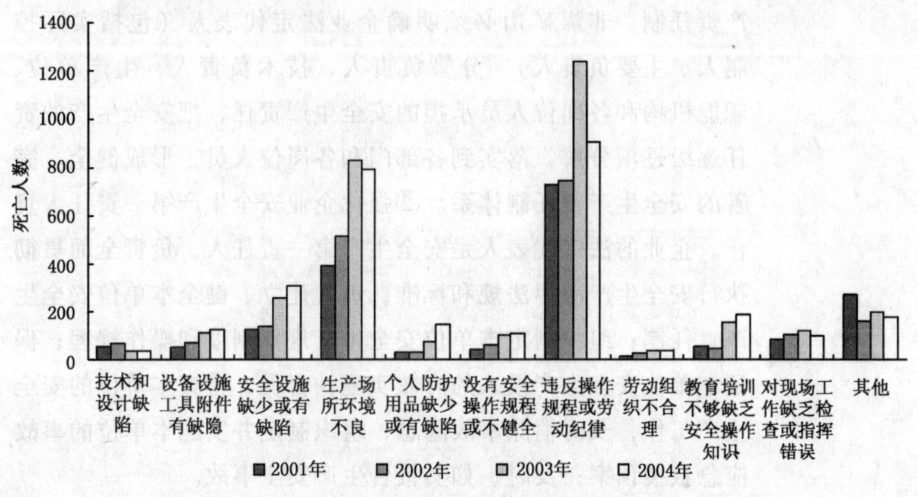

图7－3　2001—2004年非煤矿山死亡人数按事故原因分布

（二）强化非煤矿山安全生产管理的对策

1. 建立和完善企业安全管理机构和制度。根据《国家安全监管总局关于加强金属非金属矿山安全基础管理的指导意见》，建立、完善各项安全管理制度。设立专门安全管理机构，配备专职安全管理人员。地下矿山专职安全管理人员不少于3人，露天矿山不少于2人，小型露天采石场不少于1人。矿山每班必须确保都有专职安全检查人员。

非煤矿山需要重点健全和完善14项安全管理制度：①安全生产责任制度；②安全目标管理制度；③安全例会制度；

④安全检查制度；⑤安全教育培训制度；⑥设备管理制度；⑦危险源管理制度；⑧事故隐患排查与整改制度；⑨安全技术措施审批制度；⑩劳动防护用品管理制度；⑪事故管理制度；⑫应急管理制度；⑬安全奖惩制度；⑭安全生产档案管理制度等。

明确安全职责，建立安全生产责任制：①建立健全安全生产责任制。非煤矿山必须明确企业法定代表人（包括实际控制人、主要负责人）、分管负责人、技术负责人、生产单位、职能机构和各岗位人员承担的安全生产责任，把安全生产的责任逐级逐项分解，落实到各部门和各岗位人员，形成健全、完善的安全生产责任制体系。②强化企业安全生产第一责任人责任。企业的法定代表人是安全生产第一责任人，负责全面贯彻执行安全生产法律法规和标准；负责建立、健全本单位安全生产责任制；组织制定本单位安全生产规章制度和操作规程；保证本单位安全生产投入的有效实施；督促、检查本单位的安全生产工作，及时消除事故隐患；组织制定并实施本单位的事故应急救援预案；及时、如实报告生产安全事故。

2. 推进非煤矿山安全标准化工作。安全标准化是预防事故，加强安全生产管理的重要基础，也是落实企业安全生产责任制的重要手段。各地区和金属非金属矿山企业要认真执行《金属非金属矿山安全标准化规范》，要将安全标准化工作与“三同时”、安全许可、专项整治以及日常监管工作实行有机结合，督促企业加强安全生产基础工作，对照安全标准化规范，认真进行自查自改，进一步规范企业的生产行为，建立预防为主、持续改进的安全生产自我约束机制，提高企业安全生产水平。

3. 加强和改进安全技术管理。

（1）建立安全技术管理体系。企业法定代表人负责建立以技术负责人为首的技术管理体系，技术负责人对矿山安全生产技术工作负责。矿山设立技术管理机构，配备采矿、机电、地质及测量等专业技术人员，地下矿山还必须配备通风等专业技术人员。

(2) 加强技术基础工作。技术负责人负责制定金属非金属矿山年度灾害预防计划，并根据实施情况及时修改完善。严格按照《金属非金属矿山安全规程》和相关技术规范等规定，绘制矿山相关图纸，图纸要与实际相符。对矿山地质情况、开采情况、周边采空区情况等要由技术人员定期进行分析，制定针对性的安全技术措施，并形成完整的技术基础资料。

(3) 加强重点生产场所的技术管理。矿山应加强尾矿库、地下矿山采空区、露天矿山排土场和边坡等地方（部位）的技术管理工作。严格制定并执行防治重大灾害事故的安全技术措施，配备相应的人员和监测设备。技术负责人每季度组织一次重大灾害调查，制定相应的专项防治措施。建立通风管理制度，完善机械通风系统，加强作业场所的通风管理。

(4) 积极推广先进适用技术。积极采用采空区探测、边坡和尾矿库监测、井下作业人员定位跟踪系统等先进技术和装备；在中小型露天矿山推广中深孔爆破技术，改善作业条件和环境。

(5) 及时解决安全生产技术问题。技术负责人每月组织一次技术分析会议，及时研究解决安全生产技术问题。重大事故隐患或技术难题，应聘请相关专家进行分析论证，采取有效措施，确保安全生产。

4. 加强隐患排查和治理工作。

(1) 加强隐患排查，做好治理工作。矿山应建立安全生产隐患排查制度，明确日常排查、定期排查和分级管理的任务、范围和责任。矿山企业法定代表人或主管负责人每月至少组织一次全面的、以隐患排查为主要内容的安全大检查。对查出的各类隐患要进行登记，落实整改措施和责任人员，限期进行整改。整改结束后，按规定由矿山企业法定代表人或主管负责人组织验收。

（2）做好复产验收工作。停产整顿的矿山企业要制定整改方案，明确整改内容和安全技术措施，限期完成整改。节假日期间放假或停产检修的矿山必须制定和采取保障安全的措施，恢复生产前，矿山企业要制定具体的复产方案，落实安全保障措施，对员工要集中进行安全培训教育。矿山整顿、整改完毕后应组织验收，未经验收或验收不合格的矿山不得恢复生产。

5. 严格从业人员劳动管理，落实全员安全培训工作。严格从业人员劳动管理。矿山对录用的从业人员（包括农民工），必须按规定到当地劳动保障部门办理录用、备案手续，完成就业前培训，依法与从业人员签订劳动合同，参加工伤保险。严禁使用女职工从事矿山井下作业。

按照国家规定，对新录用的地下矿山作业人员，应进行不少于72学时安全教育和培训，考核合格并在有经验的职工带领下实习满4个月后方可独立上岗作业；新录用的露天矿山的作业人员，应接受不少于40学时的安全教育和培训，经考试合格方可上岗作业；所有生产作业人员，每年接受教育培训的时间不少于20学时。矿山主要负责人、安全管理人员和特种作业人员必须经相关机构培训合格、取得相应资格证后方可上岗工作。

五、建筑业企业安全管理的问题及对策

（一）我国建筑业企业安全管理存在的问题

1. 企业安全管理体系存在的缺陷。企业安全管理缺陷包括技术缺陷、劳动组织不合理、防范措施不当、管理责任不明确等。目前部分建筑企业负责人对安全生产意识错位、重视不

够，粗放的“经验型”和“事后型”的管理，造成安全管理工作时松时紧，治标不治本，加之有的施工企业安全管理制度不健全，劳动纪律松懈，使事故有了可乘之机；有些企业对安全生产重视程度不高，借口工程造价低、资金不到位等原因，压缩安全支出，致使施工现场安全生产缺乏必要的资金投入，施工现场安全管理制度形同虚设，安全生产责任制和奖惩制度没有得到具体落实；有些建筑企业在改制过程中为减少部门和人员，盲目撤并安全管理部门，致使安全管理工作上下断档，缺乏对施工人员的安全管理教育培训。以上管理体系的原因造成企业整体安全生产意识比较淡薄，安全检查和防护措施流于形式，不能及时发现和消除事故隐患。

2. 违章作业，违规指挥问题比较常见。一些建筑施工企业不配备个人安全防护用品，或是虽配备但不符合国家安全标准；虽有合格的安全防护用品但置之不用，脚手架、安全网、安全围栏、作业平台、模板支撑等使用的材料低于标准规格，或是设置时不符合安全技术规范标准；违规堆积超重材料、物件；施工机械违规安装、违章操作或者带病运转；现场临时用电设施和操作使用不符合建筑工程安全用电规范要求。一些工程负责人为了抢时间、赶进度及降低成本，违反施工安全规定，违反施工程序，在不具备安全生产条件下强令工人作业，严重超时加班，导致工人疲劳作业。

3. 转分包中安全管理“漏洞”多。建筑业的特点是多层分包问题比较突出（如图 7－4）。通过由多级承包商构成的分包链条，总承包商可以有效地减少交易费用，节省人力、物力和财力，从而保证自有队伍精简，达到维持相当利润的目的；同时，各级分包商，尤其是专业分包商可以享受到专业分工和协作带来的规模效益。但是，在多层分包中需要准确界定包括安全管理在内的双方的权利和义务，许多发达国家都明确规定，对存在多重承包关系的生产经营项目、场所的安全生产负有全面责任的责任人，必须设置和运作安全生产管理协议组织、负责各单位的联络及调整、作业场所的巡视、对分包商的安全教育进行指导与援助、实施国家规定的安全措施等。[①] 但是，我国对于建筑行业的转分包关系中安全方面的权利义务、安全管理及安全组织的设置等没有明确界定，这些对于搞好建筑业安全管理都是不利的。

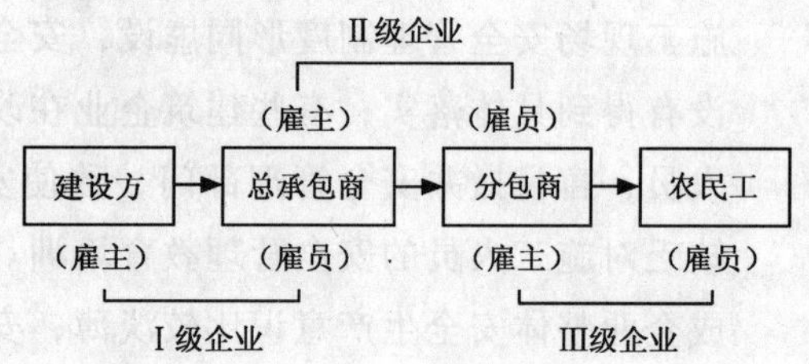

图 7－4　我国建筑业转分包关系示意图

4. 安全教育培训存在诸多问题。据全国建筑施工安全生产形势报告，2006 年全国建筑业（包括铁道、交通、水利等专业工程）共发生事故 2224 起，死亡 2538 人，而在这些事故中农民工占到伤亡总数的 80% 以上。由此可见，加强农民工的安全教育和安全管理，确保其人身安全和作业安全迫在眉睫。有关调查显示，到城镇务工的农村打工者文化程度普遍偏低，80% 以上农民工只有初中以下文化，他们由于受到文化素质的影响，对建筑安全、施工知识了解甚少，安全观念淡薄，加上我们用工企业的经营者对农民工重使用轻培训，安全教育流于形式、弄虚作假，对安全教育没有落实到位。因此，如何加强农民工的安全意识，使安全教育制度落实到位，使农民工的职业安全能够得到更有力的保障，这是建筑业管理人员不可推卸的责任。反观经济发达国家，对建筑市场中劳务素质要求明确，各工种技能人员从业的学习和培训已形成制度，没有经过技能训练的人员不能上岗。澳大利亚建筑业建立了人力资源信息系统，便于人员的管理和聘用。德国建筑企业从劳务市场

① 刘湘丽：《强化企业安全生产的主体责任》，《经济管理》2006 年第 9 期。

聘用人员已经从过去单纯的劳务人员转为管理和生产复合型人员，简单操作人员已经不受市场的欢迎。[①]

(二) 加强建筑业企业安全管理的对策

1. 进一步加强对建筑施工企业的监督管理。建筑主管部门和安全监督部门对建筑施工单位按照“一标五规”加强安全现场监管，坚决减少乃至杜绝事故发生（“一标五规”是国家建设部发布的行业标准和规范，具体包括：《建筑施工安全检查标准》、《施工现场临时用电安全技术规范》、《建筑施工高处作业安全技术规范》、《龙门架及井架物料提升机安全技术规范》、《建筑施工扣件式钢管脚手架安全技术规范》、《建筑施工门式钢管脚手架安全技术规范》）。建筑主管部门和安全监督部门可从八个方面，加强对建筑施工企业日常安全管理：一查资质。根据有关建筑法律法规的规定，涉及施工企业安全资质问题可称查“四证”。企业安全资格或安全生产条件认可证、主要负责人安全生产管理知识培训考核合格证、安全生产管理人员的安全培训考核合格证、特种作业人员操作证。二查安全机构和人员配置。建筑施工企业应当设置安全生产管理机构或者配备具有执业资格的专职安全生产管理人员。三查责任制落实。检查《中华人民共和国安全生产法》规定的主要责任人6条安全生产工作职责的履行情况、该单位各级各类人员安全生产责任制的制定情况以及责任制履行措施及奖惩情况。四查用电安全。五查施工机械安全。六查高（空）处作业与脚手架安全。七查基坑支护和拆除旧有工程的安全。八查现场协调管理。《中华人民共和国安全生产法》对建筑施工现场协调管理做了规定，主要有八点：一是在危险性较大的场所、设施、设备上，设置明显的安全警示标志；二是施工现场

① 关柯、李小东、肖厚忠：《建筑业经济新论》，重庆大学出版社2007年版。

危险源的安全管理；三是从业人员宿舍的安全管理；四是爆破、吊装等危险作业现场，应当安排专业人员进行现场安全管理和监督；五是向施工人员告知危险因素、防范措施、事故应急措施；六是必须按规定配戴符合国家标准的防护用品；七是两个以上施工单位在同一个作业区域内进行建筑施工活动的安全管理；八是一个施工项目、场所有多个承包单位的，应签订专门的安全生产管理协议，明确各单位的安全管理职责，生产经营单位还应履行统一协调、管理的义务。

与此同时，建筑主管部门和安全监管部门要转变工作作风，提高监管水平：一是要进一步改进工作方法，以加强对施工现场的监督检查为工作重心，加大对施工现场安全生产方案、措施和落实情况的督促检查力度，做到严查、细查、实查。二是针对本地区施工易发和多发事故的类型、原因和薄弱环节，制订切实可行的措施，加以治理和防范。譬如当前的村镇建设发展较快，拆除工程增加，要根据不同地区，突出重点，采取有针对性的监控措施，确保安全生产措施和监督检查的效果。三是改进工作方法，加强对建筑安装施工企业安全工作的指导和服务力度。企业的安全管理机构和管理人员的设置是否合理和足够，安全管理目标责任是否落实等，以及有关安全管理、安全投入和安全防护知识的培训，都是安全监督部门为企业指导和服务的工作内容。要增强企业安全生产意识，提高安全管理能力，促进企业安全管理的自觉性，预防和及时消除事故隐患；四是安全监管部门要有明确的安全生产管理目标责任。目标责任制订后，关键是抓落实，安全监管部门可与每个单位建设工程签订安全生产、文明施工目标管理责任书，按有关标准考核、评定其工程的安全、文明管理达标和优良等级，考评结果作为审核企业安全资格的条件之一，以此促进预防措施的落实，控制一般事故的发生率，杜绝重大伤亡事故的发生。

2. 积极推动建筑施工安全质量标准化。为促使建筑施工企业建立起自我约束、持续改进的安全生产长效机制，建筑施工企业要积极开展安全质量标准化工作，采取措施推动建筑施工安全质量标准化工作。

据了解，到2008年底，建筑施工企业的安全生产工作要全部达到“基本合格”，特级、一级企业的“合格”率应达到100%；二级企业的“合格”率应达到70%以上；三级企业及其他施工企业的“合格”率应达到50%以上。2010年底，建筑施工企业的“合格”率应达到100%。到2008年底，建筑施工企业的施工现场要全部达到“合格”，特级企业施工现场的“优良”率应达到90%；一级企业施工现场的“优良”率应达到70%；二级企业施工现场的“优良”率应达到50%；三级企业及其他各类企业施工现场的“优良”率应达到30%。2010年底，特级、一级企业施工现场的“优良”率应达到100%；二级企业施工现场的“优良”率应达到80%；三级企业及其他施工企业施工现场的“优良”率应达到60%。①

3. 强化安全检查，消除安全隐患。安全检查是发现不安全行为和不安全状态的重要途径，是消除事故隐患、落实整改措施、防止事故伤害、实现安全生产的重要方法。施工项目的安全检查的重点以劳动条件、生产设备、现场管理、安全设施以及生产人员的行为为主。企业生产组织者，应在全面安全检查中，透过作业环境状态和隐患，对照安全生产方针、政策，查找对安全生产认识的差距。对安全管理的检查，主要包括以下六个方面：一是安全生产是否提到议事日程上。各级安全责任人是否坚持施工与安全管理同时计划、布置、检查、总结、评比；二是业务职能部门、人员，是否在各自业务范围内，落实了安全生产责任；三是安全教育是否落实，教育是否到位；四是工程技术、安全技术是否结合为统一体，作业标准化是否严格实施。如：机器设备、工人生产用具等是否符合安全条

① 来源于维普资讯（http：//www. cqvip. com)。

件，安全防护措施是否符合规章制度，企业安全资金是否确保及时到位、不挪作他用，安全防护用具是否配备全套等；五是安全控制措施是否得力，控制是否到位；六是事故处理是否符合规则。是否坚持“三不放过”的原则，即找不出原因不放过、本人和群众受不到教育不放过、没有制定出防范措施不放过的要求。在检查过程中，一旦发现存在危险源，必须果断地消除。对于一些由于某种原因而一时未能消除的危险因素，应逐项分析，寻求解决办法，安排整改计划，尽快予以消除。

4. 抓好农民工安全培训教育。要认真贯彻落实《国务院关于解决农民工问题的若干意见》（国发［2006］5号）和国家安全监督总局等七部门联合下发的《关于加强农民工安全生产培训工作的意见》（安监总培训［2006］228号），进一步加强对建筑业农民工安全教育培训工作。同时，要进一步落实建设部和全国总工会联合下发的《关于进一步改善建筑业农民工作业、生活环境切实保障农民工职业健康的通知》，督促企业贯彻执行《建筑施工现场环境与卫生标准》等规范，维护农民工的职业安全卫生权益。要充分挥各地建筑工地农民工夜校的作用，重点加强对项目工长、施工队长、班组长等农民工骨干人员的培训，发挥他们的“传帮带”作用，帮助广大农民工提高安全意识和安全知识技能。各地可借鉴广东省等地区采取的“平安卡”制度管理模式，积极探索进一步加强从业人员特别是农民工安全管理和安全培训教育工作的有效途径。

5. 运用市场机制促进建筑企业加强安全管理。由于建筑安全事关重大，世界各国都花大力气立法定规，运用强制手段确保安全水平不断提高。与此同时，也在探索建立能够鼓励承包商主动自觉地加强安全管理的市场机制，值得借鉴：首先，树立安全是投资而不是消耗的观念。问题已经不是要不要安全投入，而是投入多少？如何更合理有效地使用各种资源？搞好安全投资正成为企业经营的驱动力，也是企业树立良好市场声誉的标志。其次，对承包商在进入建筑市场时设置安全门槛也是一个有效的方法，即将企业的安全业绩纳入承包商的投标评标标准。按照我国招投标法的规定，用行政命令强制实施是有条件的。而国外市场化程度较高，行政较少干预市场，招投标由业主规定标准，这样的措施反倒很难实施。最后，尽快建立能够刺激承包商加强安全管理的意外伤害保险机制将大大推动企业的安全水平。引入保险业首先可以分担承包商的一部分风险，其次保险公司的监督机制将有助于提高企业的安全管理水平，最后根据安全业绩可调整的保费费率也可刺激承包商加强安全管理。根据我国试点的情况，有两个问题亟待解决：第一是保费要根据事故率及安全业绩科学合理地确定，过高则影响企业投保的积极性，过低则保险公司将承担太大的风险；第二是保险公司的承保与赔付服务一定要专业、到位。优质的保险服务将使企业乐于投保。

第八章

安全生产的法律体系

安全生产法律是保护劳动者的安全与健康、保障经营者生产效益和法定权利、保障国家及公民财产安全的法律。安全生产法律是国家安全卫生管理体系的基础，是政府、企业制定和实施安全卫生管理政策及标准的重要依据，也是约束企业及劳动者行为的重要手段。我国安全生产法律体系是由宪法、国家法律、国务院法规、地方性及部门法规、国际公约以及标准、规章、规程和规范性文件等构成的。近年来我国在安全生存法律体系建设方面取得了很大的进展，但我国安全生产法律建设具有长期性和艰巨性，还需要长期艰苦的工作。

一、世界安全生产立法的基本情况

工业发达国家以及部分发展中国家（地区）都制定了与安全生产相关的法律规定，这对减少劳动事故、预防职业病的发生、保护劳动者的安全与健康以及保障国家及公民财产安全，起到了显著的作用。

（一）世界安全生产立法的发展

职业安全卫生问题是伴随着工业化而产生，并逐渐受到重视的。英国、美国、日本这些较早兴起现代工业的国家，最早在19世纪中期就开始注意到了劳动事故、职业病的问题。于是，在这些国家逐渐形成了通过立法来控制劳动事故的社会意识，相继制定和实施了一些与劳动者的安全与健康相关的法律规定，如英国（1832年）、美国（1877年）、日本（1923年）颁布了工厂法，对劳动时间、劳动环境、工厂设备安全等作出了规定。在这些国家，有关矿山、铁路等特殊行业的安全生产法规也被制定了出来。

20世纪50—70年代，工业发达国家进入经济高速增长时期，生产规模不断扩大，新材料、新设备、新工艺被大量使用，同时劳动事故也日益大型化、新的职业病患者开始增加。为解决不断出现的职业安全卫生问题，各国不断地修改原来的规定，并且还颁布了许多新的规定。这使得有关职业安全卫生的法律规定越来越多，体系越来越复杂。然而，这个时期还没有一个国家对职业安全卫生进行单独立法，也就是说，没有一个国家的法律可以涵盖所有领域的职业安全卫生问题。这给国家综合治理安全生产卫生问题、全面提高所有劳动者的安全与健康带来了影响。于是，一些国家决定就职业安全卫生制定一个统一的、全面的、综合的基本法。

20世纪70年代，在世界范围内出现了争相制定和颁布安全生产法的现象。1970年美国颁布了《职业安全卫生法》，1972年日本颁布了《劳动安全生产法》，1974年中国台湾地区颁布了《劳工安全卫生法》，同年英国颁布了《劳动安全卫生法》、德国颁布了《职业安全法》、加拿大颁布了《职业卫生与安全法》、芬兰颁布了《职业卫生法》，墨西哥、玻利维亚也颁布了相关法律。20 世纪 80 年代以后，韩国、南非这些新兴工业国家也相继制定和颁布了“职业安全卫生法”。中国于 2002 年 5 月 1 日颁布了《职业病防治法》，同年 11 月 1 日颁布了《安全生产法》。在“安全生产法”这一基本框架之下，各国还制定了一系列与之相配套的行政规定、实施计划、管理规章、技术标准，以明确法律规定的各项基本原则、具体措施，强化法规的可操作性，形成完整的职业安全卫生的法律体系。

不仅各国纷纷制定安全生产的法规，国际劳工组织（ILO）也制定和颁布了一系列与职业安全与卫生相关的公约、建议书、导则和标准：1947 年《（工商业）劳动纠察公约》（第 81 号公约）、1981 年《职业安全卫生及工作环境公约》（第 155 号公约）、1985 年《职业卫生设施公约》（第 161 号公约）和 2006 年《促进安全卫生的框架性公约》（第 187 号公约）。这些公约是各国制定相关法律的重要的参照基准，对各国的职业安全卫生法体系产生着较大的影响。

世界主要工业发达国家（地区）和部分发展中国家（地区）都制定了安全生产法律（表 8－1）。从立法时间看，美国是世界上第一个制定完整的职业安全卫生法的国家。日本、加拿大、多数欧洲国家、巴西、阿根廷等南美国家，以及中国台湾都是在 20 世纪 70 年代制定了完整的职业安全卫生法律。20 世纪 80 年代以后，韩国、澳大利亚、马来西亚、中国香港、墨西哥、俄罗斯、南非、中国也相继颁布了安全生产法律。但是，目前仍然有一些国家还没有制定安全生产法，这些国家主要集中在非洲、亚洲和南美洲。

表 8－1　　　　部分国家及地区的安全生产立法情况

国　家	基本法名称及立法时间	相关法律、法规、条例
中国	《安全生产法》，2002 年；《职业病防治法》，2002 年	①有关《安全生产法》、《职业病防治法》的实施条例、规定、国家/行业标准
中国台湾	《劳工安全卫生法》，1974 年	①有关《劳工安全卫生法》的实施条例、通知 ②《劳动监督法》、《劳动灾害补偿法》等相关法律
中国香港	《职业安全及卫生法》，1987 年	①《职业安全及卫生条例》 ②《工厂法》等相关法律
日本	《劳动安全卫生法》，1972 年	①有关《劳动安全卫生法》的实施条例、标准 ②《作业环境测定法》、《劳动者灾害补偿法》等相关法律
韩国	《职业安全卫生法》，1987 年	①有关《职业安全卫生法》的实施条例、标准 ②《劳动灾害补偿法》等相关法律
新加坡	《工厂法》，1973 年，2006 年 3 月 1 日后更名为《职业安全卫生法》	①《职业安全卫生法实施指南》 ②《劳动补偿法》等相关法律
马来西亚	《职业安全卫生法》，1994 年	①《职业安全卫生条例》 ②《工厂、机械法》及相关条例
印度尼西亚	《安全法案》，1970 年	①有关劳动安全卫生的部令
澳大利亚	《职业安全卫生法》（联邦政府颁布），1991 年	①联邦政府颁布的《安全康复补偿法》 ②各州政府颁布的《职业安全卫生法》、《职业补偿法》、《职业安全管理法》
英国	《安全卫生法》，1974 年	①《安全卫生规则》 ②有关《安全卫生规则》的行动指南 ③《矿山法》、《火灾预防法》等相关法律

续表

国　家	基本法名称及立法时间	相关法律、法规、条例
德国	《职业安全卫生法》，1974 年，1996 年改为《劳动保护法》	①《劳动场所条例》、《危险原料条例》等实施条例、标准 ②《仪器和产品安全法》等相关法律
法国	《劳动法》第 2 卷《安全卫生与劳动条件》（第3篇）、《工作现场的医疗》（第4篇）、《罚则》（第6篇）， 《劳动法》，1919 年，有关安全卫生的条款于 1976 年完善。	①有关安全卫生的标准 ②《矿山法》等相关法律
俄罗斯	《劳动安全基本法》，1999 年	①《危险生产项目工业安全法》
美国	《职业安全卫生法》，1970 年	①《职业安全卫生标准》 ②有关《职业安全卫生标准》的行动指南
加拿大	《劳动法》第 2 部《职业健康与安全规章》（联邦政府颁布）	①联邦政府制定的安全卫生条例 ②各州、地区政府制定的安全卫生条例
巴西	《劳动法》第 2 部第 5 章《劳动安全卫生》，1943 年颁布，有关实施条例于 1978 年颁布	—
阿根廷	《职业安全卫生法》，1972 年	①有关《职业安全卫生法》的实施条例 ②《劳动补偿法》等相关法律
墨西哥	《联邦安全卫生法》，1997 年	①《社会保障法》、《劳动补偿法》等相关法律
埃及	—	①关于劳动安全卫生的法律、条例
肯尼亚	—	①《工厂劳动法》 ②有关《工厂劳动法》的实施条例
南非	《矿山健康与安全法》，1997 年	①有关《矿山健康与安全法》的实施指南

注：根据国际安全卫生中心相关资料整理。http: //www. jniosh. go. jp/icpro/jicosh - old/japanese/country/index. html。

（二）世界安全生产立法的基本内容

1. 安全生产法是综合性法律。大多数国家（地区）颁布的基本法都是综合性法律，即这个法律既适用于劳动安全问题，也适用于劳动健康问题。这说明多数国家（地区）都认同在同一个法律框架内来解决劳动安全与健康问题。之所以有这样的共识，是因为劳动安全和劳动健康之间有着紧密的关系，劳动环境、劳动过程以及劳动本身的安全性，对劳动者的安全与健康状况产生直接影响。保障劳动者的安全与健康，必须以劳动环境、劳动过程和劳动本身的安全作为前提条件。所以，所有在劳动过程中发生的对劳动者的安全与健康有不良影响的因素，都应该通过一个法律框架来管制。从管理的角度看，把安全与健康问题放在同一个法律框架内，也是有道理的。因为如果分别制定法律，并在不同法律下实施分散管理，势必造成法律、法规、条例数量增加、管理机构的增加，这反而增加了管理的复杂性，不利于提高管理效率和灵活性，同时也不利于发挥企业的自主性。英国在 1974 年以前制定了大量的关于安全与健康的法律法规，并有 5 个部厅、7 个管理机构负责安全卫生工作。但英国政府在实践中认识到过多的、分散的法律法规不利于有效管理，于是在 1974 年颁布了《安全卫生法》，成为统一指导安全生产管理的基本法，并废除了多元化的行政管理，设置了安全卫生委员会，实施一元化管理。①

2. 安全生产法是单独的法律。多数国家（地区）的安全生产法都是独立的法律，即不从属于其他法律。有的国家在没有颁布安全生产法之前，是通过劳动法等其他法律来规定安全生产条款的，但最终还是把安全生产法分离了出来。例如，日

① 国际安全卫生中心：《英国 1974 年的职业安全卫生法》，http：//www. jniosh. go. jp/icpro/jicosh－old/japanese/country/uk/law/HealthandSafetyatWorkAct1974/index. html。

本1972年把《劳动安全卫生法》从《劳动基准法》中分离了出来，其理由一是当时劳动灾害事故频发、新型职业病增多，而为应对这些情况制定和修改的法律法规数量大幅度增加，体系的庞杂到了需要独立立法、管理的程度。二是《劳动基准法》的管理对象是在直接雇用中具有从属关系的双方，而未包括像建筑行业中的多次承包关系的各方，然而这是安全卫生管理的重要对象。三是中小企业的安全卫生状况大幅度落后于大企业，有必要提供技术、财政支援，以健全其预防劳动灾害的基础设施，而单独立法有利于国家制定相关政策。[①] 总而言之，随着经济发展、社会进步，人们对安全生产的重要性的认识水平不断提高，这会促使国家提高对安全生产的重视程度，进而对安全生产单独立法。目前多数国家的安全生产法还有一个特点，就是具有授权法的性质，即该法规定，授权相关大臣、部长或机构可根据需要制定条例、规程、标准等，毋需经国会审议等繁杂立法手续。这样可以加速立法进程，及时发挥法律效力，解决存在的问题。[②]

3. 安全生产法律具有完整的体系。考察各国（地区）的安全生产法律体系，可以发现大都是由四个部分组成：①基本法；②基本法的实施条例、规则、指针、标准；③条例、规则、指针、标准的具体操作措施；④有关特种行业、危险物品、劳动补偿等的相关法律。其中，①基本原则；②实施基本原则的标准、措施；③落实标准的操作方法；④对特殊情况的规定。要提高执法的效力，当然首先要有完备的基本法，但这还远远不够，还必须充实各种条例、标准以及操作方法，也就是说②、③和④是不可缺少的。从法律具体化的角度看，①至④是一个有机整体，是体现法律体系完整性的一个重要方面。

---

① 奥西好夫：《劳动安全卫生管制》，载《社会性管制经济学》，第240—241页，NTT出版社，1997年。

② 科学技术部专题研究组：《国际安全生产发展报告》，科学技术文献出版社，第6—7页。

另外，从更宏观的角度看，安全生产法律应该包括劳动灾害预防、灾害处理和灾害补偿三方面，这样才能全面体现对劳动者安全健康的保障，所以劳动补偿法律也应该被纳入安全生产体系当中。除此之外，关于特种行业、危险物品的法律也是安全生产法律体系中的组成部分。但是因为篇幅有限，本章主要以与劳动灾害预防、劳动灾害处理有关的安全生产法为中心进行探讨。

一般来讲，各国（地区）的基本法都使用较简练的语言对原则、义务和目的等进行规定。尽管如此，还是可以发现，有的国家的基本法规定得具体，操作性强。例如，法国《劳动法》第 2 部第 3 篇《安全卫生与劳动条件》L231 - 1 条规定，禁止以饮用为目的，将不含有酒精的葡萄酒、啤酒、碳酸饮料、洋梨酒、蜂蜜酒等以外的所有的含有酒精的饮料带入作业现场，或送给作业者。美国《职业安全卫生法》对立法程序、执法程序都规定得十分详细，具体到列出时间表。这样做的好处是执法相对容易。但是，基本法规定得太详细，也不利于根据情况灵活执法。因为安全卫生的形势、情况总在变化，所以法律需要不断与时俱进，而基本法的修改一般都要经过国会审议，需要较长的时间。为了既保证法律的完备性，又能及时根据新情况调整法律，许多国家就在基本法之下又制定了成套的实施条例、规则、标准，还对基本法包含的几乎所有领域制定详细的行动指南，来规范雇主、劳动者行为。因为这些行动指南不是法律，可由安全生产管理部门颁布，相对来讲出台不需要花费很多时间。

日本在《劳动安全卫生法》的基础上，颁布了《劳动安全卫生法实施令》、《劳动安全卫生规则》，对《劳动安全卫生法》的每一条款都给出了具体解释和实施标准。例如，《劳动安全卫生规则》分为四部分。第一部分为通则，包括安全卫生管理体制、劳动者救护措施、技术指针、危险及有害物品调查、机械、危险及有害物品的管制、安全卫生教育、上岗限制、增进健康的措施、创建舒适工作环境的措施、许可证、安全卫生改善计划、监督等。第二部分为安全标准，包括机械安全标准、建筑设备安全标准、材料组装设备安全标准、防止爆炸、火灾标准、电气安全标准、采掘安全标准、货运安全标准、伐木安全标准、建筑物钢筋组装作业安全标准、钢铁桥梁作业安全标准、木造房屋作业安全标准、水泥建筑作业安全标准、水泥桥梁作业安全标准、防止坠落、飞来物击伤标准、通道及落脚处安全标准、作业区域安全标准、防止泥石流标准。第三部分为卫生标准，包括有害作业环境标准、劳保工具标准、空气及换气标准、采光及照明标准、温度及湿度标准、休息标准、清洁标准、食堂及炊事场所标准。第四部分为特别管制，包括特定发包生产经营单位的管制、机械设备出租者的管制、建筑物出租者的管制。除了《劳动安全卫生法实施令》、《劳动安全卫生规则》之外，日本还颁布了《作业环境测定标准》、《作业环境评价标准》、《锅炉及压力容器安全规则》等23个规则、规格，来指导执法。

美国的《职业安全与卫生标准》，内容涉及步行区域及作业区域、避难手段、动力平台和升降机等24个方面，每个方面的规定十分详细、具体。如关于步行区域与作业区域的规定包括地面、墙壁的开口及洞的防护、工业用固定楼梯、移动式木制梯子、移动式金属梯子、固定梯子、落脚处安全规定、手动式移动梯子等方面，其中对工业用固定楼梯的载重强度、宽度、台阶的角度、高度、平面面积、防滑度、楼梯扶手、护栏的尺寸等都作出了规定。为了帮助企业更好地理解法律、遵守法律，美国还为每个标准提出了指针或行动指南，如《沟内作业安全》、《作业区域内交通安全指南》、《仓库作业安全手册》、《自主保护计划》、《台阶与梯子安全指南》、《建筑行业石棉标准》、《低温作业安全指南》、《作业者安全手册》（各行业）、《有害物品须知》、《投诉指南》、《安全教育培训手册》等，企业和劳动者都可免费获得。由于指针、行动指南的说明浅显易懂，所以它对帮助和指导企业、劳动者执行标准有着重要作用。

4. 安全生产立法目的及适用范围。通过防止劳动过程中的人员伤亡、避免劳动过程的危害，来保护劳动者的安全与健康，是各国（地区）立法的共同目的。但是，有的国家（地区）还在这个基础上对立法目的作了进一步的延伸。日本的《劳动安全卫生法》就把立法目的扩展到了“确保工作现场的劳动者的安全与健康，促进舒适工作环境的形成”。英国《安全卫生法》的目的不仅要保护作业者的安全健康与社会福利，而且还要保护非作业者不受作业安全卫生危险的侵害。美国的《职业安全卫生法》指出，“立法要尽最大可能地保障男女劳动者拥有健康的劳动条件，保护人力资源。”安全生产法的立法目的从单纯防止劳动灾害和劳动伤害的发生，发展到创建健康的劳动场所，增进劳动者健康水平的提高，保护人力资源，反映了人们对健康概念的认识在提高。世界卫生组织的《世界卫生组织宪章》指出，所谓健康，不单纯是指没有疾病、虚弱，而是指身体、精神以及社会活动能力都处于良好状态。国际劳工组织1950年就提出，实施劳动卫生政策的目的，就是要最大程度地改善所有劳动者的身体状况、精神状况及社会福利，并且维持这种状况，防止劳动伤害，保护劳动者的健康不受不利环境的侵害，根据劳动者的生理、心理特点安排作业。随着社会进步，安全生产法律的目标体系将会更加充实。

一般来讲，各国（地区）的安全生产法适用于该国大多数行业的雇主和劳动者。公务员、特种行业雇主与雇员、自营业者、农民等的安全卫生，另有专门的法律。也就是说，在这些国家（地区），安全生产法律会覆盖到所有人，不会出现法律“盲区”。美国的《职业安全卫生法》适用于美国联邦政府所管辖的所有州和地区所有生产经营单位。自营业者、农民、国家及地方公务员、矿山、原子能核发电、铁道行业的安全卫生，另有专门的法律。英国的《安全卫生法》适用于所有雇用劳动者的生产经营单位，同时也适用于个体业主。德国的《劳动保护法》以所有工作现场的劳动者为对象，但不包括家政服务者、船员、矿山劳动者。日本的《劳动安全卫生法》适用于所有雇用劳动者的生产经营单位，但国家公务员、法院职员、国会职员、自卫队员、防卫厅职员、船员、矿山劳动者的安全卫生，另有专门法律。

5. 关于安全生产管理体制的规定。多数国家（地区）政府都规定雇主要有安全卫生计划，在作业现场要建立安全卫生委员会。并且，在安全卫生委员会的成员构成上，要体现全面考虑雇主、劳动者、专业技术人员的作用、充分吸纳各方人士参与的原则。尤其是对处于弱势的劳动者，许多国家作出了“相对倾斜”的规定。日本政府规定，制造业等行业50人以上的作业现场必须设置安全卫生总负责人、安全管理员、卫生管理员、产业医生。高危作业要设置作业主任。安全管理员、卫生管理员、产业医生、作业主任由符合规定的技术人员担任。这些人负责现场的安全卫生。并且要组建安全卫生委员会，负责调查审议安全卫生对策，调查事故原因。安全卫生委员会由雇主代表、安全卫生管理代表、产业医生、作业环境测定士、劳动者代表组成。如果作业现场半数以上的劳动者加入了工会，那么劳动者代表由工会指定，其人数占除委员长以外的委员人数的一半。法国规定，50人以上的作业场所必须设置安全卫生劳动条件委员会。该委员会由雇主和雇员代表组成。50人以下的作业场所由劳动监督机构指定雇员代表履行委员会成员的职责。该委员会负责该作业场所的安全卫生计划的制订、实施、监督以及安全训练。英国规定，雇用10人以上的工作现场必须设置安全委员会，劳动者代表占半数以上，劳资双方每隔1年轮流担任委员长。加拿大规定，固定人数在20人以上的作业场所必须设置安全卫生委员会，劳动者占委员总数的1/2，该委员会拥有检查安全卫生计划的权限，实施自主检查，向雇主提出安全建议。美国的《职业安全卫生法》

要求所有生产经营单位都要设置安全卫生委员会，但对委员构成没有特别规定。

6. 关于紧急危险对策的规定。各国（地区）都非常重视紧急危险对策，对雇主违法行为制定了严格的处罚规定。美国《职业安全卫生法》规定，当职业安全卫生管理局认为某个作业场所处于紧迫危险的状况，可能导致人员伤亡时，可以下令要求雇主立即纠正或向法院提出停止作业的申请。监察人员根据客观事实判断受检单位存在紧迫危险性时，可警示作业现场的劳资双方，并报请职业安全卫生管理局采取停止作业等必要措施。如果劳动者认为自己处于某种紧迫危险的状况中，有权向职业安全卫生管理局请求检查。该局接到请求后要立即采取措施。雇主明知作业场所存在可能导致发生死亡或严重身体危害的情况而不采取措施的，将被处以最高 7000 美元的罚款，如果导致一名雇员死亡的，将被处以最高 7 万美元的罚款或 6 个月的徒刑。日本、韩国、中国台湾都规定，当作业现场存在紧迫危险状态或发生重大灾害时，雇主应立即停止作业，实施劳动者紧急避难措施。劳动者如果认为作业处于紧迫危险状态，可停止作业，立即向上级管理者报告，上级管理者应采取紧急对策。雇主不能对该劳动者采取解雇等不利措施。如果雇主违反上述法律，在日本将被处以 6 个月以下徒刑或 50 万日元以下罚款，在韩国将被处以 5 年以下徒刑或 5000 万韩元以下罚款，在中国台湾将被处以 1 年以下徒刑或 9 万元新台币以下的罚款。

7. 关于劳动灾害、职业病的报告与调查的规定。规定雇主负有向监管机构报告劳动灾害、职业病情况的义务，有利于国家开展相关事故、职业病调查，采取应对措施，减少事故、职业病的发生机率、人员伤亡和生产损失。英国 1996 年开始实施的《负伤、疾病、危险事态报告规则》（RIDDOR95），规定雇主、个体经营者以及工作现场负责人有报告安全事故、健康危害的义务。该规则规定，当发生人员死亡及重伤、4 天以上休假的负伤、职业病、危险事态时，必须向当地环境卫生部或安全卫生执行局（HSE）办事处报告。当工作现场发生人员死亡及重伤事态时，应立即电话或网上报告，10天内递交书面事故报告；当发生雇员4天以上休假的负伤、接到医生关于雇员患有必须报告的职业病的通知时，应在10天内书面报告有关部门；当发现工作现场存在可能导致事故的危险隐患时，应立即电话或网上报告有关部门，10天内递交书面报告。该规则还对重伤、危险事态、疾病的范围列出了清单。[①] 加拿大《劳动法》还规定，企业的安全卫生委员会必须每年填报雇主年度事故、职业病及危险事件报告，事故发生后，要根据伤害程度在规定时间内向人力资源部劳工署报告。如1人死亡或2人以上受伤时，须在24小时内通过电话或电报向人力资源部报告。加拿大渥太华州规定，雇主接到雇员患有职业病的通知后，应在4天内向监察机关、劳动安全卫生委员会、工会及安全卫生代表进行书面报告。[②] 美国规定，1人死亡或3人以上受伤时，雇主应在8小时内向职业安全卫生管理局报告，该局将立即派遣监察人员进行调查。

8. 关于安全立法程序的规定。美国《职业安全卫生法》对立法程序作出了详细规定。美国的法律首先由行政部门提出法案，举行公证会后，成为最终法案，经过议会批准，由总统颁布生效。美国的立法程序需要花费较长时间，有的法律甚至经过10年以上时间才得以通过，这一点常受到批评。职业安全卫生管理局的法规从立案到形成最终规则通常需要5年时间。美国的《职业安全卫生法》从1970年实施以来很多安全基准都没有修订过，重新修订过的基准只有30条。英国的安全卫生法律、法规，一般先由行政部门向国会提案，国会同意

① 国际安全卫生中心：关于《负伤、疾病、危险事态报告规则》（RIDDOR95），http：//www. jniosh. go. jp/icpro/jicosh - old/japanese/country/uk/osh/riddor95/riddor95. htm。

② 苏德胜：《我国劳工安全卫生立法的动向与展望》，《工业安全卫生》，2001年10月号，http：//www. jniosh. go. jp/icpro/jicosh - old/japanese/country/taiwan/law/doukoutenbou. html。

后实施。这些法律、法规在制定之前首先要向职业卫生委员会或职业安全委员会咨询。

9. 关于法律责任的规定。各国（地区）对违法者都制定了明确、严格的处罚规定，包括徒刑、罚款、停止作业等。美国把违法行为分为故意违犯、重复违犯、严重违犯、轻微违犯、未按期纠正、泄露检查信息、伪造报告及伪证、杀害监察员，规定了明确的处罚办法。例如，雇主知道工作场所存在危及雇员安全与卫生的因素，但没有尽快消除，将被判处5000—70000美元的罚款。对故意违反标准、条例、规定，并且导致劳动者死亡、被判有罪的雇主，处以罚款1万美元或6个月以下的监禁、或两罚并用。对重复违犯者，每次罚款最高可为70000美元。法国规定，违犯《劳动法》安全生产规定者，将被处以2.5万法郎的罚款，构成刑事犯罪的，将追究刑事责任。违犯安全委员会的构成及成员自由决定的规定，或妨碍或企图妨碍安全及劳动条件委员会工作者，将被处以1年徒刑或2.5万法郎的罚款。日本对违犯《劳动安全卫生法》的处罚最高可达到3年徒刑，对相关执法过程中的收受贿赂行为，最高处以5年徒刑。日本还规定，如果某个法人代表或雇员违犯法律并受到处罚，该法人也要同时受到罚款的处罚。

10. 法律公开及宣传。主要工业发达国家充分利用各种渠道来宣传法律，尤其重视网络渠道的宣传。各国安全生产管理机构都建有网站，所有法律都可在网上查询、阅览和免费下载。法律、法规等不断修改，也及时公布在网上，非常方便企业、劳动者查阅。例如，美国职业安全卫生管理局的网站内容丰富，更新及时，设计合理，雇主及劳动者可以在网上得到几乎所有的信息。网页不仅有文字资料，还有图像、音频和视频资料。当然，传统手法也在继续使用，如法规、行动指南的印刷品，大都可以免费索取。

（三）美国和日本的安全生产法律体系

1. 美国的安全生产法律体系内容与特征。美国的安全卫生法律体系可分为三个层次。第一层次是1970年颁布的《职业安全与卫生法》，这是整个体系的基础，明确了职业安全与卫生的各项基本原则和安全管理的实施体系；第二层次是职业安全与卫生管理局颁布的严格而细致的各项标准，针对工作环境中会发生的各种危险规定出了明确的应对措施；第三层次是上述各标准的行动指南，它提供了落实标准的具体操作方法。

《职业安全与卫生法》于1970年颁布。当时，美国的工伤事故和职业性健康危害状况十分严重，共有1.4万人死于劳动事故，工伤达到250万人次，由此导致的工时损失相当于罢工损失的10倍，新发现的职业病高达30万例。[①] 为了保护劳动者在生产过程中的安全与卫生，美国国会颁布了《职业安全与卫生法》。这之后，又进一步制定了安全与卫生管理的各项标准及执行程序，逐步完善了职业安全与卫生的法律体系。

《职业安全与卫生标准》共有24章，内容涉及步行区域及作业区域、避难手段、动力平台和升降机、劳动安全卫生环境管理、危险物质、个人防护工具、一般环境管理、医疗及急救对策、消防、压缩气体及压缩空气装置、材料使用及储存保管、机械及其安全保管、手动及携带用动力工具、焊接、特殊产业、电、商业潜水作业、有毒及危险物质等。每个标准都十分详细。例如，在个人防护工具规定中，把伴有有害光线的作业分成不同等级，对不同等级下的保护眼镜的最小遮光度进行了规定；对呼吸面罩的适用范围、种类及其使用程序、清洁、消毒、修理、保管方法以及作业者能否使用面罩的医学检测、

① 科学技术部专题研究组：《国际安全生产发展报告》，科学技术文献出版社2006年版，第28页。

使用过程的跟踪检测进行了规定。该标准还将一些有毒有害环境分为不同等级，并对不同等级下的工作时间和轮班制度作了具体规定。这些详细的规定为雇主改善工作场所的安全卫生条件以有效保护雇员的身心健康提供了依据，同时也是监管者执法的依据。[①]

为了帮助企业执行上述标准，美国职业安全卫生管理局又针对各个标准提出了很多“行动指南”。行动指南与标准不同，它不具有劳动安全卫生法赋有的法律约束力，而被定位为帮助雇主认识到劳动环境中存在的危险并能动地采取对策的手段。极端地说，即使不遵守行动指南，也不会直接构成对劳动安全卫生法所规定的义务条款的违犯。之所以要在标准之外再提出行动指南的原因之一，就是标准的提出要按照法律程序，听取多方意见，所用时间较长。而行动指南则在职业安全卫生管理局的日常业务范围中就可决定，可以较快地形成。由于科学研究以及产业技术发展很快，劳动环境中的危险本身在变化，人们对其的认识也在变化，行动指南可以较快地把这些变化反映出来，企业可以更便捷地进行参照，提出符合实际情况的、灵活的预防事故的计划，对可能发生的危险采取有效的防范措施，同时也保证了企业行为的合法性，因为行动指南本身就是监管部门对法规的最新诠释。

以上简要地介绍了美国的安全卫生法规体系，从中可以看到它具有公平性、程序化、透明性和科学性等特点。这些特点既是法制文明基本原则的体现，同时也保证了法规的有效性。

（1）公平性。劳动者是《职业安全卫生法》要保护的对象，而雇主使用劳动者进行经营活动也会对社会经济的发展带来益处。因此，需要提出一个明确的尺度，实现劳动者的安全

① OSHA：OSHA Standards，http：//www.osha.gov/pls/oshaweb/owasrch.search_form? p_doc_type = STANDARDS&p_toc_level = 0&p_keyvalue = .

卫生与经济活动效益双赢的局面。《职业安全卫生法》根据雇主和劳动者在工作过程中的不同作用，明确地规定了双方的责任和义务，为避免歧视和逃避责任提供了法律依据，体现了公平的原则。同时，对监管部门与雇主、劳动者之间的公平问题也作了相应的规定。

从《职业安全卫生法》及职业安全卫生管理局的相关规定中①可概括出雇主的责任与义务如下：提供没有危险的工作场所；向劳动者传达职业安全卫生管理局发出的各种信息；遵守《职业安全卫生法》规定的各种标准、禁令及规则；熟记被定为义务的各种标准；向劳动者提供各种标准的复印件；对劳动条件进行评价；把潜在的危险控制在最小的程度或清除；让劳动者使用安全的工具、机械和劳保装备；向劳动者提示工作中的潜在危险；提出作业规则，并要求劳动者遵守；实施健康检查；按照职业安全卫生管理局的规定给劳动者提供受训机会；如果发生死亡或3人以上住院程度的事故，在8小时以内向监管部门报告；保存工伤和疾病的记录；每年在2月1日至4月30日之间公开张贴上年度关于业务伤害及职业病的情况通报（OSHA 300A②）；把安全卫生管理局的关于劳动者权利的告示（“这是法律”，OSHA 3165）张贴在醒目场所；公开“业务伤害和疾病记录（OSHA 300）”，以利于劳动者及其代理人查看；向劳动者及有关人士公开医疗记录；配合安全卫生管理局监察官的工作；不打击正当行使权利的劳动者；把职业安全卫生管理局发的通告及违犯改正通知张贴在现场；在规定期限内改正被通告了的违犯行为。

雇主拥有以下权力：要求监管部门提供免费咨询和现场指导；通过企业团体，参与安全卫生管理政策制定；要求监察官

① OSHA：All About OSHA（OSHA 2056 - 07R 2003），http：//www.osha.gov/about.html.

② 括号内的文字、数码表示职业安全卫生管理局的文件号。以下文章中若没有特别注释，都表示同一意思。

出示身份证明；向监察官询问被检查理由；在检查前后可与监察官进行协商；在监察官进行检查时可以随同；可以提出不服的陈诉，对检查结果表示异议；在检查结束后，可以要求以和解为目的的非正式谈判；当因为技术知识不够或无法购到器材等理由，用其他手段来保护劳动者时，可以要求免除实施标准的义务；可以参与安全卫生实施程序的制定；可以要求保守自己企业的秘密；可以要求国家职业安全卫生研究所提供所使用物质浓度是否有害的信息；可以对职业安全卫生管理局的标准制定、修改及废除提出意见，可要求举行公证会。

劳动者的责任和义务如下：阅读张贴在工作现场的“这是法律（OSHA 3165）”的宣传资料；遵守安全卫生管理局的相关标准；遵守雇主制定的禁令和规则，使用劳保装备；向管理者报告危险情况；向雇主报告工伤及疾病状况，要求采取措施；配合监察官的检查；认真履行法定权力。

劳动者有以下权利：阅读由雇主提供的各种标准、禁令、规则等复印件；要求雇主提供相关危险的信息及预防措施、应急措施的信息；接受训练；向职业安全卫生管理局反映情况；在反映情况时要求不向雇主公开自己的名字；了解职业安全卫生管理局的处理决定，当监管部门决定不实施检查和通告时，可以再次提出检查要求；当进行检查时，劳动者代表可随行；可以回答监察官的提问；可以实施对危险物品的监视和测定，阅览监视记录及医疗记录；可以查阅工伤及疾病记录和其摘要（OSHA 300、300A）；可以在检查结束后询问情况；可以要求国家劳动安全卫生研究所提供所使用物质浓度是否有害的信息，并要求对姓名保密；可以对监管部门提出的纠正违犯行为的时间提出异议；可以参加职业安全卫生审议委员会举行的调查会；当雇主申请免除实施标准时，有权获得相关信息，并可提出意见，可对监管部门的决定提出异议；可以对职业安全卫生管理局的标准制定、修改及废除提出意见，可要求举行公证会。

（2）程序化与透明度。法规制定、执法行为的程序化是民主制度的重要原则，它将政府行为规范为国民个人可以观察到或参与其中的固定程序，这不仅可以最大限度地得到国民的理解与支持，还可以提高法律的有效性。如此的程序化，最终将提高政府行为的透明度，有利于社会的安定。美国的职业安全卫生法明确规定了当修改、废除、制定标准时，必须在规定的时间内收集国民意见、举行听证会，在此基础上作出最终决定。对于监管部门的执法行为，法律规定职业安全卫生管理局的监察人员必须出示证件方可进行检查，发现雇主有违犯行为时，要提出书面警告，并要求雇主在规定期限内进行纠正。对没有按期纠正的，可以进行处罚。而雇主可以在15日内提出异议，将由专门的审查委员会进行审理，最终进行判定。

（3）科学性。标准是安全卫生管理的依据，要提高安全卫生管理的水平，标准本身的科学性是必不可少的。《职业安全卫生法》规定成立国家职业安全卫生研究所，专门负责各个领域的安全卫生问题的研究，不断地将最新技术信息反映给负责制定标准的安全卫生管理局，这保证了标准的科学水平的不断提高。同时，职业安全卫生管理局每年春、秋两次把制定或修改的标准及禁令的名称与进程公布于众，广发征求意见，这也是保证科学性的一个措施。

2. 日本的安全卫生法律体系与特征。日本《宪法》第27条规定："所有国民拥有劳动的权利和义务。关于工资、劳动时间、休息以及其他相关的劳动条件的标准，由法律来规定。"以《宪法》为依据，日本颁布了《劳动基准法》、《男女雇用机会均等法》，对劳动条件等作了规定。而《劳动安全卫生法》则对防止劳动事故制度体系作了详细规定。为了实施《劳动安全卫生法》，政府又颁布了以下规定：《关于劳动安全卫生管理系统的指针》、《关于维护工作现场劳动者心理健康的指针》、《劳动安全卫生法施行令》、《劳动安全卫生规则》、《锅炉及压力容器安全规则》、《关于吊车等的安全规则》、《缆车安全规则》、《有机溶剂中毒预防规则》、《铅中毒预防规则》、《四乙烷铅中毒预防规则》、《特定化学物质伤害预防规则》、《高气压作业安全卫生规则》、《电离放射线伤害防止规则》、《缺氧症等预防规则》、《办公室卫生基准规则》、《防止粉尘伤害规则》、《关于生产日期等的代理检查机构的规则》、《劳动安全咨询师与劳动卫生咨询师的规则》、《防止在废弃物焚烧作业中散发二恶英的规则》。

与劳动安全卫生相关的法律，还有：《作业环境测定法》、《矽肺法》、《劳动者灾害补偿保险法》、《劳动灾害预防团体法》、《雇用保险法》、《劳动者派遣法》。另外还有相关的政府命令及部级命令约 2000 个，加上公告约有 3000 个。[①] 同时，关于一般职务的国家公务员、法院职员、国会职员、自卫队队员、防卫厅职员的安全卫生另有专门的法律。关于船员的安全卫生，在《船员法》里另有规定。至于矿山劳动者，则在《矿山保安法》里有专门规定。

在以上介绍的法规体系中，《劳动安全卫生法》为安全管理的最基本的法律，其主要内容参见附录四。

日本安全生产法律具有以下几个特点：

第一，注重从三个方面来保障劳动者的安全与健康。这三个方面是制定和执行劳动安全卫生标准、明确责任体系和促进劳资双方的自主管理。首先，在基本法中制定了劳动安全卫生标准的基本框架，并在相关实施法令中作出了具体规定，为执法提供了标准，也为明确责任主体、劳资自主管理提供了依据。其次，从国家、企业等层次对安全卫生管理体制作了规定，为执行法律提供了组织保障。再其次，强调劳资双方的自主管理是很有意义的。因为作业现场千差万别，技术日新月异，国家要制定一个适用于所有作业现场的安全卫生标准是不可能的。从劳动灾害的发生原因看，有一些潜在的风险或隐患

① 井上浩：《最新劳动安全法》，中央经济社 1995 年版，第 13 页。

很可能未被现行的劳动安全卫生标准所覆盖。而通过劳资双方的风险评估等活动，这些风险或隐患就可以事先得到发现、排除。因此，很有必要从国家角度去鼓励和援助劳资双方的自主管理活动。日本政府为此提出了许多安全卫生管理措施指针，如《防止劳动者遭遇危险或健康受损措施的指针》、《有关机械设备自主检查的指针》、《安全卫生教育指针》等，提供给企业作为参考，还规定企业实施化学物质有害性调查时，国家要提供设备、资料等必要援助。

第二，全方位、详细地制定劳动安全卫生标准。导致劳动者遭遇危险和健康受损有作业环境、作业过程和作业当事人三个方面。要保障劳动者的安全和健康，就必须对这三方面进行综合管理。在《劳动安全卫生法》中，按照安全事故的发生原因规定了企业应采取的防范措施，如防范机械设备、爆炸物品、易燃物品、火源，以及电、瓦斯等能源引起的危险；防范挖掘、采石、伐木等作业的作业方法引起的危险；防范作业区域可能导致工人坠落、砂石崩塌。同时在相关的实施法令中规定更为详细的标准，如 2 米以上的作业区域要设置作业平台、围栏或使用防坠网和安全带；深度或高度超过 1.5 米的作业区域要设置安全的升降设备。法律规定企业必须采取措施，以防止劳动者健康因有害物质、有害作业、作业环境等受到损害，这些因素涉及原材料、气体、蒸汽、粉尘、缺氧空气、病原体、放射线、高温、低温、超音波、噪音、振动、异常气压、仪表监视、精密操作、废气、废液、废渣等 20 余项。还规定了 10 种有害作业，要求实施作业环境测验、限制作业时间、劳动者健康检查。同时，法律还对有关机械设备、有害物品的制造、进口、出让、提供和使用提出了严格而详细的标准，对作业者的资质、培训、法律责任等也作了严格规定。通过这些标准，就可以从作业环境、作业本身以及作业者各方面采取措施，来消除安全隐患，保障劳动者的安全与健康。

第三，注重在工作现场建立安全卫生管理体制。《劳动安全卫生法》规定50人以上的作业现场都要设置劳动安全卫生总负责人、安全管理员、卫生管理员以及产业医生，劳动安全卫生总负责人由通管全盘业务的管理干部担任，同时设置安全卫生委员会，负责调查、审议、提出安全卫生对策，安全卫生委员会的委员长由劳动安全卫生总负责人担任。50人以下的作业现场要设置安全和卫生推进员。由于现实中以承包形式进行作业的情况很多，所以法律特别规定，当若干个企业以承包形式在同一作业区域进行作业时，最高承包者必须设置劳动安全卫生总负责人，由他负责综合管理该工地安全卫生工作。其他承包企业要设置安全卫生负责人，配合劳动安全卫生总负责人开展工作。法律还规定，对危险作业必须设置作业主任，由具有资质者担任，指挥劳动者作业，实施法定安全措施。违犯上述规定者，将被处以50万日元以下罚款或6个月以下徒刑。日本法律要求企业在实际工作地点建立安全管理制度，并且，将安全管理的责任明确到了劳动安全卫生总负责人、安全管理员、卫生管理员、作业主任等具体人的身上。这就促使制度不是仅仅存在于企业高层次的公文中，而要活用在需要的地方，有利于法律的有效执行。

第四，注重专业技术人员的作用。安全卫生管理是专业技术性强的工作。日本法律对安全管理总负责人、安全管理员、卫生管理员、产业医生等的受教育情况、有无国家资格及从事安全工作的年限都有严格规定。这就保证了安全卫生管理队伍的质量，提高了安全卫生措施的科学性、有效性。法律还规定，国家设置安全卫生咨询、作业环境测验等负责向企业提供专业服务的职业。专业技术人员的存在，弥补了企业尤其是小企业在执行安全法规中存在的知识、技术方面的不足。

第五，赋予监管部门较高责任和权限。日本在法律中规定，监管部门的职责是实施安全卫生监督；宣传政府的基本方针，实施必要的指导；提供信息、财政、技术援助，以促进企业自主管理活动。为了保证监督的效力，法律赋予了监管部门较高的权限。如监察官在必要时可进入现场检查，询问相关者，查阅相关资料，检测作业环境、无偿收缴产品、原材料或设备。并且对违法行为，可按刑事诉讼法之规定执行司法警察的职责。监管部门可向企业发出强制性命令。特种行业、规模的企业，或者从事特种工程的企业，其计划必须事先获得监管部门的许可，方可开工。监管部门有命令企业整改或停止作业的权力。

第六，量刑标准明确。日本《劳动安全卫生法》对违法行为规定了徒刑和罚款两种处罚。如对接受、要求或约定贿赂者，判处5年以下徒刑。提供或表示提供、约定贿赂者，处以3年以下徒刑或250万日元以下罚款。对违法生产者，判处3年以下的徒刑或300万日元以下罚款。未按规定设置作业主任、未采取预防措施。可处以6个月以下的徒刑或50万日元以下的罚款。日本还特别规定，如果企业负责人或员工违犯《劳动安全卫生法》，并受到处罚时，对企业也要处以罚款。被处罚过的企业的商业信誉就会受到影响，就会丧失公共事业招标的资格等，如此直接威慑企业生存根基的做法可刺激企业守法的积极性。

二、中国安全生产法律体系的建设情况

中华人民共和国成立以来，我国安全生产法律法规的发展分五个阶段。[①] 第一阶段是初建时期（1949—1957年），在该阶段国务院颁布《工厂安全卫生规程》、《建筑安装安全技术规程》和《工人职员伤亡及事故报告规程》三大规程；第二

① 中国科学技术协会：《安全科学与工程学科发展报告》，中国科学技术出版社2008年版，第39—41页。

阶段是调整时期（1958—1965 年），该阶段是事故高发期，也出台了《煤矿安保暂行规程》（1961）、《起重机械安全管理规程》（1962）和《关于加强企业生产中安全工作的几项规定》（1963）等关于安全生产方面的法规和规章；第三阶段是“动乱”时期（1966—1978 年），该时期由于“文革”而使安全生产法制建设受到严重冲击；第四阶段是恢复和发展时期（1979—1990），该阶段确立了“安全第一、预防为主”的指导方针，《刑法》中规定了对安全生产事故的惩治条款，初步建立了安全生产法规体系、安全监察体系和检测检验体系，规范了职业病管理；第五阶段是发展完善时期（1991 年至今），这是我国安全生产立法的黄金时期，2002 年《中华人民共和国安全生产法》的颁布和实施是一个里程碑，另外《中华人民共和国矿山安全法》（1993）、《中华人民共和国劳动法》（1995）、《中华人民共和国民航法》（1997）、《中华人民共和国消防法》（1998）、《中华人民共和国职业病防治法》（2001）等专门法律的出台也极大地完善了安全生产法律体系。

目前，我国已经形成了比较完善的安全生产法律体系，主要包括宪法、法律及公约，行政法规，部门规章、地方法规及标准，企业层面的安全规章制度这五个层次，内容涵盖综合类、安全卫生类、“三同时”类、伤亡事故类、女工和未成年工保护类、职业培训考核类、特种设备类、防护用品类和检测检验类。

近几年，我国安全生产法律体系发展和完善成效十分明显，党和政府十分重视安全生产工作，中共十七大报告中提出要“坚持安全发展，强化安全生产管理和监督，有效遏制特大安全事故，完善突发事件应急管理体制”，这体现了我国在安全立法理念方面的重大突破。安全发展是科学发展在安全生产方面的具体体现，是实现可持续发展的必然要求，是建设和谐社会的题内应有之意。在具体的法律公约层面，不仅出台了基础法律如《中华人民共和国安全生产法》，还出台了专门法律如《中华人民共和国矿山安全法》、《中华人民共和国道路交通安全法》、《中华人民共和国海上交通安全法》、《中华人民共和国消防法》等，以及大量的相关专门法律和与安全生产监督执法相关的法律，同时还批准了26个国际劳动公约，其中与安全生产相关的公约有6个，如表8-2所示。在行政法规方面，近两年我国颁布的与安全生产法律配套的法规有10余部，如表8-3所示，使得我国现在在安全生产方面的法规总数已经达到50余部。在部门规章、地方法规及标准方面，2005年1月到2007年9月，各部委（局）出台的安全生产方面的规章就有39个，我国目前已经21个省、直辖市制定了本区域的安全生产条例，2005—2007年我国颁布和修订的安全生产标准达到186项。在企业层面，ISO9000、ISO14000、ISO18000等标准化体系在企业中广泛应用，企业内部的安全生产管理制度日趋完善。

表8-2　我国批准的涉及安全生产和职业卫生方面的国际公约

序号	公约中英文名称	批准日期	备　注
1	1921年《工业企业中实行每周休息公约》第14号公约 Convention Concerning the Application of the Weekly Resting Industrial Undertakings	1934年4月27日（民国政府）	1984年6月11日（新中国承认）
2	1935年《（妇女）井下作业公约》第45号公约 Underground Work（Women）Convention	1936年12月2日（民国政府）	1984年6月11日（新中国承认）
3	1983年《（残疾人）职业康复和就业公约》第159号公约 Convention Concrening the Vocational Rehabilitation and Empioyment of Disabled Persons	1987年9月5日	—
4	1990年《作业场所安全使用化学品公约》第170号公约 Convention Concerning Safety in the Use of Chemicals at Work	1984年10月27日	—

续表

序号	公约中英文名称	批准日期	备　注
5	1988 年《建筑业安全卫生公约》第 167 号公约 Safety and Health in Construction Convention	2001 年 10 月 27 日	—
6	1981 年《职业安全和卫生及工作环境公约》第 155 号公约 Convention Concerning Occupational Safety and Health and the Working Enviroment	2006 年 10 月 31 日	—

资料来源：中国科学技术协会、中国职业安全健康协会：《安全科学与工程学科发展报告(2007—2008)》，中国科学技术出版社 2008 年版，第 42 页。

表 8－3　　近两年我国颁布与安全生产法配套的法规一览

序号	名　称	编　号	发布日期	实施日期
1	《中华人民共和国工业产品生产许可证管理条例》	中华人民共和国国务院令第 440 号	2005 年 7 月 9 日	2005 年 9 月 1 日
2	《易制毒化学品管理条例》	中华人民共和国国务院令第 445 号	2005 年 8 月 26 日	2005 年 11 月 1 日
3	《国务院关于预防煤矿生产安全事故的特别规定》	中华人民共和国国务院令第 446 号	2005 年 9 月 3 日	2005 年 9 月 3 日
4	《放射性同位素与射线装置安全和防护条例》	中华人民共和国国务院令第 449 号	2005 年 9 月 14 日	2005 年 12 月 1 日
5	《烟花爆竹安全管理条例》	中华人民共和国国务院令第 455 号	2006 年 1 月 21 日	2006 年 1 月 21 日
6	《娱乐场所管理条例》	中华人民共和国国务院令第 458 号	2006 年 1 月 29 日	2006 年 3 月 1 日
7	《机动车交通事故责任强制保险条例》	中华人民共和国国务院令第 462 号	2006 年 3 月 21 日	2006 年 7 月 1 日
8	《民用爆炸物品安全管理条例》	中华人民共和国国务院令第 466 号	2006 年 5 月 10 日	2006 年 9 月 1 日
9	《防治海洋工程建设项目污染损害海洋环境污染管理条例》	中华人民共和国国务院令第 475 号	2006 年 9 月 19 日	2006 年 11 月 1 日

续表

序号	名　称	编　号	发布日期	实施日期
10	《生产安全事故报告和调查处理条例》	中华人民共和国国务院令第 493 号	2007 年 4 月 9 日	2007 年 6 月 1 日
11	《民用核安全设备监督管理条例》	中华人民共和国国务院令第 500 号	2007 年 7 月 11 日	2008 年 1 月 1 日
12	《铁路交通事故应急救援和调查处理条例》	中华人民共和国国务院令第 501 号	2007 年 7 月 11 日	2007 年 9 月 1 日
13	《大型群众性活动安全管理条例》	中华人民共和国国务院令第 505 号	2007 年 9 月 14 日	2007 年 10 月 1 日
14	《国务院关于修改〈防治海洋工程建设项目污染损害海洋环境污染管理条例〉的决定》	中华人民共和国国务院令第 507 号	2007 年 9 月 25 日	2008 年 1 月 1 日

资料来源：中国科学技术协会、中国职业安全健康协会：《安全科学与工程学科发展报告（2007—2008）》，中国科学技术出版社 2008 年版，第 43 页。

虽然近些年我国安全生产法律体系不断完善，立法工作取得了很大的成绩，但与工业发达国家相比较，还有很大差距，在很多方面需要借鉴国际经验来加以完善。例如，从安全生产立法方面看，部分立法内容滞后，与现实有很大的不适应性；部分立法内容有不相协调相互矛盾，或者相互重复等问题，需要尽快更新、修订；部分立法内容过于抽象，不够具体、明确，使法律在现实中难以操作；《安全生产配套法规》的配套法规还不够健全；安全标准不够全面，有些标准过时，没有及时修订；对监督安全生产立法的约束机制不健全，法律责任规定不明确。从安全生产执法守法方面看，监察机制还不完善，执法力度有待充实；违反安全规范行为的赔偿额度不够高，行政处罚不够严，违反安全法规的行为被追究的比例低；部分执法人员不熟悉有关安全生产法律法规，不能够严格履行法定职责。这些问题的存在，无疑会影响到我国安全生产法律的效果。

三、完善中国安全生产的法律体系

追求健康水平的提高是劳动者的基本人权，这已经成为世界共识。世界大多数国家尤其是工业发达国家，通过制定安全生产法律，来保障劳动者的安全与健康，在降低劳动灾害和劳动伤害的发生、创建舒适的劳动环境方面，取得成效。虽然我国安全生产法律体系建设方面取得了长足的进展，但是我国安全生产的立法和执法方面还存在上述的问题，针对上述问题，我国需要在以下方面完善安全生产的法律体系。

1. 制定综合性的安全生产法，对安全实施一元化管理。主要发达国家对劳动安全与劳动卫生都实行一元化管理，这在法律上表现为安全生产法是综合性法律，即这个法律既管安全，也管卫生，如职业病防治、劳动场所的卫生等都被纳入到同一个安全生产法中。这样做的合理之处有二：首先，从保障劳动者的安全与健康看，安全与卫生是不可分割的有机整体。劳动者的健康不仅受安全事故的影响，也受作业环境、作业方式等的影响。导致职业病发生的作业环境、作业方式也就是威胁劳动者安全的隐患，劳动过程中发生职业病也就是“安全事故”。所以，保障劳动者的安全与健康，不仅应该对可能引发事故的劳动过程、环境进行管理，也要对可能导致职业病发生的劳动过程、环境进行管理。有了综合性法律，就可更系统、更全面地治理劳动过程中的安全卫生问题。其次，从管理角度看，制定综合性的安全生产法，有利于形成一元化的管理体制，整合管理权限和资源，提高管理效率。同时也有利于精简法律条文，便于执法。

我国在安全生产方面有《中华人民共和国安全生产法》和《中华人民共和国职业病防治法》两个法律，但还没有综合性的法律。在现有法律体制下，安全生产工作由国家安全生产监督管理总局负责，职业病防治工作则由卫生部负责。职业病防治工作没有自己独立的管理部门，而是由卫生部的卫生监督处管理，是卫生监督处管理工作的一部分。管理权限、管理资源被分散在不同机构，造成职业病防治的监管权限不高、监管资源不足。要提高职业病防治的监管权限，增加监管资源，最好的办法就是把职业病防治和安全生产纳入同一个管理体制，整合它们的管理权限和管理资源。而作为管理的法律依据，需要一个综合性的安全生产法律。原劳动部从20世纪80年代起就数次提议制定综合性的安全生产法，但一直未被认可。我们认为，把现有的《中华人民共和国安全生产法》和《中华人民共和国职业病防治法》进行统合，制定我国的综合性安全生产法是很有必要的。

2. 充实安全生产法配套的实施条例，制定完备的法律体系。主要发达国家的安全生产法律都是一个严密完备的体系。这体现在：(1) 法律体系的完整性。从法律具体化的角度看，在作为基本法的《中华人民共和国安全生产法》之下有一系列配套的实施条例、规则、标准，这些条例、规则、标准下面又有许多行动指针、指南，用以指导雇主、劳动者的行为。从全面保障劳动者的安全与健康的角度看，法律涵盖了劳动灾害及伤害预防、劳动灾害及伤害处理和劳动灾害及伤害补偿三个方面。法律、条例、规则、标准、指针之间有着紧密的内在关系和相互一致性。(2) 法律体系的灵活性。有效的法律需要根据现实形势的变化不断修改，但基本法的修改往往需要较长时间。为了提高法律灵活应对现实的功能，许多国家采取了授权监管部门制定条例、行动指针、指南的办法。这些条例、行动指针、指南虽然不是国家法律，但可用来指导雇主、劳动者行为，并且可较快制定出来，对增加法律体系的灵活性有很大作用。(3) 法律条款明确，操作性强。基本法的所有条款都有明确、具体的说明。这不仅包括一些技术性强的条款，如对机械设备、有害物质、作业环境等都有科学技术性的标准、规格，而且也包括关于管理组织的条款，如对安全卫生体制、安全卫生委员会，就有包括成员构成、人数、选出办法、成员资格要求、职责、工作程序、违犯处罚等在内的规定。制定明确、具体的法律条款，可提高执法透明度，大大降低执法成本。

我国近年在《中华人民共和国安全生产法》、《中华人民共和国职业病防治法》的基础上又颁布了一些条例、规定。以《中华人民共和国安全生产法》为例，就有《安全生产事故隐患排查治理暂行规定》、《安全生产事故调查和报告处理条例》、《〈安全生产事故调查和报告处理条例〉罚款处罚暂行规定》、《安全生产违法行为行政处罚办法》、《安全生产行政复议规定》、《安全生产检测检验机构管理规定》、《注册安全工程师管理规定》，《安全生产领域违法违纪行为政纪处分暂行规定》、《安全生产标准修订工作细则》等。另外，对于劳动过程中的机械设备、化学物品、危险物品等，有从产品角度制定的国家标准及行业标准等，可供实施安全卫生管理时参考。但是，这些条例、规定、标准还不能够对《中华人民共和国安全生产法》进行全面、系统、具体地说明，这就使实际工作中容易产生误解，出现延误。为了切实贯彻《中华人民共和国安全生产法》，就必须完善《中华人民共和国安全生产法》的配套实施条例体系。这个体系首先包括《中华人民共和国安全生产法》的实施细则或条例，对《中华人民共和国安全生产法》的所有条款给出明确、具体的说明。在此基础上对《中华人民共和国安全生产法》的重要条款制定实施规则，进一步给出详细具体的标准、办法，特别是要从劳动保护的角度对机械设备、化学物品、危险物品等作出规定。并且要制定通俗易懂的行动指针、指南，供生产经营单位及劳动者执法时参考。完善法律体系是一个长期的过程，短期内不可能实现所有目标，但是我们应该以发达国家为目标去努力。短期内应该尽快制定出《中华人民共和国安全生产法》的实施细则或条例。

3. 把违犯安全生产法律行为的量刑标准明确地写进基本法。主要发达国家在基本法中对违犯者都有明确的处罚规定。而我国的规定则较模糊或落后于形势。如,《中华人民共和国安全生产法》(第八十一条、第八十二条)规定,生产经营单位主要负责人未履行《中华人民共和国安全生产法》职责,导致安全生产事故,如构成犯罪,按刑法有关规定追究刑法责任,如未构成犯罪,对其主要负责人给予撤职处分或罚款处分。第九十一条规定,生产经营单位主要负责人在本单位发生重大生产安全事故时,不立即组织抢救或者在事故调查处理期间擅离职守或者逃匿的,给予降职、撤职的处分,对逃匿的处十五日以下拘留;构成犯罪的,依照刑法有关规定追究刑事责任。生产经营单位主要负责人对生产安全事故隐瞒不报、谎报或者拖延不报的,依照前款规定处罚。

如果生产经营单位是国有企业,这种规定是合理而有效的。因为国有企业负责人的收入、待遇是与其职位密切相关的,撤职处分应该说具有很强的威慑力。但是,现在国有企业的数量已大幅度减少,民营企业的数量已占中国企业总数的90%以上,并且在市场经济条件下政府无权决定民营企业经营者的任职去留。上述规定应该进行符合时代形势的修改。

再如,《中华人民共和国安全生产法》多处使用“依照刑法有关规定追究刑事责任”的说法,这不如直接把监禁期限或罚款数目写在基本法里,就像前面介绍过的外国法律那样。这样可以使没有相关刑法知识的雇主、劳动者及相关人员清楚地、便利地了解到违法后果,增强守法意识。并且,有了明确的规定,执法者在认定犯罪事实后,就可以直接作出处罚决定。这既可以降低执法成本,因为减少了查找“刑法有关规定”的时间,也可保证执法公平,因为处罚标准就写在那里,避免了逐次去解释刑法可能会出现的轻重不匀。

4．切实做好安全生产法律的宣传工作。要使人守法，首先要让每个人了解法，这是法律生效的前提条件。尤其安全卫生管理这样的法律，其目的就是要把劳动事故防患于未然，更应该做到有关者人人皆知，特别是需要了解、想了解的时候，马上就可以看到。用印刷品的形式，把法律、规则、行动指南免费发给所有有关人员，是至今为止都在使用的方法。现在，互联网给我们提供了更好的方法。在网页上刊载有关安全卫生的所有法规等，供所有人阅览，已是发达国家监管部门的常规做法，他们的网页已经可以说就是安全卫生管理的“活的百科全书”。说它是“百科全书”，是因为它从基本法到具体行业的标准，全部囊括。说它是“活的”，是因为它刊载的法规的版本总是最新的，因为它总是反映着最新的安全管理的消息，如当天发出的处罚公告、几个小时之前发生的重大事故等。我国监管部门也有网页，尤其近来网页的内容也确实充实了不少，但远未达到如此的地步。在已不缺少资金、设备和人力资源的今天，我国的监管部门有条件，也应该尽快地建成自己的网页。

第九章

安全生产文化建设

20 世纪 80 年代，安全卫生法规及监管体系在西方发达国家以及前苏联等都已经基本形成，在预防事故、减少伤亡方面发挥着重要的作用。然而，1986 年前苏联的切尔诺贝利核电站事故，引起了人们对安全管理更加深刻的思考。切尔诺贝利核电站的事故，不仅造成了该电站劳动者的伤亡，还给周边的居民带来了危害，造成了严重的环境污染，是核工业史上最严重的一起事故。为什么法规及管理制度健全、控制设备先进的核电站会发生如此重大的事故呢？国际原子能机构（IAEA）在对该事故进行了彻底调查之后，发表了《切尔诺贝利事故讨论会议报告》（INSAG－1）。该报告认为，切尔诺贝利事故的根本原因在于人为因素（简称为“人因”），而从本质上它是由“安全文化”缺失所造成的。这是“安全文化”这一理念的首次提出。之后，这一理念以及由此形成的安全文化体系逐渐地普及开来，现在已有许多国家开始在国家层面上积极推进安全文化的建设，以进一步提高国家整体的安全生产水平。由于国际原子能机构的作用，核能工业成为最早构建安全文化的行业，多年来在那里产生了较系统、完整的实施体系、方法和技术，并且经过加工、改良之后，还被应用到了航空、铁路、海运、化工、建筑、采掘、医疗等行业。我国在 20 世纪 90 年代初期曾翻译出版了国际原子能安全咨询组织（INSAG）的《安全文化》等文献，引进了安全文化的思想。自那之后，我国学者也对安全文化从理论上进行了一些探讨，并开展了一些实践活动。

一、安全文化的理论体系

（一）国际原子能机构的安全文化理论与实践①

1. 安全文化的定义与内涵。1991 年，国际原子能安全咨询组织发表了《安全文化》（INSAG－4）的报告。在该报告中提出了安全文化的定义、构成要素，明确了安全文化的概念。所谓安全文化，是指“最优先重视安全的价值观，它体现为组织和个人所具有的行为特征和态度的总和”。换句话说，安全文化就是组织、个人所共有的“安全第一、安全优先”的认识、态度和行为，它建立在组织和个人对安全的承诺之上，包括经营决策层面的承诺、管理层面的承诺和员工个人的承诺（图 9－1）。经营决策层面的承诺，是指制定和发表安全方针、建立安全管理组织、提供安全管理的人力、物力资源、定期实施安全监督和总结。经营决策层面的承诺，为安全文化的形成提供了必要的组织架构。管理层面的承诺，是指明确安全责任和安全规范、加强安全作业管理、实施安全资格认

① 根据日本内阁府《原子能安全白皮书》（平成 17 年）、原子能安全机构《关于原子能安全的国际机构、国外监管当局及我国的措施》（平成 17 年）整理。

定和教育培训、建立奖惩制度、实施作业监督、检查和纠错。其中奖惩制度是指通过评价对安全行为进行奖励、对不安全行为进行惩罚的制度。管理层面的承诺，有助于员工形成安全第一、安全优先的认识和行为规范，为实现安全的工作环境、获得良好的安全绩效起着促进作用。员工个人层面的承诺，是指主动质疑的态度、严格谨慎的工作作风、积极进行信息交流。员工个人层面的承诺，是构建安全文化的重要基础。工作现场实际上是人与机械设备构成的一个互动系统。要保证安全的工作环境，既要使机械设备处于安全状态，更需要人有着明确的安全意识和规范的行为。员工个人层面的承诺，就是要求员工积极参与安全管理，自觉维持安全局面，主动对工作现场状况提出质疑。总而言之，组织各层面如果都能优先重视安全，明确认识到自己的责任，脚踏实地地做好各项安全工作，作为组织整体也就能形成安全文化。由此可以看到，安全文化不是虚无缥缈的东西，而是实实在在的管理思想、管理制度，它的构建或形成，也不是靠“潜移默化”修炼而成的，而是有着明确的教育手段和评价方法。

2．安全文化的表现及评价体系。国际原子能机构认为，虽然人的价值观、认识、态度等通常看不见，隐藏在组织和个人的“底层”，但是它们会通过看得见的事项而显现出来。所以，可以通过这些看得见的事项来评价其后面的安全文化。国际原子能机构在其名为《安全文化》（INSAG－4）的文献中提出了一套评价安全文化的指标体系，帮助组织和个人对安全文化状况进行评价。1994 年，国际原子能机构下属的“组织内部安全文化评价小组（ASCOT）”发表了《ASCOT 指针：安全文化的组织自我评价与总结》（1996 年修订），在 INSAG－4 的安全文化评价指标的基础上，进一步细化了指标，从而完善了组织安全文化的评价

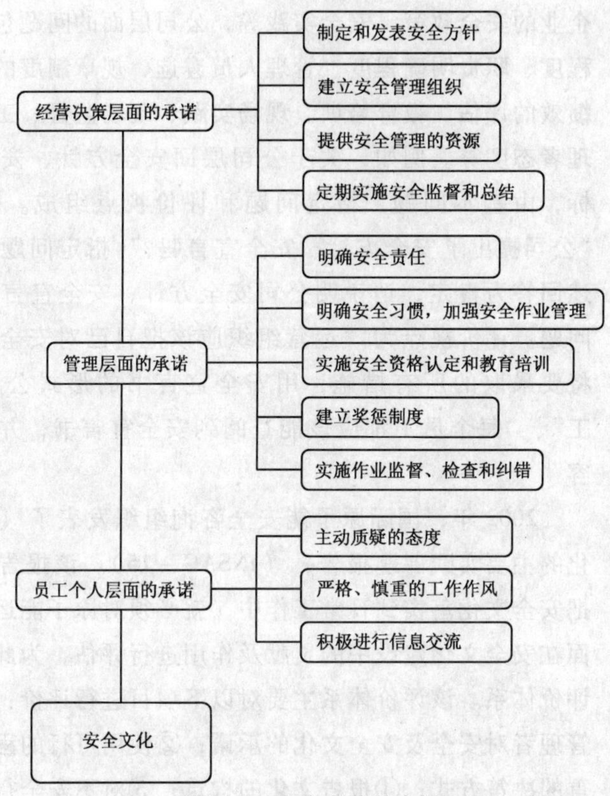

图 9－1 安全文化的内涵

注：根据日本内阁府《原子能安全白皮书》（平成 17 年版）图 1－1－1 改编绘制。

体系。[①] 这个评价体系由政府监管机构评价、原子能运营机构评价构成。对每个机构设定了若干个指标，每个指标又下设若干问题，每个机构根据自身情况回答问题，最后加以汇总，以此来确认安全文化的状况。例如，原子能运营机构的评价由 164 项基本问题、281 项指定问题、311 项评价视点，共 756 项组成。基本问题分为外协层面、公司层面。外协层面是指外部的、有业务关系的厂家。这些厂家对安全意识和行为规范将会影响到原子能运营机构本身的安全。外协层面的问题包括该

① ASCOT：IAEA－TECDOC－860 ASCOT Guidelines，Revised 1996 Edition，1996.

企业的安全政策、安全实践等，公司层面的问题包括安全重视程度、职责明确程度、管理人员遴选、规章制度的完善、安全绩效的评估、教育培训、现场实践、现场监督、工作强度、管理者态度等。例如，关于公司层面安全方针、安全宣言的指标，由基本问题、指定问题和评价视点组成。基本问题是“公司提出了安全方针、安全宣言吗?”指定问题是“如果上述回答为肯定，请说明公司安全方针、安全宣言的内容”的问题。评价视点为“运营组织应该把自己对安全的认识以及将要采取的所有措施，用安全宣言书的形式公布给所有员工”、“每个员工都应该能查阅到安全宣言书，并且知道其内容”。

2002 年，国际原子能安全咨询组织发表了《强化安全文化的主要实践课题报告》（INSAG－15）。该报告指出，为了把安全文化落实到日常工作中，就必须对原子能运营机构各层面在安全文化建设中的贡献及作用进行评估，为此提出了一套评价体系。该评价体系主要对以下项目进行评价：①组织高层管理者对安全及安全文化的承诺；②使用可行的程序表；③慎重的决策方式；④报告文化的构筑；⑤对不安全行为及状态的挑战；⑥学习组织及学习氛围；⑦交流等。在每个项目下面都给出了定义，列出了问题。组织及个人可根据自身情况回答问题，确认自己对安全文化建设的贡献与关联度。表 9－1 是该评价系统的例子。

3. 安全文化与安全管理体系。安全文化具体表现为个人的态度与行为，这会直接影响企业的安全管理绩效。同时，安全文化的形成，也要受到安全管理体系的影响。严格的安全管理体系有助于个人、组织保持良好的安全意识和安全行为，从而使安全文化更加牢固。因此，要强化安全文化，就必须有严格有效的安全管理体系。1999 年，国际原子能安全咨询组织发表了名为《原子能发电站的运营安全管理》（INSAG－13）的报告，指出建立安全管理体系的目的，是通过对平常期、过渡期和紧急期的安全活动做出计划、管理和监督，改善组织的安全绩效，同时通过形成和强化个人、小组的安全作业的良好态度、行为，来强化安全文化。安全管理体系是确保原子能发电厂的安全、保证运行质量的所不可缺少的。

表 9-1 INSAG-15 提出的自我评价问题的例子（组织层面）

层 级	问题数	问 题 例
最高管理层	6	是否持有强化组织的安全文化、实现高安全性的明确理念？
原子能运营机构总部管理层	20	是否使所有人形成了共同的安全意识？
发电厂厂长及高级管理层	22	如果提出有关安全要求的问题，部下是否能够回答？
中间管理层	23	最近的管理者会议上是否把安全作为第一议题？
现场监督层	18	最近的小组会议上是否把安全作为第一议题？
作业层	19	开始作业前，了解作业内容吗？

资料来源：ASCOT：IAEA-TECDOC-860 ASCOT Guidelines，Revised 1996 Edition，1996. 转引自日本内阁府《原子能安全白皮书》（平成十七年版）图 1-1-3。

安全管理体系主要由四方面构成：①关于安全要素与组织的定义，如安全政策、管理体制、责任体系等；②计划、管理与支持，如安全计划、安全目标、风险评估、安全活动的管理、资源保障、沟通与小组援助、监督等；③监察、审查及反馈，涉及性能测试、监察、审查、对策、改善等；④组织安全管理活动有效性的评估，如隐患、违章行为的报告件数，安全监察的次数，培训次数，起因于违章、人为的安全事故的件数等。INSAG-13 还设计了一套评价安全管理体系的指标体系，分别在上述四个方面列出了具体的问题，组织和个人可以根据自身实际情况回答问题，确认安全管理体系的有效性。

4. 安全文化的进化。国际原子能安全咨询组织在其安全系列报告（INSAG-11）中，提出了安全文化的进化有三个阶段。第一阶段，组织和个人的安全意识是被动形成的，并且主要基于法律法规的约束。组织和个人视安全为技术问题，认为只要服从法律法规就足够了。第二阶段，组织主动追求良好的安全绩效，并且树立了安全第一的价值观，制定了安全政策、安全目标，工作计划、操作规程、规章制度中都优先考虑了安全，但是，由于员工还不能参与到安全管理当中，并且受安全专业人员的监视与监督，所以，虽然员工个人开始有安全意识，但还不是自觉的承诺和认识。第三阶段，不仅组织以安全为目标，员工个人也认为对安全有责任。组织和个人自觉承担安全责任，积极、主动地参与安全管理事务，组织的安全状况不断得到改善。①

安全文化在任何组织中都不是与生俱来的，通常都要经历一个从无到有、发展、成熟的动态过程。第三阶段是安全文化的理想阶段，是每个组织的奋斗目标。安全文化建设是一个长期、连续的过程，不能跨越前两个阶段而直接进入第三个阶段。所以，实现良好的安全绩效，首先需要有高质量的工程技术保障，其次还要有基于安全文化的规章制度。

因为安全文化是在不断变化的，所以也有朝坏的方面发展，即“劣化”的可能。劣化本身也是一个从无到有、从小到大的过程。如果对劣化的轻微现象视而不见，就有可能成为导致重大事故的原因。因此，政府监管机构、组织要建立预警系统，及时发现安全文化劣化的苗头，采取恰当的对策，消除安全隐患。根据 INSAG－13 和 INSAG－15，安全文化的劣化可以分为五个阶段（见表 9－2）。

判断安全文化是否劣化，企业要重视对以下事项的评价：管理的系统性、程序的完备性、事故分析与教训总结的有无、资源充足状况、违章件数的变动趋势、纠错措施的延误情况、操作准备及保养状况的确认有无、员工安全质疑的回复情况、对技术课题是否过分集中资源、隐患及事故的报告状况、自我检查程序是否缺失、整理整顿水平等。政府监管机构则要从以

① 中华安全信息港：《工业领域安全文化的发展》，http：//www. anquangang. org/NewsDetails. asp？bd＝32&sd＝1366.

下事项来判断企业安全文化是否劣化：企业内部技术承传情况、质量部门的地位、运营组织总部的作用、当事人的安全意识、教育状况、是否接受来自独立外部机构的批评建议。

表 9－2　　安全文化劣化的五个阶段

阶　段	劣化苗头	现　象
第 1 阶段	自我满足	由于以前取得良好成绩，获得赞扬，开始自我满足。
第 2 阶段	认识不足	开始发生轻微事故，但由于对安全重要性的认识不足，纠错、改进工作进展滞后。
第 3 阶段	无视（潜在危险的积累）	轻微事故增加，严重事故也开始发生，但是，却认为这些都是独立的事故，无视来自内部监察的批评，不从根本上追究原因。
第 4 阶段	危险（显现组织事故现象）	发生严重事故，即使这样，组织整体由于短视，拒绝接受来自内部监察和政府监管机构等外部的批评。
第 5 阶段	崩溃（发生组织事故）	监管当局开始实施特别检查。经营管理层辞职。纠错、改善需要较大成本。

资料来源：根据日本原子能安全基盘机构《关于原子能安全的国际机构、国外监管当局及我国的措施》表 2 改编。

5. 综合的安全管理系统。2005 年，国际原子能机构（IAEA）又提出了原子能设施的综合管理体系。这是把原子能设施的安全性、环境、保安、质量管理、经济性统合起来，实施一元化管理的体系。在这个体系中，安全文化也被置于重要的地位。该机构强调，综合管理体系应该促进和支持安全文化的形成，具体做法为：确保组织各层面共享安全重要、安全优先的认识，考虑个人、技术以及组织间的相互作用，为个人和小组安全、顺利实施作业提供支持，不断发展安全文化，强化组织各层面的质疑氛围，创造有利于员工发现、举报安全问题的环境，探讨发展安全文化的途径和优良实践，对安全文化的发展状况实施监控，把安全文化劣化苗头消灭在起始阶段。这表明安全文化已成为企业管理系统的重要组成部分，已由最初的概念发展成了可操作的提高安全水平的重要手法。

（二）经济合作开发组织/原子能机构（OECD/NEA）的安全文化理论

由国际原子能机构（IAEA）最先提出的安全文化的理念，很快被一些国际组织接受，作为提高安全水平的新理论被应用到了各自的活动中。下面介绍经济合作开发组织/原子能机构（OECD/NEA）的例子。该机构对政府监管部门如何在构建安全文化方面发挥作用进行了较系统的分析。

经济合作开发组织/原子能机构的原子能监管活动委员会（CNRA）1999 年发表了《政府监管机构在促进、评价安全文化中的作用》的报告，2000 年发表了《政府监管机构的安全文化对应战略》的报告，提出了关于安全文化与政府监管关系的理论。

报告认为，政府监管机构要对安全文化进行定量评价和直接监管是很困难的。但是，这并不意味着政府监管机构在安全文化上没有作用余地。政府监管机构可以起到三方面的作用，一是促进安全文化的形成；二是实施安全文化评估；三是分阶段地对应。

在促进安全文化方面，政府监管机构首先要明确原子能发电厂的安全运营的责任者是原子能运营机构。政府监管机构的作用是：①以身作则，在自身的业务执行中，显示出充分的技术能力、高水平的安全标准、专业行为、准确的判断力等良好的示范作用。②积极促进企业提高安全绩效和质量，奖励安全行为，宣传、推广在安全文化上取得成效的优秀企业的实践经验。

在安全文化评估方面，政府监管机构的作用是，密切跟踪安全文化的发展状况，及时发现安全文化劣化的苗头。劣化的安全文化会导致安全问题。如果安全文化持续劣化，安全绩效就会下降，甚至导致事故发生。因此，监管当局及时发现安全绩效的下降倾向是十分重要的，同时有必要从安全文化上找原因。监管机构应通过往现场派驻官员检查日常业务、组建专家小组进行定期检察、定期实施设施安全评估、与运营机构联合实施系统运营业绩评估等方式，密切跟踪安全绩效走向及安全文化发展趋势。为了评估安全功能是否减弱、安全文化是否劣化，该报告还设计了一套调查指标。

至于分阶段对应，就是监管机构根据自己所观察、掌握到的事实，分阶段地对企业采取措施。一旦安全文化开始出现劣化现象，监管当局就要提高警惕。如果劣化现象持续存在，监管当局就要采取跟踪、集中对策。当安全绩效没有改善，并且在运营上存在导致明显安全问题的可能性时，监管当局就要立即采取干预措施。

经济合作开发组织/原子能机构的研究从监管部门的角度分析了构建安全文化的实际操作，这对管理数量有限的核电企业有着实际意义，但也可供其他行业参考。

（三）国际劳工组织（ILO）的安全文化理念与建议①

因为安全问题直接涉及劳动者的切身利益，所以安全文化这一理念一出现，就受到了国际劳工组织（ILO）的关注。2003 年 6 月召开的国际劳工组织总会指出，所谓国家的预防型安全健康文化，就是指各方面都要尊重劳动者拥有安全健康的工作环境的权利。并且，它通过权利、责任、义务明确化的制度，促使政府、雇主和劳动者积极参与到建设安全健康工作环境的活动中。同时，它把预防原则放在最优先位置。换句话说，安全文化是拥有安全健康劳动环境的权利受到尊重的文化；政府、雇主、劳动者共同参与建设的文化；预防优先的文

① 根据国际劳工组织（ILO）《安全劳动与安全文化》（2004 年“国际劳动安全健康日”报告）整理。

化。由此可以看到，国际劳工组织（ILO）重视通过安全文化来促进劳动健康权利提高、三方合作、社会对话和预防安全危险。2004 年，国际劳工组织又发表了题为《工作安全与安全文化》的报告。该报告指出，随着新技术的使用、新的作业形态的出现，要更加重视如何促进政府、雇主、劳动者共同构建“安全文化”。

国际劳工组织认为，为了建立和保持预防型的安全健康文化，必须唤起全社会对阻止和管理有害物质及危险的重要性的认识，提高全社会的认识水平。实现这一目标，政府、雇主、劳动者都有责任。作为政府的责任是，一如既往地制定和实施劳动安全卫生政策，对国民实施安全文化的教育，尤其是要把安全文化渗透到青少年中去。作为雇主，应该严格执行国际劳工组织行动指南（ILO－OSH2001），建立安全管理体制，使劳动环境安全健康。劳动者则应该与雇主合作，建立和维持劳动现场的安全文化，积极投身到企业安全卫生管理活动中去。雇主要保证劳动者对劳动安全卫生的知情权、培训权，为劳动者参加安全卫生委员会的活动提供时间和资源。

国际劳工组织从保护劳动者的角度对安全文化的诠释有着十分现实的意义。我国作为该组织的成员，在建设有关安全文化的制度时，应该注意借鉴这些理论观点的有益部分。

（四）瑞森（J. Reason）的安全文化理论[①]

当安全文化作为安全管理的一种手法或技术运用时，它就应该具有其内涵和特征。英国曼切斯特大学教授詹姆斯·瑞森（J. Reason）从组织文化（或者说组织行为）的角度论述了安全文化。他认为，安全文化是指建立在信息之上的文化，是指

① Reason, J.: Managing the Risks of Organizational Accident, Ashgate Publishing Limited, 1997，盐见弘监译：《组织事故》，日科技连 1999 年版。

能够收集到准确的数据、并进行分析的文化。安全文化之所以建立在信息之上，是因为要保障安全，就必须知道安全管理中存在的薄弱环节，而这需要通过收集准确的数据资料来获得。

安全文化具有四个特点：①报告性；②公正性；③灵活性；④学习性。报告性是指对安全管理中存在的薄弱环节（导致安全事故的迹象、隐患、事件等）进行识别并进行报告。这一点十分重要。如果组织成员在安全事故发生之前，就能对其有所察觉、识别，注意到安全管理中存在的薄弱环节，并向管理者报告，那么就可以在很大程度上避免事故发生。有效的报告系统要满足三个条件：容易报告、有反馈和使报告者相信自己将受到保护。这就是说，报告渠道要畅通，报告程序要简洁，报告不能有条件限制。报告要有反馈，员工能及时知道他们的建议是否被处理，并可得知解决问题的结论。还要保护员工不能因为报告安全问题而受到打击报复。公正性是指对主张正义者提供奖励、报酬，对违章、破坏、妨碍行为实施制裁、处罚。公正的奖惩制度是组织安全文化的一个重要部分，是强化安全行为的有力手段。组织应该制定稳定的评价原则和标准，用正式文件的形式告知所有员工，并使他们都理解。灵活性是指把组织结构从垂直官僚型的中央集权结构改变为水平专家型权力分散结构，使更多部门、更多层次的人员都参与到安全文化的实践过程之中。学习性是指企业应有“收集信息—得出结论—进行改革”的学习功能，这样才能不断提高安全规范的水平，杜绝事故发生。

瑞森还把安全事故的原因分为人为原因、技术原因和组织原因，并提出了相应的预防措施。因个人的不安全行为所造成的事故是人为事故。防止人为事故的手段有张贴宣传广告、实施奖励与惩罚、增加操作手册、强化教育训练、上岗资格认证等。由于人与机械的不匹配所造成的安全事故是技术事故，防止这类事故，可以考虑提高自动化程度，但是自动化程度越高，高危险、高成本事故的发生机率也越大。制度缺陷造成的个人不安全行为所导致的安全事故被称为组织事故。要防止这种事故的发生，就必须及时识别安全管理中存在的薄弱环节，持续地进行组织改革。

瑞森的理论提示了在推行安全文化过程中的技术细节，可供构建企业安全文化体系时参考。

二、国外促进安全文化建设的措施

（一）概况

自从国际原子能机构于1985年提出安全文化的理念以来，安全文化的理念已被许多工业发达国家所接受。这些国家促进安全文化发展的举措可概括为三方面。

1．把发展安全文化视为目标，明确纳入到安全生产政策中，向国民显示政府对促进安全文化的承诺。英国安全卫生委员会（HSE）2003年9月提出，要把建立和维持有效的安全文化作为今后的战略目标，为此制定和实施新的政策，促使雇主自觉承担安全卫生责任，劳动者全面参与安全卫生管理，达到有效控制危险的目的。① 澳大利亚在安全生产战略中明确提出，安全文化是组织文化的组成部分，雇主、劳动者对安全文化的认识，是安全生产战略成功的一个指标。② 日本厚生劳动省2000年指出，创建安全文化，培育组织与个人都以安全为

① ILO：Promotional Framework for Occupational Safety and Health，International Labour Conference，93rd Session，2005，Report IV（1），Annex I，P. 33－48. 转引自国际安全卫生中心《近期的各国职业安全卫生计划——英国》，http：//www. jniosh. go. jp/ icpro/ jicosh－old/japanese/ kikan/ilo/ topics/ RecentnationalOSHprogrammes/UnitedKingdom. html.

② 科学技术部专题研究组：《国际安全生产发展报告》，科学技术文献出版社2006年版，第23页。

重的风气，提高社会整体的安全意识，对于实现安全社会十分重要，政府要积极采取措施，推进安全文化的形成。[①]

2. 对国民实施安全文化教育，开展安全启蒙活动。安全教育活动是建立安全文化的重要手段。安全卫生状况与组织和个人的安全意识紧密相连。许多国家都十分重视在正规教育中增加和充实安全教育内容。日本不仅重视提高青少年的安全意识，而且还重视培养他们的自我保护能力和应对突发事件能力。政府编制了安全教育资料、教师安全教育指导手册等，发放给所有学校，增加学校的安全教育时间，积极推进青少年的安全教育。同时，政府联合科技部门、大学、企业和中小学校，在公民馆、科技馆、博物馆、学校等进行“科技体验活动”、“灾害模拟体验活动”，增强青少年对科技发展、预防灾害的感性认识。在大学理工学科通过引进原子能教育设备、举办讲座等开展安全教育，提高大学生的安全意识。政府还修建了安全卫生信息中心，为劳动者、一般市民举办安全讲座、“灾害模拟体验活动”，提高他们的安全意识。日本厚生劳动省和中央劳动灾害防止协会从1950年起每年举办“全国劳动卫生周”，这对促进全民的安全卫生意识，尤其是企业的自主安全卫生管理活动，起到了积极作用。该活动每年由厚生劳动省发布实施纲要，实施主体为所有企事业单位，活动前一个月为准备时间，进行自主安全卫生检查，以减少工伤事故和职业性疾病发生的潜在危险。现在，该活动又在安全文化的氛围中被赋予了新意继续发挥着功能。英国安全卫生执行局从1992年每下半年都开展一次“安全卫生周”活动，通过安全知识咨询、发放宣传读物等提高国民的安全意识。美国国家安全委员会（NSC）每年10月都开展全美安全大会及展览会。一些国际机构也积极开展安全教育活动。国际劳工组织（ILO）把

① 日本厚生劳动省劳动基准局：《关于推进安全文化的措施》，http：//www. jaish. gr. jp/horei/hor1 -41/hor1 -41 -22 -1 -2. html.

每年4月28日定为“国际劳动安全卫生日”，这一天在加盟国展开大规模的安全卫生宣传活动。他们出版各种安全卫生报告，张贴宣传广告，使用媒体进行宣传。①

3．促进雇主加强自主安全管理，建立安全文化评估体系，推进安全文化自我评估。有的国家还开始把安全文化评估逐渐纳入监管范围。为了促进企业提高安全卫生水平，雇主和劳动者相互配合按照一定程序持续进行自主安全管理十分重要。国际劳工组织2001年制定了职业安全卫生管理系统（OSHMS），旨在促进劳动现场的自主安全卫生管理。目前，国际劳工组织的加盟国，都不同程度地引进和使用了职业安全卫生管理系统。欧盟、日本、中国香港通过公共机构在全社会普及职业安全卫生管理系统。澳大利亚、新西兰、韩国、泰国通过国家认证机构的认证活动，推动企事业单位自主实施职业安全卫生管理系统。新加坡、印度尼西亚强制要求一部分企业必须实施职业安全卫生管理系统。② 在原子能领域，英国已经使用安全文化评估系统进行管理，日本准备使用安全文化评估系统进行管理。美国则通过加强对人的行为、作业环境、问题发现与处理机制的检查，对企业安全文化建设发挥着间接的作用。

（二）原子能领域的安全文化

1．英国安全卫生执行局（HSE）的措施。英国安全卫生执行局从1992年就开始探讨如何评估原子能安全文化。1993年该局下属的原子能设施安全咨询委员会(ACSNI)发表了《原子能设施安全咨询委员会第3次报告》,对安全文化的内涵作出了定义,并提出了评估安全文化的指标体系、评估方法。

---

① 国际劳工组织（ILO）：《安全劳动与安全文化》（2004年“国际劳动安全健康日”报告），http：//www.ilo.org/public/japanese/region/asro/tokyo/conf/2004osh/report.htm.

② 国际安全卫生中心：《亚太地区各国实施OSHMS的现状》，http：//www.jniosh.go.jp/icpro/jicosh-old/japanese/country/kyotsu/oshms15.html.

该报告指出，所谓安全文化，是指个人及集体的价值观、态度、认识、能力和行为方式的产物，它决定着组织的健全性、个人与组织参与安全管理的积极性，以及参与安全管理的方式和安全管理的改进程度。一个有安全文化氛围的组织，必定有着基于相互信赖之上的交流基础，对安全重要性形成了共识，并且确信预防对策的有效性。

1999 年，英国安全卫生执行局为了推广安全文化，发表了名为《安全文化改善基础》的报告，确立了有效安全文化的方法、自我评价方法、确认改善的方法等。1997 年提出一套评价体系，包括 71 项评价项目，以管理者、监督者、作业者为对象，供包括原子能在内的大多数行业的企业自主评估使用。后来一些运营机构开始使用独立咨询机构开发的评价系统。目前英国计划把安全文化纳入安全管理中，把对人、组织的管理和质量管理统一起来，制定更严格的管理制度，其中包括安全文化、安全功能、质量保证、教育培训、资格、组织变更管理、合作者的管理等。但安全文化将不作为政府直接监管的对象，要求运营者在通过评估发现安全文化的薄弱环节时，要对现行作业标准、质量保证体系、组织变更管理体系等进行分析，做出改进。然而，由于出现了一些安全事故，英国有加强监管的趋势。如加强检查企业的“人的行为”、“作业环境的安全性”、“发现问题、纠正错误的机制”等，间接地对企业安全文化进行评估。

2. 美国原子能委员会（NRC）的措施。1996 年，美国原子能委员会（NRC）发表《重视安全的工作环境》的报告，表示要通过政策来建立和维持重视安全的作业环境。该委员会认为，形成安全的作业环境，是获得政府认定、许可而从事核工业的经营者的责任与义务，政府不应该直接监管安全文化，不需要制定安全文化评估的功能指标或其他方法。但可通过各种间接手法，来确认是否存在正确的安全文化。如果认定、许可获得者的安全文化存在薄弱环节，肯定会导致各种绩效指标超过规定值，或在检查中问题暴露出来。关于安全文化的各种要素，可在对运营中的原子炉进行的例行检查中加以确认。之所以不去直接监管企业的安全文化，其原因有客观评价困难、企业自主权限以及其他安全法规的作用等。美国 NRC 认为，最有效的安全文化是作为组织自身承诺的结果而产生的，没有必要通过监管来促进。

美国 NRC 对政府监管企业安全文化的做法持否定态度，这表明安全文化体系本身也是有其局限性的。如关于企业雇主、劳动者的安全行为规范在至今为止的法规中已都有规定，从这个角度看安全文化并无太多新意。

3. 日本原子能安全机构的措施。日本于 2002 年设置了名为“原子能安全文化存在形式会议”的机构。该机构认为，企业是安全责任的主体，而政府应该在促进企业构筑安全文化方面发挥作用，但同时又要避免因监管行为而使安全文化僵硬化。监管机构在制定方针阶段要对监管手法进行认真研究，不断改进，使之更为合理、更有效果。因为，监管部门自身关于安全文化的认识会对企业产生影响，所以首先要明确自己的观点。并且，当新观点被验证后，要尽快地融会进监管制度中，要求企业实施。在推进安全文化的过程中，通过检查以及提出要求等形式督促企业，仍然是很重要的，只是监管部门要对自己的监督方法的合理性做出说明，这也属于政府机关应尽的说明义务。在实施监管阶段，要注意一定要建立明确、合理的评价体系，并且预先向企业做出说明。如果评价体系及监管手法存在不合理的地方，那么这样的检查及监督就是给企业增添负担，也会削弱国民对政府的信赖。并且，监管者自身也要对自己的行为进行评价，不断地学习，提高专业水平。

日本原子能安全机构制定了一套安全评估系统。该系统中有 36 个评估项目与安全文化有关。这些评估项目是在研究国际原子能机构、Zohar（1990）等 15 项研究结果的基础上，结合日本实际情况制定的。安全文化包括 3 方面因素：确保安全的体系（制度、手段、活动）、安全态度与安全行为、安全态度与安全行为的共享程度。下面又分为10个子因素，分别是安全声明、安全与安全性、规则与文件、责任、权限与作用、纠错处理、教育培训、信息渠道与交流、作业条件、制度与活动、与外部的合作。每个子因素下面进一步分为36个因素。每个因素下面都列出了问题。企业根据自身情况回答问题，按照规定的方法就可以确认安全文化的状况。日本原子能安全机构还制定了组织信赖度评估模型，供企业分析安全文化上存在的薄弱点及其背后的原因。模型包括79个评估项目。36个安全文化评估项目加上79个组织信赖度评估项目，构成一个完整的安全文化评估模型。日本准备将该评估系统实际运用到对核工业企业的监管当中。

三、关于我国安全文化建设的思考

我国在20世纪90年代才关注安全文化建设。在此期间国际原子能机构编写的《核安全文化》一书中文版在我国出版。在21世纪初，我国开始把安全生产工作提高到安全文化的高度来认识。近些年我国安全文化得到了发展，政府开始重视安全文化建设；学术社团和中介组织关于安全文化的研究十分活跃；安全文化宣传教育工作也开始丰富多彩；作为企业文化建设的一个组成部分，企业安全文化在许多行业开展起来，在核电、铁道、石化、煤炭、冶金等行业安全文化建设已很有特色。但我国安全文化建设起步较晚，与国外相比还有很大差距，因此要进一步加强，为此应该做好以下几个方面的工作：

1．积极吸收安全文化的新理念，结合我国实际构建我国安全文化建设模式。安全文化之所以在发达国家形成潮流，是因为它在提高安全生产水平上有着实际的作用。尽管我国的安全法规体系和监管制度历史尚短，当前首要任务是普及、贯彻法规，充实、完善监管体系，但我们也不应该摒弃安全文化的新理念，而应该认真、系统地总结，吸收国外经验，加快我们的法规体系和监管制度的建设。安全文化的本质，就是注重企业及个人的安全意识、行为规范的形成，促进企业自律型安全管理的开展。我们也应该在要求企业严格遵守法规的同时，吸取安全文化的理念，采取教育培训等措施，增强劳动者参与安全管理的积极性。目前，安全文化有向资格认证、标准化发展的倾向。这既是咨询业的一个商机，同时也确实能给企业提供方便。尽管企业要为此付出成本，但若能提高安全生产水平，特别是当安全文化像某些资格认证一样被作为市场进入的条件时，企业也是值得或必须做的。从这个意义上讲，我们更应该加紧对安全文化的研究，结合我国国情探索安全文化建设模式。图 9－2 是我国学者提出的安全文化模式①，虽然该模式还有待进一步探讨，但已经提供了研究的基础。

2. 安全文化的建设应该与完善企业安全管理体制结合起来。安全文化自身也经历了一个演变过程，从最初重点强调安全意识行为发展成为安全管理体制中的一部分。因此，我们要全面地理解安全文化，避免把安全文化搞成形式主义的东西。如有人认为，举办“安全月”等活动就是安全文化。实际上，此类活动若不落实在改进企业安全管理体制上的话，就仅有虚张声势的意义。对此，我们是深有教训的。因此，在建设安全文化时，要切实考虑企业管理的需要，把真正对提高安全生产水平的有价值的经验吸收过来。

3. 慎重考虑把安全文化作为监管内容。如果不使用监管手法，企业可能就会缺少引进安全文化的动机。而要把安全文化作为监管内容，就会加大监管工作量，还会影响对安全法规等硬指标的检查力度。因此，对是否把安全文化作为监管内

---

① 资料来源：罗云、黄毅：《中国安全生产发展战略》，化学工业出版社 2005 年版，第 49 页。

容，应该通过局部试点，综合考虑。同时，也可以考虑替代做法，即把安全文化建设作为企业自律管理的内容，可请咨询公司帮助设计，也可靠自身力量，监管部门对此可鼓励，而不作为检查的内容。

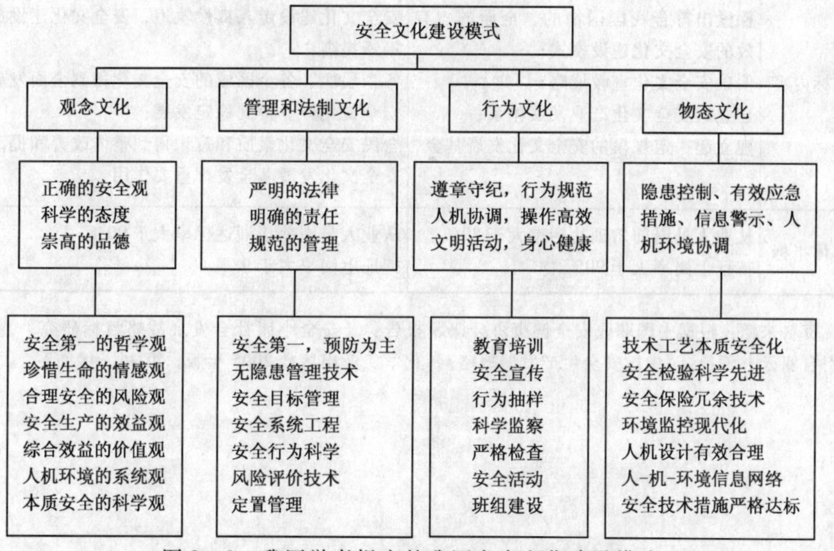

图 9－2　我国学者提出的我国安全文化建设模式

资料来源：罗云、黄毅：《中国安全生产发展战略》，化学工业出版社 2005 年版，第 49 页。

4．制定安全文化建设规划，有计划地推进我国安全文化建设。为更好地推进我国安全文化的建设，有必要制定我国安全生产建设规划，有计划、有步骤地推进安全生产文化建设。表 9－3 是中国职业安全健康协会“安全小康社会发展战略目标研究”课题组 2002 年提出的我国安全文化发展目标。应该说，该目标的提出对于我国安全文化建设具有重要的意义，但是该目标的内容还不够具体，操作性较差，而所列的指标也过于简单，不仅数量少，而且无法全面体现出安全文化建设的内容。因此，现在有必要进一步全面研究我国安全文化建设问题，制定出安全文化建设科学规划，提出具体、可操作性的计划指标和标准，使我国安全文化建设沿着科学的方向快速发展。

表9－3　　　　　我国安全文化建设的发展目标

	2010年我国安全文化的发展目标	2020年我国安全文化的发展目标
目标定位	安全文化建设初见成效	安全文化建设稳定全面发展
目标内容	探索出符合我国国情的、全面的、有效的安全文化建设模式； 明确安全文化宣教战略； 建立起安全文化产业发展体系； 建立起一定规模的安全文化发展基金	先进的安全文化思想深入人心； 安全文化建设走入良性轨道，安全文化建设成效不断提高； 各个层次、各个区域的安全文化得到全面发展； 安全文化产业得到稳定发展； 全民安全文化素质和意识得到整体改善和提高； 安全文化发展基金发挥重要作用
具体指标	从业人员岗前培训达标率大于80%； 持证上岗率大于90%	从业人员岗前培训达标率大于90%； 持证上岗率大于98%

资料来源：根据中国职业安全健康协会课题报告：《安全小康社会发展战略目标研究》整理，转引自罗云、黄毅：《中国安全生产发展战略》，化学工业出版社2005年版，第46—48页。

附录一

世界部分国家按产业类型划分的死亡率数据

国别	死亡计量类别	年份	总死亡率	农业	采掘业	制造业	电力、煤气、水供应业	建筑业	贸易、餐饮、旅馆业	交通运输业	金融保险房地产业	社区服务与个人服务业	其他
美国	D	1980	0.039	0.115	0.24	0.029	—	0.143	0.023	0.09	0.02	0.016	—
美国	D	1981	0.038	0.106	0.233	0.027	—	0.146	0.028	0.083	0.016	0.015	—
美国	D	1982	0.037	0.142	0.222	0.023	—	0.144	0.019	0.11	0.013	0.018	—
美国	D	1983	0.028	0.064	0.138	0.022	—	0.132	0.017	0.067	0.009	0.013	—
美国	D	1984	0.032	0.082	0.207	0.022	—	0.114	0.016	0.085	0.01	0.019	—
美国	D	1985	0.031	0.075	0.156	0.023	—	0.154	0.015	0.08	0.008	0.013	—
美国	D	1986	0.03	0.08	0.141	0.022	—	0.102	0.017	0.087	0.02	0.013	—
美国	D	1987	0.027	0.049	0.115	0.022	—	0.122	0.015	0.062	0.014	0.012	—
美国	D	1988	0.025	0.069	0.167	0.018	—	0.122	0.016	0.067	—	—	—
美国	D	1989	0.027	0.069	0.086	0.018	—	0.112	0.021	0.06	—	0.01	—
美国	D	1990	0.021	0.09	—	0.015	—	0.106	0.014	0.051	—	0.017	—
美国	D	1991	0.021	—	0.078	0.018	—	0.083	0.012	0.041	—	—	—
英国	C	1984	0.021	0.091	0.172	0.023	0.042	0.097	0.008	0.035	—	0.005	—
英国	C	1985	0.019	0.068	0.189	0.021	0.023	0.106	0.008	0.036	—	0.003	—

续表

国别	死亡计量类别	年份	总死亡率	农业	采掘业	制造业	电力、煤气、水供应业	建筑业	贸易、餐饮、旅馆业	交通运输业	金融保险房地产业	社区服务与个人服务业	其他
英国	C	1986	0.017	0.081	0.161	0.019	0.024	0.106	0.005	0.03	0.004	0.003	—
英国	C	1987	0.017	0.07	0.174	0.018	0.028	0.102	0.005	0.037	0.003	0.003	—
英国	C	1988	0.025	0.069	1.057	0.018	0.035	0.105	0.007	0.036	0.004	0.003	—
英国	C	1989	0.017	0.082	0.151	0.021	0.018	0.094	0.006	0.034	0.004	0.004	—
英国	C	1990	0.016	0.095	0.176	0.017	0.014	0.094	0.005	0.037	0.003	0.004	—
英国	C	1991	0.014	0.073	0.202	0.015	0.015	0.09	0.005	0.032	0.003	0.004	—
英国	C	1992	0.013	0.066	0.157	0.013	0.028	0.072	0.003	0.031	0.002	0.004	—
德国	C	1984	0.12	0.25	0.32	0.1	—	0.28	—	—	—	—	0.08
德国	C	1985	0.1	0.24	0.4	0.08	—	0.24	—	—	—	—	0.07
德国	C	1986	0.08	0.19	0.29	0.07	—	0.19	—	—	—	—	0.05
德国	C	1987	0.08	0.22	0.22	0.07	—	0.2	—	—	—	—	0.05
德国	C	1988	0.08	0.21	0.36	0.07	—	0.2	—	—	—	—	0.05
德国	C	1989	0.08	0.19	0.24	0.07	—	0.19	—	—	—	—	0.05
德国	C	1990	0.07	0.21	0.23	0.07	—	0.15	—	—	—	—	0.05
德国	C	1991	0.06	0.16	0.14	0.05	—	0.12	—	—	—	—	0.04
德国	C	1992	0.07	0.15	0.2	0.07	—	0.15	—	—	—	—	0.05
德国	C	1993	0.08	0.16	0.27	0.07	—	0.17	—	—	—	—	0.05
法国	B	1980	0.101	—	—	0.071	0.116	0.293	0.062	0.424	—	0.045	—
法国	B	1981	0.102	—	—	0.077	0.074	0.285	0.075	0.395	—	0.043	—
法国	B	1982	0.097	—	—	0.068	0.229	0.26	0.098	0.34	—	0.046	—
法国	B	1983	0.093	—	—	0.072	0.136	0.293	0.067	0.292	—	0.041	—
法国	B	1984	0.084	—	—	0.066	0.1	0.246	0.063	0.327	—	0.037	—
法国	B	1985	0.079	—	—	0.059	0.054	0.257	0.066	0.283	—	0.035	—
法国	B	1986	0.074	—	—	0.06	0.115	0.213	0.052	0.27	—	0.034	—
法国	B	1987	0.075	—	—	0.056	0.089	0.212	0.058	0.328	—	0.037	—
法国	B	1988	0.081	—	—	0.055	0.148	0.287	0.066	0.289	—	0.035	—
法国	B	1989	0.084	—	—	0.064	0.149	0.251	0.055	0.355	—	0.039	—

附录一　世界部分国家按产业类型划分的死亡率数据

续表

国别	死亡计量类别	年份	总死亡率	农业	采掘业	制造业	电力、煤气、水供应业	建筑业	贸易、餐饮、旅馆业	交通运输业	金融保险房地产业	社区服务与个人服务业	其他
法国	B	1990	0.084	—	—	0.062	0.098	0.281	0.067	0.315	—	0.038	—
法国	B	1991	0.074	—	—	0.053	0.132	0.242	0.055	0.294	—	0.035	—
意大利	D	1984	0.075	0.11	0.16	0.03	0.05	0.18	0.02	0.14	—	0.02	0.02
意大利	D	1985	0.063	0.1	0.11	0.03	0.03	0.12	0.02	0.12	—	0.02	—
意大利	D	1986	0.053	0.09	0.09	0.02	0.05	0.11	0.01	0.1	—	0.01	—
意大利	D	1987	0.052	0.09	0.1	0.02	0.05	0.12	0.01	0.08	—	0.01	—
意大利	D	1988	0.056	0.09	0.11	0.02	0.06	0.14	0.01	0.11	—	0.01	—
意大利	D	1989	0.059	0.13	0.23	0.03	0.04	0.13	0.03	0.18	—	0.01	1.09
意大利	D	1990	0.056	0.11	0.41	0.04	0.03	0.15	0.04	0.16	—	0.01	1.03
意大利	D	1991	0.053	0.11	0.17	0.03	0.04	0.15	0.03	0.17	—	0.01	0.98
意大利	D	1992	0.051	0.11	0.23	0.03	0.03	0.15	0.04	0.16	—	0.01	0.35
意大利	D	1993	0.045	0.09	0.3	0.03	0.06	0.13	0.03	0.14	—	0.01	0.22
瑞典	D	1984	0.019	0.13	0.1	0.02	0.03	0.04	0.01	0.05	0.01	0.01	—
瑞典	D	1985	0.016	0.1	0.2	0.02	0.07	0.02	0.01	0.05	0.02	0.01	—
瑞典	D	1986	0.018	0.09	0.1	0.03	0.05	0.04	0.01	0.05	0.01	0.01	—
瑞典	D	1987	0.017	0.07	0.15	0.01	0.07	0.05	0.01	0.05	0.01	—	—
瑞典	D	1988	0.018	0.05	0.05	0.01	0.1	0.03	0.01	0.05	0.01	0.01	—
瑞典	D	1989	0.016	0.02	0.1	0.02	0.07	0.05	0.01	0.04	0.01	0.01	—
瑞典	D	1990	0.019	0.02	0.11	0.01	0.08	0.05	0.01	0.06	0.01	0.01	—
瑞典	D	1991	0.013	0.05	0.07	0.01	—	0.04	0.1	0.03	0.02	0.06	—
瑞典	D	1992	0.014	0.05	0.14	0.01	0.02	0.03	0.01	0.03	0.01	0.01	—
奥地利	C	1980	0.165	0.4	0.396	0.144	0.162	0.442	0.102	0.395	0.059	0.1	0.065
奥地利	C	1981	0.167	0.525	0.485	0.128	0.225	0.54	0.086	0.342	0.115	0.068	0.063
奥地利	C	1982	0.108	0.791	0.507	0.132	0.34	0.521	0.078	0.414	0.063	0.06	0.098
奥地利	C	1983	0.103	0.513	0.354	0.078	0.092	0.322	0.043	0.315	0.037	0.03	0.051
奥地利	C	1984	0.096	0.487	0.59	0.065	0.152	0.346	0.033	0.285	0.025	0.036	0.037
奥地利	C	1985	0.106	0.4	0.415	0.062	0.24	0.346	0.034	0.512	0.06	0.029	0.043

续表

国别	死亡计量类别	年份	总死亡率	农业	采掘业	制造业	电力、煤气、水供应业	建筑业	贸易、餐饮、旅馆业	交通运输业	金融保险房地产业	社区服务与个人服务业	其他
奥地利	C	1986	0.079	0.451	0.278	0.055	0.183	0.291	0.028	0.243	0.041	0.023	0.024
奥地利	C	1987	0.097	0.684	0.242	0.085	0.212	0.359	0.026	0.203	0.04	0.017	0.044
奥地利	C	1988	0.076	0.283	0.099	0.08	0.09	0.249	0.034	0.19	0.033	0.017	0.02
奥地利	C	1989	0.074	0.503	0.302	0.057	0.182	0.226	0.023	0.258	0.021	0.016	0.031
奥地利	C	1990	0.079	0.502	0.311	0.044	0.213	0.284	0.032	0.274	0.035	0.026	0.03
奥地利	C	1991	0.08	0.867	0.22	0.065	0.031	0.223	0.029	0.294	0.019	0.02	0.034
奥地利	C	1992	0.066	0.361	0.175	0.042	0.093	0.197	0.03	0.252	0.037	0.024	0.034
奥地利	C	1993	0.075	0.335	0.125	0.053	0.219	0.292	0.028	0.272	0.023	0.019	0.015
奥地利	C	1994	0.061	0.341	0.39	0.048	0.158	0.186	0.025	0.183	0.04	0.022	0.017
日本	D	1980	0.02	0.05	0.25	0.01	0.01	0.08	—	0.03	—	0.01	—
日本	D	1981	0.03	0.1	1.13	0.02	—	0.09	—	0.01	—	0.03	—
日本	D	1982	0.02	0.1	0.26	0.02	0.01	0.04	—	0.03	—	0.02	—
日本	D	1983	0.02	0.11	0.27	0.01	0.01	0.04	—	0.03	—	0.07	—
日本	D	1984	0.03	0.12	1.07	0.01	0.01	0.03	—	0.04	—	0.01	—
日本	D	1985	0.02	0.11	0.94	0.01	0.01	0.05	—	0.02	—	0.02	—
日本	D	1986	0.01	0.03	0.25	0.01	0.01	0.01	—	0.02	—	0.02	—
日本	D	1987	0.01	0.08	0.19	0.01	0.01	0.04	—	0.03	—	0.02	—
日本	D	1988	0.01	0.14	0.21	0.01	0.01	0.03	—	0.03	—	0.01	—
日本	D	1989	0.01	0.08	0.18	0.01	0.01	0.08	—	0.03	—	0.02	—
日本	D	1990	0.01	0.07	0.06	0.01	0.01	0.2	—	0.03	—	0.02	—
日本	D	1991	0.01	0.05	0.08	0.01	0.01	0.06	—	0.03	—	0.01	—
日本	D	1992	0.01	—	0.14	0.01	0.01	0.01	—	0.02	—	0.01	—
日本	D	1993	0.01	—	0.21	0.01	0.01	0	—	0.02	—	0.03	—
日本	D	1994	0.01	—	0.03	0.01	0.01	0.01	—	0.02	—	—	—
韩国	C	1980	0.34	—	2.76	0.16	0.52	0.38	—	0.94	—	—	0.2
韩国	C	1981	0.37	—	3.15	0.18	1.03	0.51	—	0.82	—	—	0.16
韩国	C	1982	0.35	—	2.68	0.17	0.45	0.64	—	0.57	—	—	0.18

附录一　世界部分国家按产业类型划分的死亡率数据

续表

国别	死亡计量类别	年份	总死亡率	农业	采掘业	制造业	电力、煤气、水供应业	建筑业	贸易、餐饮、旅馆业	交通运输业	金融保险房地产业	社区服务与个人服务业	其他
韩国	C	1983	0.37	—	3.3	0.17	0.52	0.55	—	0.54	—	—	0.2
韩国	C	1984	0.38	—	3.3	0.2	0.32	0.44	—	0.77	—	—	0.27
韩国	C	1985	0.38	—	4.1	0.18	0.37	0.47	—	0.7	—	—	0.25
韩国	C	1986	0.35	—	4.2	0.17	0.28	0.38	—	0.64	—	—	0.24
韩国	C	1987	0.33	—	4.4	0.18	0.37	0.31	—	0.63	—	—	0.23
韩国	C	1988	0.34	—	4.3	0.19	0.39	0.32	—	0.68	—	—	0.27
韩国	C	1989	0.26	—	4	0.16	0.13	0.21	—	0.51	—	—	0.24
韩国	C	1990	0.3	—	5.9	0.17	0.17	0.28	—	0.55	—	—	0.28
韩国	C	1991	0.29	0.23	6.29	0.17	0.21	0.3	—	0.53	—	—	0.19
韩国	C	1992	0.34	0.96	6.67	0.19	0.18	0.44	—	0.57	—	—	0.21
韩国	C	1993	0.32	0.94	7.74	0.19	0.24	0.35	—	0.52	—	—	0.22

其中：A：每1000人年死亡率（1年相当于300个工作日）

B：每1000个工人的死亡率

C：每1000个雇员的死亡率

D：以每百万个工作小时计的死亡率

资料来源：International labour office，Yearbook of labour statistics，Geneva.

附录二

美国职业安全卫生管理局简介[①]

美国的安全卫生管理体制，是以劳工部下属的职业安全卫生管理局为主体构建的。职业安全卫生管理局根据1970年颁布实施的《职业安全卫生法》设置，是综合管理劳动者安全卫生的国家机构。自1971年安全卫生管理局成立至今，劳动事故死亡率减少了62%，工伤及疾病的发生率减少了42%，因吸入棉纤维而造成的职业性肺病的发病率降为零，挖掘作业死亡人数减少了35%。而同一时期，企业数（包括工厂，下同）从350万人增加到890万人，劳动者数从5600万人增加到了1.35亿人。

2007年，职业安全卫生管理局共有职员2150人，其中监察官1100人。该局的年度预算为4.869亿美元。该局担负着保障1.35亿劳动者在安全、健康环境中工作的使命。

职业安全卫生管理局以“彻底、公平、有效的执法”、“提供信息、支援培训及贯彻标准”、“实施伙伴合作项目”为三个基本战略，具体实施着以下工作：

1. 支持雇主和劳动者减少工作现场的危险，引进先进的安全卫生管理系统，修改原有的管理制度。

① 本节内容引自美国职业安全卫生管理局（OSHA）的《OSHA简介》、《OSHA事实》，网址为：http：//www.osha.gov/Publications/all_about_OSHA.pdf.

2. 制定有关安全卫生的义务标准，通过向雇主提供援助和通告、处罚两种手法来促进标准的落实。

3. 通过实施伙伴合作项目，促进形成安全、健康的劳动环境。

4. 规定雇主和劳动者的义务和权利，实现高水平的安全卫生环境。

5. 支持企业为预防工作现场事故制定创新型措施。

6. 建立报告、记录制度，监控工伤和职业病的发生状况。

7. 举办提高安全卫生管理人员能力的培训。

8. 向雇主提供以贯彻标准为目的的技术性援助及培训。

9. 提供咨询服务。

该局管辖的范围包括制造业、建筑业、港口装卸业、造船业、废船拆卸业、船舶修理业、农业、法律服务业、医疗业、慈善救济事业、灾害救援业、工会、私立学校等领域的雇主和劳动者。但个体经营者、家族经营的农场、其他联邦法规管辖的团体的雇员（如煤矿工人、特殊卡车司机及运输业工人、原子能行业工人等的安全卫生管理，遵照各自的法律实施）、州政府及地方自治体的公务员（按照当地的法律实施）不包括在内。

下面就该局的部分主要工作进行较为详细的介绍。

（一）制定标准

各项标准的制定，是安全卫生管理的基础。因为没有得到社会充分认可的、合理的、科学的标准，管理就无从谈起。安全卫生标准的范围包括工作现场存在的所有危险，如有毒物质、有害的物理因素、电力引发的危险、跌落危险、挖掘危险、有害废弃物、传染病、火灾及爆炸的危险、危险的环境、机械危险等。

标准制定或是由职业安全卫生管理局自身提出立案，或是接到相关者的要求而立案。相关者包括联邦健康社会福利部、国家职业安全卫生研究所、州政府及地方自治体、国家认定的标准制定组织、企业雇主及劳动者等。劳工部每年春秋两季在《联邦公文（Federal Register）》中刊载所有正在制定中的规则的名录，在《规则日程（Regulatory Agenda）》中公布标准及规则制定、修改等的日程安排，相关者可以从这里得到有关标准的制定信息。

同时，职业安全卫生管理局对标准的提案、修改以及废止都要在《联邦公文》上发布通知，告示各界，其通知的形式有：征求信息（Request for Information)，这是为了征求标准草案所需要的信息；被提案标准的制定的事前通知（Advance Notice of Proposed Rulemaking)；信息征集会议的举办通知；被提案标准的制定的通知（Notice of Proposed Rulemaking)，这个通知公布被提案的新标准的主要内容，宣布向公众征求意见的期间。

所有人都可以对标准提出书面意见，职业安全卫生管理局可根据收集到的意见的情况，举行公证会。在对公众的意见及资料进行分析之后，职业安全卫生管理局要公布最终的决定。如果决定制定新标准或修改原标准，要公布标准的全文和生效日期，要说明其理由。如果决定是否定的，也要公开表示不制定新标准或修改原标准。在标准制定程序中，国家职业安全卫生研究所等国家机构也要参与进来。国家职业安全卫生研究所是根据《职业安全卫生法》而设置的，专门负责各个领域的安全卫生问题的研究，它不断地将最新技术信息反映给负责制定标准的职业安全卫生管理局，并且参与标准的提案。

职业安全卫生管理局制定的所有标准都要提交给国家议会和会计检查院审议。按照《中小企业管制实施公正法（Small Business Regulatory Enforcement and Fairness Act)》的规定，议会有权以共同决议的形式废除标准，同时总统要在决议上签名。但历史上议会废除标准的事情只有一次，所以，职业卫生管理局制定的标准基本上就成为了具有法律效力的规则。

因新标准遭受利益损失的人，可以在标准公布60日内向居住地的法院起诉，要求更改标准。但如果没有法院的判决，标准还要按时生效。

雇主还可以向职业安全卫生管理局申请临时性、永久性或试验免除履行义务。免除履行义务，就是指允许可以不遵守标准的条件或期限。以下两种情况，雇主可以申请免除履行义务：因为缺少必需的材料、机械、专家、技术人员，无法在新标准生效日达到标准的；采取其他方法，能提供与新标准有同样劳动保护效果的。

因无法在规定期限达到新标准要求，申请临时免除履行义务的企业，在职业安全卫生管理局审查其申请期间要获取按原来条件继续进行业务的临时许可，并遵守特别规定的条件。

当雇主能提出本企业的作业状态、程序、手段、方法、操作或工序完全可以像遵守标准一样安全、健康时，可以申请永久性免除履行义务。但在批准之前，企业必须遵守标准。

当企业参加由劳工部长或健康社会福利部长认可的、关于新劳保技术的试验项目时，可申请试验免除履行义务。

除了标准之外，职业安全卫生管理局还针对不同领域的安全卫生问题，制定了各类“行动指南”。行动指南与标准不同，它不具有劳动安全卫生法赋有的法律约束力，而被定位为帮助雇主认识到劳动环境中存在的危险，能动地采取对策的手段。行动指南由于在职业安全卫生管理局的权限内就可以制定，能较快地对技术、原料等的变化做出反应，利于企业实施。

（二）收集企业的报告与记录，实施统计调查，建立全国资料系统

职业安全管理局通过收集企业的劳动安全纪录，建立全国性资料系统。有了这一系统，就可以针对危险度高的行业采取必要的监管措施，并把这些信息反馈给劳动者，利于寻找工伤及职业病的原因。

按法律规定，企业有报告和记录的义务。报告义务，是指当发生死亡事故或3人以上工伤住院时，雇主在8个小时以内必须向劳动安全卫生管理局报告。

关于纪录义务，是指雇主必须做到：在各作业场所配置关于工伤及疾病的发生纪录，使劳动者在需要时可以阅览；把每年的状况汇总，在每年2月1日至4月30日公布，企业负责人要保证该汇总正确无误；关于死亡人数，不管自受伤到死亡的时间有多长，都要作为因劳动事故死亡计算；当监察官有要求时，企业必须提交该纪录，并且当劳工部长、健康社会福利部长或州政府因调查研究需要该纪录时，企业也必须提交该纪录的复印件；除此之外，企业还必须做好法规规定的其他纪录。雇主要及时更新工伤及疾病纪录，并保存5年。这些记录没有必要送往监管部门，但当监管部门要求时，必须在4小时之内提交。

职业安全卫生管理局每年要对企业的工伤和疾病情况进行抽样调查。该局从67个高危险度以及高工伤疾病发生率的行业中选择企业，要求送交按规定格式（300A）填写的记录表。该局将这些信息进行汇总，存储于数据库中，用作改进劳动者保护措施的基础资料。

（三）实施检查

《职业安全卫生法》规定，职业安全卫生管理局的监察官有权在适当的时间，用适当的方法，在适当的期限内对企业进行检查，监察官可以进入工厂、事业所、工地等进行作业的任何场所，可以对与作业有关的所有事物，包括建筑物、机械、器具、装置、工具及原材料等进行监督或检查。在监督或检查时，监察官可以对雇主、企业所有者、管理者、代理人以及劳动者个人进行讯问。

监察官大多都有产业卫生和安全等方面的专业资格，具有劳动卫生、安全工学、毒物学、职业病医学等方面的专业知识。

检查一般都是突然袭击型的。法律规定，将检查消息偷漏给企业的要处以最高1000美元的罚款，或6个月的监禁，也可两罚并用。但有以下特殊情况时，可在检查前24小时通知企业：有必须立即采取措施的危险存在时；须在通常营业时间以外的时间进行的检查，或是需要特殊准备的检查；需要雇主、劳动者代表或其他人在场的检查；事先通知，可使检查进行得更有效、彻底。

雇主有权要求监察官出示法院的搜查证。如果法院根据违犯证据及监管的需要发出了搜查证，职业安全卫生管理局就可以实施检查了。如果雇主拒绝监察官进入企业，妨碍检查，职业安全卫生管理局可以依法进行处罚。

《职业安全卫生法》的适用范围包括890万家企业或事业所，所以不可能对所有的企业都逐一进行检查。为此，职业安全卫生管理局规定了以下的检查顺序：(1) 有紧急情况发生、存在着造成死亡或重大伤害的危险的最优先检查；(2) 出现死亡事故或3人以上住院的大事故的作业场所；(3) 有劳动者告发、雇主违法行为会带来重大伤害事故的工作场所；(4) 个人、有关机构、团体及媒体检举的作业场所；(5) 按计划对危险度高的产业进行的检查；(6) 以前检查过的企业的跟踪检查。

检查一般有4个步骤。

步骤1：监察官出示有照片、有编号的身份证。

步骤2：检查前说明。监察官首先要说明选择该企业的理由，然后说明目的、检查范围等。

步骤3：巡视。监察官在雇主及劳动者代表的陪同下检查作业现场是否有危险存在，与雇主商量改正措施，也可询问劳动者。巡视时一般要检查雇主是否保存工伤和疾病的纪录，是否在2月1日至4月30日之间公开张贴上年度关于业务伤害及职业病的情况通报（OSHA 300A①）；是否把关于劳动者权利的告示（“这是法律”OSHA 3165）张贴在醒目场所。

步骤4：巡视后总结。监察官向雇主指出违犯法规的地方，告知要对其发出“通告”。并告知雇主有表示不服的权利、不受歧视的权利、在接到通告后15个工作日内提出异议的权利。

实施检查后到最终检查报告书定稿之间有6个月的时间。最终确定是否处罚的权限，在于职业安全卫生管理局的各地区局局长。局长根据调查报告书，会做出三种最终决定：(1) 没有处罚的通告，就是仅规定改正的期限；(2) 处罚通告，即不仅规定改正的期限，还有如何处罚的内容；(3) 不需要通告和处罚，表明该企业无违犯。关于处罚的具体规定，参见第十一章《强化职业安全卫生法律的约束机制》。

(四) 提供信息咨询及培训

职业安全卫生管理局认为，如果雇主和劳动者不能充分地了解安全卫生的法规和知识，那么该局的使命就无法完成。因此，该局在信息服务上面做了很多工作。

首先，该局的网页的内容十分充实。不仅有所有的法律及标准、行动指南的原文和解说，还有具体技术的介绍。网页上还有西班牙语的安全卫生管理知识介绍，以及中小企业、劳动者权利、未成年劳动者等问题的专辑。

并且，职业安全卫生管理局编制了大量的、内容广泛的宣传册，例如《危险有害物质》、《石棉》、《血液病原体》、《自主防卫》、《心理咨询》、《补偿金》、《培训》、《人体工学》、《工作暴力》等。这些书籍都可以从网页上下载或印刷，还可以索取印刷品，都是免费的。

职业安全卫生管理局在芝加哥设有培训中心，为联邦和各州的监察官、

① 括号内的文字、数码表示职业安全卫生管理局（OSHA）的文件号。以下文章中若没有特别注释，都表示同一意思。

各州的安全卫生咨询师、其他联邦机构职员、企业管理人员和劳动者代表提供基础、高级两种水平的训练。该局在全国73个地区局也都有培训、信息服务。另外，该局还委托非营利性组织在全国设置安全卫生培训中心，也出资支持民间组织搞培训。

职业安全卫生管理局还实施了一些预防事故于未然的措施，如咨询服务、安全卫生达标认定项目，诱导企业主动遵守法规。咨询服务的对象是员工数250人以下的中小企业。对于申请咨询的企业，州政府派遣专家登门免费指导，帮助建设安全卫生管理制度，消除生产过程中的安全隐患，并且免除一年不受职业安全卫生管理局的检查。

安全卫生达标认定项目的对象是优秀企业。企业若能满足接受监管部门的现场检查、在消除隐患方面做出了成绩、有着先进的管理制度等条件，就可申请认定。如果通过了，就可被免除一年不受检查。

（五）促进多方合作的措施

该局认为，监管部门与企业、劳动者及工会之间建立合作关系，是比检查更有效的提高安全卫生管理水平的手段。为此，该局推行了合作关系、战略伙伴、自主保护项目等措施。

合作关系，是指企业、行业团体、教育机关及政府机关等与职业安全卫生管理局签订合作协议，共同致力于推进安全卫生管理水平的提高。参加这个项目，没有什么资格限制，只是要求至少要在培训、信息服务、全国范围宣传这三个方面挑选一个，制定出具体行动计划。2007年，结成全国合作关系的项目有66件、地区合作关系项目有402件。

战略伙伴关系，是指企业或劳动者的代表等与职业安全卫生管理局签订长期合作的协定。职业安全卫生管理局帮助对方建立安全卫生管理体系。2007年结成战略伙伴项目有165项，涉及3300名雇主和120万名的劳动者。

自主保护项目，目的在于通过建立有效的管理系统来提高劳动者保护水平。参加该项目的企业每年2月把管理系统的运营状况向职业安全卫生管理局报告，该局也会实施现场调查，促使企业维持管理水平。参加该项目企业可免除检查。2007年，参加自主保护项目的企业数量为1793家，分布在180个行业，覆盖劳动者数量为784262人。

附录三

美国的《职业安全与卫生法》简介[①]

《职业安全与卫生法》于1970年颁布，共有34章。

第1章为序论，规定《职业安全与卫生法》的目的就是要通过执行以该法为基础而制定出的各项标准，帮助并鼓励各州政府致力于保证劳动者的劳动条件的安全与卫生，并为安全生产领域提供研究、信息、教育和培训。对于安全卫生管理的意义，当时的国会如此认为：劳动过程中发生的负伤、疾病导致生产损失、工资损失、医疗费支出、工伤补偿支出，从而成为各州经济发展的负担。所以，要使用各种手段，通过行使管制国内贸易及跨国贸易的权限，来提高福利的整体水平，尽最大可能地保障男女劳动者拥有健康的劳动条件，保护人力资源。具体措施有13条：帮助雇主及劳动者减少在劳动现场发生的安全卫生事故，鼓励雇主及劳动者制定和完善规章制度，确保安全而健康的劳动条件；规定雇主和劳动者双方都有实现安全且卫生的劳动条件的责任和权利；授予劳工部长有制定适用于国内各行业的安全卫生标准的权限，设立安全卫生监督委员会；鼓励雇主和劳动者发挥自主性，提供安全且卫生的劳动条件；实施安全卫生领域的科学研究，在方法、技术、政策上进行创新；制定劳动卫生标准，研究发现潜伏性疾病的方法，揭示环境

① OSHA：Occupational Safety and Health Act of 1970，http：// www. osha. gov/pls/ oshaweb/ owasrch. search _ form？ p _ doc _ type = OSHACT&p _ toc _ level = 0&p _ keyvalue = .

相关疾病与劳动之间的因果关系，促进职业卫生领域的科学研究；设定医学标准，尽可能使所有劳动者不因为劳动而损害健康、身体机能和减少预期寿命；增加从事安全生产工作的人员数量，制定提高培训计划，来提高他们的能力；开发和提供安全生产标准；制定有效执行计划，包括不准向违犯规定者事先透露检查与制裁的相关信息；帮助各州明确安全生产领域的需求与责任；根据《职业安全与卫生法》制定计划，改善本州的安全生产法的行政管理与执行效率，实施相关的科学研究，使各州全面承担起安全卫生法的行政管理和执行责任；制定有利于《职业安全与卫生法》贯彻落实、能正确表述安全生产问题的性质的报告程序；减少雇用关系中发生的伤害与疾病，帮助劳资双方共同改善劳动管理。

《职业安全与卫生法》第 4 章规定，该法适用范围为美国联邦政府所管辖的所有州和地区。第 5 章规定，雇主负有以下的责任：（1）禁止向劳动者提供具有被认为可能导致其死亡或重大身体损害的就业岗位或就业场所；（2）遵守根据《职业安全与卫生法》制定的各项安全卫生标准。同时劳动者也应该遵守适用于其自身行为的、根据《职业安全与卫生法》制定的职业安全卫生标准、规定、规则和命令。

第 6 章规定了《职业安全卫生标准》的制定与修正程序。劳工部长有权按照规定的程序公布、修正和废止职业安全卫生标准。劳工部长在公布、修正和废止职业安全卫生标准公布前，向咨询委员会提出咨询，并提供所有相关资料信息，咨询委员会在 90 天内提出相关建议。劳工部长对要公布、修正和废止的职业安全卫生标准草案进行公示，并于 30 天以内收集相关意见。任何人都可以对草案提出意见，并可要求将意见记录存档和召开公证会。召开公证会是劳工部长的职责，他必须在意见收集结束后的 30 日以内，公布公证会的时间、地点。并且，劳工部长应在公证会结束后的 60 天以内，决定职业安全卫生标准的公布、修正和废止与否。如果公布有毒物质、有害药品的标准，应该尽最大努力寻找一切能够找到的证据，在此基础上制定标准。所有雇主都可以向劳工部长提出暂缓执行标准的申请，但同时必须提供以下证据：（1）证明无法雇用到相关专业技术人员，无法购入满足标准的机械设备，无法按期完成设施改造；（2）雇主采取了所有措施来保障劳动者远离危险物；（3）雇主制定了尽快达到标准的计划。暂缓执行标准期间最长不超过1年。有关雇主需要提供的资料，包括理由的详细说明、对劳动者采取的保护措施的详细内容、雇主执行标准的预期时间及措施内容、通知劳动者的证明、劳动者的意见等。关于危险物品，雇主要制定使用危险物品时预防事故的措施，规定必要的标识以及适当的警告手段，并告知劳动者，并要制定有关危险物使用的保护工具、危险控制手法及技术程序，对劳动者接触危险物的情况进行定期监测和检查，还应该出资为劳动者进行健康检查。

第7章规定，设置国家职业安全卫生咨询委员会。该委员会由12人组成，其中4人由健康人力服务部长任命，其余8人根据规定由各部门指定，从经营者、劳动者、职业安全卫生专家、一般市民中选出。咨询委员长由一般市民代表担任。咨询委员会的任务是，向劳工部长、健康人力服务部长提供对策建议。咨询委员会一年至少举行2次会议，所有的会议记录向市民公开。

第8章对检查、调查与记录程序进行了规定。为了执行《职业安全与卫生法》，职业安全与卫生管理局（OSHA）有权检查作业现场。监察人员在向雇主、操作者、代理人出示有效证件后，在任何合理的时间内，可对雇主所雇用人员作业的工厂、车间、设施、建筑工地及周围地区、作业现场、环境进行调查，对雇主、所有者、操作者、代理人、雇员进行询问，必要时可要求上述人员出庭作证，这些人员不得拒绝。雇主有义务对与本法有关的活动进行记录，保存记录，并提供给职业安全与卫生管理局。职业安全与卫生局有权定期检查雇主的记录。雇主应该定期向职业安全与卫生管理局提供与劳动相关的死亡、负伤、疾病的准确记录。如果劳动者暴露于法定的有毒物质、危险药品的环境中，雇主应对此情况进行准确记录。劳动者及其代表有权查阅该记录。雇主应该告知劳动者有毒物质或危险药品环境的记录情况。职业安全卫生管理局对劳动现场实施检查时，劳动者及其代表可以陪同、协助检查。劳动者及其代表认为自身的安全卫生受到侵害、身体可能受到损害、或感受到危险时，可以要求职业安全卫生管理局对作业场所进行检查。该局认为要求正确、合理的情况下，应该尽快实施特别检查。职业安全卫生管理局及健康人力服务管理局有权对根据本法收集到的所有报告资料、信息进行综述、编辑、分析和公开。

第 9 章、第 10 章对执法程序做出了规定。监察人员在调查后认为雇主有违犯本法行为，要尽快向雇主提出书面警告，并要求雇主在规定期限内做出纠正，并在发出书面警告后的一定期间内，把预定的处罚内容通告给雇主。雇主可以在 15 日内提出异议。雇主如果没有提出异议，书面警告及处罚决定将成为审查委员会的最终命令，不受任何法院、政府机构的审查。如果雇主提出异议，或劳动者提出雇主没有做出纠正，职业安全卫生管理局要立即通告给审查委员会，该委员会将根据事实对职业安全卫生管理局的警告书及处罚决定做出确认、修正或者停止的决定。

第 17 章规定，违犯《职业安全与卫生法》者，视其情节严重程度，会被处以罚款或刑事处罚。处罚按违犯类型分为下列几类：

1. 故意违犯。指雇主知道工作场所存在危及雇员安全与卫生的因素，但没有尽快消除。对这种违犯，每次处以 5000—70000 美元的罚款。对故意违犯标准、条例、规定，并且导致劳动者死亡、被判有罪的雇主，处以罚款 1 万美元或 6 个月以下的监禁、或两罚并用。对被判有罪后再次违犯的雇主，处以 2 万美元的罚款或 6 个月以下的监禁，或两罚并用。

2. 重复违犯。指在违犯了任何标准、条例、规定等之后，又再次违犯。对这种多次违犯者每次罚款最高可为 70000 美元。

3. 严重违犯。指工作场存在着可能导致发生死亡或严重健康损害的危险，雇主知情但搁置不顾。对这种可处以最高为 7000 美元的罚款。

4. 非严重违犯。指违犯标准、条例、规定受到警告，但不属于严重违犯的情况。对这种违犯处以最高为 7000 美元的罚款。

5. 未能按期改正违犯。指接到监管部门的通知但不按期改正者。对这种违犯每天可处以最高 1000 美元的罚款。

6. 泄漏监察信息。指将监察信息事先泄漏给雇主者。对这种违犯处以 1000 美元的罚款或 6 个月以下的监禁，或两罚并用。

7. 伪造记录及伪证。对伪造申请、记录、报告、计划或其他文件者处以 1 万美元以下的罚款或 6 个月以下的监禁，或两罚并用。

8. 杀害监察人员。对杀害监察人员者处以无期徒刑或终身监禁。

同时还规定，审查委员会可根据被处罚的雇主的企业规模、违犯的严重性、认罪态度、违犯经历等，对处罚决定进行酌情处理。

该法还在第12章规定，组建职业安全卫生审查委员会，它独立于劳工部、职业安全卫生管理局，负责评判在强制检查过程中与雇主产生的矛盾。第22章规定，设置国家职业安全卫生研究所，内设健康部、教育部和福利部，负责研究职业安全卫生等项工作。

《职业安全与卫生法》还对司法审查、消除紧急危险的程序、民事诉讼的代理、企业机密保护、变更与免除、罚则、各州的权限与计划、联邦政府机关的安全计划与责任、研究开发活动、培训与雇员教育、对各州的补助金、统计、审计、年度报告、对中小企业的财政支持等做出了规定。

附录四

日本《劳动安全卫生法》内容简介[①]

《劳动安全卫生法》是日本安全管理的最基本的法律。《劳动安全卫生法》制定于1972年6月，其后经过多次修改，最近一次修改是在2006年6月。该法分为12章，共123条。12章的内容分别是：总则；劳动灾害预防计划；安全卫生管理体制；防止劳动者遭遇危险及健康受损的措施；机械、危险物品及有害物品的监管；有关劳动者作业的措施；保护及提高健康水平的措施；资格证书；安全卫生改进计划；监督；其他相关规则；惩罚规定。

在第1章“总则”，明确了制定该法的目的是要“确保工作现场的劳动者的安全与健康，促进舒适工作环境的形成”。而要实现这个目的，就要建立“综合的、有计划的对策”，这些对策主要包括“确立预防劳动灾害的基准”、“明确责任所在”、“促进自主性活动的开展”等。该章还对雇主和劳动者的责任与义务作了规定。雇主在预防劳动灾害方面要做的，不仅仅是达到法律规定的最低标准，而且还要“建造舒适的工作环境、改善劳动条件”，确保劳动者的安全和健康。并且，雇主要配合国家所实施的各种预防措施。劳动者必须遵守预防劳动灾害的注意事项，配合雇主及相关人员实施预防措施。

① 日本厚生劳动省：《劳动安全卫生法》，http：//www. jaish. gr. jp/ anzen _ pg/ hou _ det. aspx？ joho _ no = 15.

第 2 章"劳动灾害预防计划"规定了"厚生劳动大臣"的责任和权限。厚生劳动大臣是厚生劳动省的最高长官，相当于国家卫生劳动部的部长，该人负有制定"劳动灾害预防计划"的责任。厚生劳动大臣要及时地修改劳动灾害预防计划；在制定和修改劳动灾害预防计划之后，要立即公布该计划。必要时，厚生劳动大臣可以对雇主及雇主团体等进行劝告或提出要求。

第 3 章"安全卫生管理体制"，规定各作业现场必须任命"统括安全卫生管理者"，该人必须是通管全盘业务的管理干部，他要指挥安全管理员、卫生管理员实施预防劳动灾害的各种措施、对劳动者进行教育、实施健康检查以及调查事故原因等。企业必须任命安全管理员负责安全管理工作、任命卫生管理员负责卫生管理工作。企业必须设置有医生资格的"产业医生"，来管理劳动者的健康状况。产业医生有权对企业提出劝告，企业必须尊重医生的意见。当进行高压室内作业等需要实施防护措施的作业时，企业必须指定有资质者担任作业主任，指挥现场劳动者的作业，实施国家所规定的安全措施。

当雇主把建筑业等特定业务的一部分转包出去时，为了防止在同一工作现场的承包企业劳动者的工伤事故，雇主必须指定"统括安全卫生负责人"，该人在企业的安全卫生管理者的指挥下，负责工作现场所有劳动者的安全。企业必须设置安全委员会、卫生委员会，来审议相关措施、调查事故原因，对雇主提出建议。雇主必须为安全管理员、卫生管理员等提供教育、受训机会，以提高他们在预防劳动灾害方面的能力。同时，厚生劳动省要提供有关教育、受训内容的指针。国家应该在劳动者健康管理及信息等方面提供咨询服务和援助。

第 4 章"防止劳动者遭遇危险及健康受损的措施"，对"雇主应该采取的措施"作了详细的规定。雇主必须采取措施，预防因机械设备、易爆易燃物品以及电、热等能源带来的危险。当进行挖掘、采石、装卸、采伐等作业时，雇主必须采取措施来预防因作业方法而带来的危险，以及坠落、塌方等危险。雇主必须采取措施防止劳动者遭受以下的健康损害：原材料、瓦斯、蒸气、粉尘、缺氧、病原体等造成的健康损害；放射线、高温、低温、超音波、噪音、振动、异常气压等造成的健康损害；仪表监视、精密作业等造成的健康损害；废气、废液以及残留物造成的健康损害。对于劳动者在其中工作的建筑物及作业场地，雇主必须在保证通道、地面、台阶等的良好状态，以及通风换气、采光、照明、保温、防湿、休息、避难、清洁等方面采取必要的措施，以维持劳动者的健康、风纪和生命安全。雇主必须采取必要的措施，防止由劳动者的作业行为引发的劳动灾害。当事故要发生时，雇主必须立即指示停止作业，采取从作业现场疏散劳动者等必要措施。在建筑业等特定行业，雇主必须准备救护劳动者的设备，并在平时进行使用训练。该章还规定，劳动者必须配合雇主所采取的防止事故措施，遵守其所要求的注意事项。

该章规定厚生劳动省以"省令（相当于部级规定）"的形式制定出雇主必须采取的各种预防事故措施。厚生劳动大臣要对特定的行业或作业的安全卫生措施制定出技术指针，并且有权对雇主或雇主团体进行指导。同时，规定雇主要按照厚生劳动省的命令，对建筑物、设备、原材料、瓦斯、粉尘以及作业行为等所引起的危险性、有害性进行调查，并根据调查结果，采取必要措施，防止劳动者遭遇危险和健康受损。

将作业向外发包的雇主，即发包者要采取措施，指示承包雇主及承包企业的劳动者依法作业，发现违法之处，要及时纠正，而承包雇主必须遵守发包雇主的指示。在多层承包关系中处于最上层的承包雇主，要设立各承包企业之间的协商组织、对整个作业进行调控以及巡视整个作业现场。雇主将建筑物、设备或原材料让承包企业的劳动者使用时，他必须采取必要措施，防止这些劳动者遭遇劳动灾害。承包雇主要按照法规，采取必要措施保护劳动者的安全健康。机械出租企业要在使用场所采取必要措施，防止事故发生。同时，使用企业及操作人员也必须采取法定的安全措施。

第5章"机械、危险物品及有害物品的监管"，对危险机械的监管作了规定。需要监管的机械分成两类。

第1类是"特定机械"，是指在特别危险作业中使用的机械，其中包括锅炉、使用蒸汽、化学反应或原子裂变产生蒸气并且内部压力超过正常气压的容器、吊车、移动式吊车、码头用起重机等、电梯、建筑用升降机、缆车以及厚生劳动省特别指定的机械。这些机械必须取得当地劳动基准局长的许可，方能生产。并且，当特定机械等：①生产时（制造检查、结构检查、焊接检查）；②进口时（使用检查）；③经过一定时间未安装、而后要安装时（使用检查）；④废除后再安装、重新使用时（使用检查），要接受当地劳动基准局长或者代理检查机关的检查；⑤移动式以外的特定机械等的安装工程结束时（落成检查）；⑥对某部分进行变更时；⑦停止使用后再使用时（恢复使用检查），要接受劳动基准监督署长的检查。若通过这些检查，将获得检查合格证（⑥、⑦的情况，得到背书认定），而没有检查合格证的特定机械是不准许使用的。检查合格证设有有效期限[①]，当更新时，需要接受劳动基准监督署长或代理检查机关的性能检查。

第2类是"特定机械以外的机械，在危险或有害作业中使用、在危险场所使用、或者使用目的是防止危险和健康损害发生的机械"，共49种，这些机械如果不符合厚生劳动大臣规定的规格（结构规格），或者没有装备安全装置，将不准出让、出租、安装。另外，动力驱动机械上的突起转动部分或动力传导部分如果没有采取防护措施，也被禁止转让、出租。对于"限制出让机械"中的技术上难以判断是否符合结构规格的机械，以及如果不符合结构规格就容易导致重大灾害的机械，为了逐个确认是否符合结构规格，需要由厚生劳动大臣及当地劳动基准局长或者是由代理检查机关进行检查（个别检查）。但是，对于像冲压机械的安全装置那样的大量生产的物品、保护帽、可能在检查时破损的物品，不实施个别检查。对于这些物品，通过抽样检查、制造及检测设备的检查等方式，进行安全性能保障的检查（分类检查）。并且，对于"限制出让机械"，包括那些不属于个别检查、分类检查对象的机械，厚生劳动大臣或当地劳动基准局长有权作出其回收、改进命令，要求采取防止该机械造成劳动灾害的必要措施。

此外，对于使用这些机械的用户企业，也规定了定期进行自我检查，将其结果记录保存的义务（定期自我检查）。这一规定的对象，包括所有的特定机械、限制出让机械的一部分、以及其他的9种机械。并且，对于那些检查技术难度大、一旦发生事故将带来重大灾害的机械，必须让有一定资格的工人或专业检测人员进行检查（特定自我检查）。

该章对生产阶段检查机构、性能检查机构、规格检查机构以及从事检查

---

① 锅炉、第1种压力容器、电梯、吊篮为1年。吊车、移动式吊车、起重机为2年。建筑用升降机为自设置到停用的期间。

业务企业的登记做了规定。例如，从事检查业务的企业，首先必须到监管部门登记注册。而因为违犯本法被处以罚款以上的处分者以及曾被取消登记资格者，在两年之内不能登记。企业董事中如果有此类人的，也不予登记。对机械检查企业应有的设备工具、专业检查员的数量、合格管理人员作了具体的规定。检查企业的母公司不能是被检查的制造企业，检查企业的董事、职员不能兼任制造企业的职务。这些机构及企业必须将包括财务在内的企业信息每年在会计年度结束的三个月之内，向厚生劳动省报告。接受检查的企业可以阅览信息。

对有害物质应根据其危险、有害程度进行监管。第一，指定黄磷火柴、联苯胺等10种物质为“严重损害劳动者健康的物质”[①]，禁止其制造、进口、出让、提供、使用。第二，指定二盐化联苯胺等8种物质为对“劳动者健康有严重影响的危险物质”[②]，如要生产，必须取得劳动大臣的许可。第三，以上须取得生产许可的有害物，或者苯等“对劳动者健康有严重影响的危险物质”[③]，将其装入容器或包装起来出让、供给者，必须在该容器或包装上标出名称、成分、含量、对人体的作用、储存及使用时的注意事项等。另外，计划生产、进口政令规定的现有化学物质之外的化学物质（新型化学物质）的企业，必须事先对其有害性进行调查，并向劳动大臣提交调查结果等。

为了明确责任体系，日本的职业安全卫生法不仅规定了雇主和劳动者的义务和权利，而且还规定了在工作现场使用的生产资料的制造者、设计者、进口者的义务。

第6章“有关劳动者作业的措施”，规定企业有义务对劳动者进行有关安全卫生以及限定上岗规定的教育。首先，企业在新雇用工人时或当改变工

① ①黄磷火柴；②联苯胺及其盐类；③4－安基联苯及其盐类；④棕石棉；⑤青石棉；⑥4－硝基联苯及其盐类；⑦双（氯甲基）醚；⑧β－萘酚；⑨含有苯的橡胶液中，苯的含量超过了该液容量的5%橡胶液；⑩含有②～⑧的物质、其重量超过总重量1%的制剂之外的制品。

② ①二盐化联苯胺及其盐类；②α－甲萘胺及其盐类；③多氯联苯（PCB）；④邻联甲苯胺及其盐类；⑤双甲氧基联苯胺及其盐类；⑥铍及其化合物；⑦二氯甲基苯；⑧含有其重量超过总重量1%的①～⑥的物质、或含有其重量超过总重量0.5%的⑦的物质的制剂之外的制品。

③ 日本厚生劳动省《劳动安全卫生法施行令》第18条中规定出了85种物质。http：//www.jaish.gr.jp/anzen_pg/hou_det.aspx？joho_no=21.

人的作业内容时，必须对工人实施与从事作业相关的安全卫生教育。当工人从事危险、有害的特定作业[①]之前，必须对其进行特定的安全教育。在建筑业、制造业（一部分行业除外）、电业、煤气业、汽车修理业、机械修理业中，对于新任班长等管理人员（作业主任除外）要进行特定的安全卫生教育。另一方面，对于特定的危险、有害作业，禁止具有一定资格以外的人员上岗作业。要从事如此的“限定上岗业务”，就必须取得资格证书、接受技能培训并结业。违犯实施教育培训、限定上岗的规定，将被处以罚款或徒刑。

工人操作可能发生危险的特定机械，需要事先得到劳动部门的批准。特定机械包括锅炉；使用蒸汽、化学反应或原子裂变产生蒸气并且内部压力超过正常气压的容器；吊车；移动式吊车；码头用起重机等；电梯；建筑用升降机；缆车；以及厚生劳动省特别指定的机械。

当生产、进口以及重新启用特殊机械时，要接受检查机构的检查。而这些检查机构必须是在国家或地方劳动监管部门注册登记的机构。特定机械在生产、安装及使用条件变更时，必须从厚生劳动大臣、地方劳动局长及检查机关取得检查合格证。没有检查合格证的机械不准使用、转让。检查合格证有有效期限，在更新检查证时要接受性能检查机构的检查。对于锅炉等规定机械设备，雇主必须按照规定进行定期的自主检查，并作出记录。所谓的自主检查，是指委托外部专业检查机构检查。

第 7 章“保护及提高健康水平的措施”，对维护劳动者健康的各种措施作了规定。雇主必须按照国家作业环境测定标准，对有害作业的作业现场进行环境测定，并将其结果记录下来，参照国家作业环境评价标准进行评价。如果有需要，必须采取增加设备、设施等必要措施。雇主必须按照规定，对劳动者进行由医师实施的健康诊断。诊断结果必须告知本人，如有需要，要根据本人的实际情况，采取更换作业地点及时间、缩短劳动时间、减少夜班等相应措施。对从事有诱发癌症等重病的工作的劳动者，在离职时要发放

① 日本厚生劳动省《劳动安全卫生规则》第 36 条，指定了包括车刨刀具的安全业务、动力冲压的模具的安装、拆卸及调整业务在内的 42 种业务。http：// www. jaish. gr. jp/ anzen _ pg/ hou _ det. aspx？ joho _ no = 70.

“健康管理手册”，政府将对其今后的健康诊断等采取措施。雇主必须按照规定，禁止雇用有传染病的人。企业要对劳动者有计划地、持续地进行关于保护健康等的教育。雇主要为劳动者提供进行体育活动等的所需条件。国家公布有关保护从业者健康措施的指针。国家要在提供资料、促进作业环境测定和健康诊断的实施、健康教育辅导员的培养等方面提供援助。雇主要为创造舒适的工作环境做出努力，要在维持舒适环境、改良作业方法、提供劳动者休息场所及设施等方面采取措施。国家要公布相关指针，对企业进行指导。

第 8 章“资格证书”，对卫生管理者、作业主任、吊车驾驶等特殊作业操作者的许可证作了规定。如许可证的有效期限、更新审查、审查机构等。

第 9 章“安全卫生改进计划”，对企业制定安全卫生改进计划以及咨询师做了规定。当地方劳动局长认为企业在预防劳动灾害方面需要采取改进措施时，可指示制定出安全卫生改进计划。当企业制定计划时，如果该企业有过半数员工参加的工会组织时，必须听取工会的意见。如果没有工会时，必须听取过半数员工的代表的意见。雇主和劳动者必须实施制定出的改进计划。地方劳动局长有权指示企业接受劳动安全或卫生咨询师的诊断，并在改进计划时听从咨询师的意见。劳动安全或卫生咨询师以咨询师的名义，接受他人的委托，收取报酬，开展有关作业现场安全、卫生的诊断及改进指导的业务。安全或卫生咨询师的资格考试，由厚生劳动大臣负责实施，考试方式为笔试和口试。参加考试资格为大学毕业者，或大专及高中理科专业毕业后有 7 年以上从事安全、卫生工作经验者。考试合格者要在厚生劳动省注册后方可开展业务。而法律上的被监护者以及违犯该法律被处罚后不满两年者不准注册。当注册之后违犯了相关规定的，厚生劳动大臣可取消其注册资格。厚生劳动大臣制定注册机构。咨询师不得有伤害咨询师信用及破坏咨询师整体名誉的行为，不得泄露企业秘密。规定要成立咨询师的全国组织——日本劳动安全卫生咨询师会，负责对会员进行指导和联系。

第 10 章“监督”规定，雇主在建造设施、安装或移动受法规监管设备等时，要在施工的 30 天前向劳动基准监督署长等提出施工计划。劳动基准监督署长认为该计划违犯相关规定时，可以指示停工或变更计划。劳动基准监督署长及劳动基准监督官负责实施《劳动安全卫生法》。劳动基准监督官认为有必要时，可以进入企业，向有关人员询问情况，检查账本等资料及测量作业环境，还可以在检查所需的限度内，无偿地收缴企业的产品、原料以及器具等。同时规定，当劳动基准监督官到企业检查时，必须携带能证明身份的证件，向企业方面出示。并且强调，进入企业检查，不能被解释为是搜查犯罪所需的行为。但对于违犯《劳动安全卫生法》的犯罪行为，劳动基准监督官将按照《刑事诉讼法》的规定，行使司法警察人员的职权。

在厚生劳动省、各地的劳动局及劳动基准监督署设置“产业安全专门官”、“劳动卫生专门官”。产业安全专门官负责对危险机械等的审批、安全卫生改进计划以及事故原因调查等事务。劳动卫生专门官负责有毒物的审批、化学物质有害性调查、诱发癌症等严重病症作业的调查、作业环境测定、安全卫生改进计划以及事故原因调查等事务。产业安全专门官、劳动卫生专门官认为有必要时，可以进入企业，向有关人员询问情况，检查账本等资料及测量作业环境，还可以在检查所需的限度内，无偿地收缴企业的产品、原料以及器具等。各地方劳动局要配置兼职的劳动卫生指导医师，参与作业环境测定指示及临时的健康检查指示等业务。

厚生劳动大臣在认为有必要时，可以派人检查与危险机械设备相关的企业、安全卫生咨询事务所。厚生劳动大臣以及地方劳动局长可以在有必要时检查危险机械制造检查机构、性能检查机构、个别检定机构、检查企业、考试机构、教习机构以及咨询师考试机构等。并且，地方劳动局长可以派劳动卫生指导医师到企业检查作业环境测定及健康检查的情况。厚生劳动大臣可以命令“劳动安全卫生综合研究所（由厚生劳动省管辖的独立法人机构）”进行事故调查。

当企业存在违法事实时，劳动者可以向劳动局长等报告，要求采取改善措施。企业不准以此为理由，解雇劳动者或采取其他有损于劳动者利益的行为。地方劳动局长及劳动基准监督署长在发现有违法事实时，可以对雇主、订货者、出租者等下达作业停止、改善等命令。另外，如果出现发生事故的危险，地方劳动局长及劳动基准监督署长可命令停工以及采取其他救急措施。并可命令发生事故的企业的安全卫生总负责人等有关人员接受必要的培训。厚生劳动大臣及地方劳动局长、劳动基准监督署长和劳动基准监督管可命令企业、劳动者、机械设备及建筑物出租者、咨询师、各种检查机构等提交相关报告。

第 11 章“其他相关规则”，规定雇主必须把《劳动安全卫生法》以及相关的命令、有关危险物品制造及使用等的注意事项张贴在工作现场的醒目处，使工人了解。雇主及各检查机构、咨询师必须保存按规定记录下来的资料。从事健康诊断以及卫生指导的人员，不得泄露通过实施此业务获得的劳动者的秘密。国家要努力从资金、技术等方面给企业以援助。要提供资料及其他援助，来努力提高安全卫生工作人员的素质、劳动者的防止事故意识。政府要努力采取各种措施，开发防止劳动灾害的科学技术，促进研究开发的进展及成果的普及。必要时可进行防疫学调查。

第 12 章“惩罚规定”，对处罚进行了规定。犯有以下行为者，将被处以罚款或判处徒刑。

①接受、要求或约定贿赂。生产检查、性能检查等机构的干部及职员，如果接受、要求或约定贿赂，可判处 5 年以下徒刑。如果因贿赂实施了非法行为或没有执行职务行为，可判处 7 年以下徒刑。在就任各种检查机构之前，如果接受与之后业务相关的贿赂，可在其就任后处以 5 年以下的徒刑。虽然已经离职，但在职期间接受贿赂并实施不法行为者，可处以 5 年以下徒刑。对于接受的贿赂要全额没收。

②提供或表示提供、约定贿赂。提供或表示提供、约定贿赂者，处于 3 年以下徒刑或 250 万日元以下罚款。对于自首者，减轻处罚。上述罪行，参照《刑法》第四条定罪。

③违法生产。对违法生产者，处以 3 年以下的徒刑或 300 万日元以下罚款。

④违犯危险机械生产许可、特定机械检查规定。对这种违犯者，处以 1 年以下的徒刑或 100 万日元以下的罚款。

⑤违犯生产检查机构、检查企业、资格考试机构资格注册规定。当检查机构、检查企业、资格考试机构违犯注册取消等规定时，可对其机构或企业的董事或职员处以 1 年以下的徒刑或 100 万日元以下的罚款。

⑥未按规定设置作业主任、未采取预防措施。可处以 6 个月以下的徒刑或 50 万日元以下的罚款。

⑦未按规定设置安全卫生总负责人、安全管理者。可处以 50 万日元以

下的罚款。

⑧违犯提前通知业务终止规定、妨碍政府临时检查。如果检查机构、考试机构及咨询师事务所有上述行为，可对其董事或职员处以50万日元以下的罚款。

⑨当法人代表或员工犯有③、④、⑥、⑦所述行为，并受到处罚时，其法人也要受到罚款的处罚。

⑩各种检查机构拒绝向劳动部门提供规定的资料、提供虚假报告、抗拒检查，将被处以20万日元以下的行政罚款。

主要参考文献

1. 安全监管总局宣教中心安全文化研究所：《煤矿安全信誉机制的探索与实践——山西晋城煤业集团成庄煤矿安全文化建设调查》，《调查研究》2006 年第 15 期。

2. “安全生产规范化管理丛书”编委会：《安全生产责任制管理制度规范》，中国劳动社会保障出版社 2006 年版。

3. 北京中电力企业管理咨询有限责任公司编：《ISO9001、ISO14001、OHSAS18001 一体化管理体系及内审员培训教程》，中国标准出版社 2004 年版。

4. 冰生：《对部分煤矿安全技术培训与职工技能状况的调查与思考》，《煤矿安全》1994 年第 8 期。

5. 程启智：《问责制、最优预防与健康安全管制的经济学分析》，《中国工业经济》2005 年第 1 期。

6. 陈全君：《煤炭企业安全投入及其指标体系的构建研究》，《中国煤炭》2005 年第 9 期。

7. 陈佳贵、黄群慧、钟宏武：《中国地区工业化进程的综合评价和特征分析》，《经济研究》2006 年第 6 期。

8. 陈佳贵、黄群慧等：《中国工业化进程报告》，社会科学文献出版社 2007 年版。

9. 陈红：《中国煤矿重大事故中的不安全行为研究》，科学出版社 2006

年版。

10. 调研组：《煤矿等高危行业农民工安全培训督查调研报告》，《调查研究》2006 年第 10 期。

11. 董国庆、叶五岳：《矿山安全生产许可证监管工作的思考与对策》，《调查研究》2007 年第 8 期。

12. 丁传波、黄吉欣、方东平：《我国建筑施工伤亡事故的致因分析和对策》，《土木工程学报》2004 年第 8 期。

13. 杜宇：《煤矿安全生产之四大怪现象》，《经济参考报》，2008 年 5 月 15 日。

14. 方东平：《建立符合中国国情的建筑安全管理体制》，《建筑经济》2001 年第 11 期。

15. 傅还然：《工作现场的安全卫生自主管理体系》，《工业安全卫生月刊》，1999 年 3 月，http：// www. jniosh. go. jp/ icpro/ jicosh – old/ japanese/ country/taiwan/osh/jishukan – ri. html.

16. 关柯、李小东、肖厚忠：《建筑业经济新论》，重庆大学出版社 2007 年版。

17. 郭朝先：《他国安全生产状况与经济发展水平的关系》，《经济管理》2006 年第 9 期。

18. 郭朝先：《中国煤矿企业安全生产问题研究》，中国社会科学院研究生博士论文，2007。

19. 国家安全生产监督管理局：《国家安全生产科技发展规划（2004 ~ 2010）（非煤矿山领域研究报告）》，2003 年。

20. 国家安全生产监督管理局：《国家安全生产信息化“十一五”专项规划》，2007 年。

21. 国家安全生产监督管理总局、国家煤矿安全监察局：《煤矿安全生产“十一五”规划（草案）》，2006 年 4 月。

22. 国家环保总局环境规划院、国家信息中心：《2008—2020 年中国环境经济形势分析与预测》，中国环境科学出版社 2008 年版。

23. 国家信息中心中国经济信息网：《中国行业发展报告——建筑业》，中国经济出版社 2005 年版。

24. 黄吉欣、孟森：《国际建筑安全现状与发展趋势》，维普资讯（http：//www. cqvip. com/）。

25. 黄群慧：《我国安全生产长效机制的形成阶段》，《经济管理》2006年第9期。

26. 黄盛初："主要产煤国家煤矿安全现状及经验"，《2005世界煤炭发展报告》，煤炭工业出版社2006年版。

27. 黄盛初：《乡镇煤矿原煤产量抽样调查及统计建议》，《调查研究》2006年第4期。

28. 姜海雷、吕天玲：《小型露天采石场的安全问题》，《安全》2006年第4期。

29. 金龙哲、宋存义：《安全科学管理》，化学工业出版社2004年版；科学技术部专题研究组：《国际安全生产发展报告》，科学技术文献出版社2006年版。

30. 李毅中：《中国安全生产趋势研究》，《安全与健康》2007年第3期。

31. 罗云等：《安全经济学》，化学工业出版社2004年版。

32. 罗云、黄毅：《中国安全生产发展战略——论安全生产保障五要素》，化学工业出版社2005年版。

33. 罗仲伟、冯健：《安全生产投入研究》，中国社会科学院工业经济研究所《研究报告》2006年第2期（总98期）。

34. 刘大成：《非煤矿山事故隐患分析》，《当代矿工》2006年第5期。

35. 刘铁民：《橙色GDP及其演变规律》，《中国安全科学学部》2005年第4期。

36. 刘铁民、朱常有、王宇航：《国外职业安全卫生国家计划》，中国劳动社会保障出版社2005年版。

37. 刘铁民、朱常有、杨乃莲：《国际劳工组织与职业安全卫生》，中国劳动社会保障出版社2004年版。

38. 李毅中：《中国安全生产趋势研究》，《安全与健康》2007年第3期。

39. 刘湘丽：《强化企业安全生产的主体责任》，《经济管理》2006年第 9 期。

40. 钱永坤：《煤炭工业经济实证研究》，煤炭工业出版社 2005 年版。

41. 钱纳里等：《工业化和经济增长的比较研究》，中译本，上海三联书店、上海人民出版社 1989 年版。

42. 施式亮、王海桥：《矿井安全非线性动力学评价》，煤炭工业出版社 2001 年版。

43. 苏德胜：《我国劳工安全卫生立法的动向与展望》，《工业安全卫生》2001 年 10 月，http：// www. jniosh. go. jp/ icpro/ jicosh – old/ japanese/ country/taiwan/law/doukoutenbou. html。

44. 汤凌霄、郭熙保：《我国现阶段矿难频发成因及其对策：基于安全投入视角》，《中国工业经济》2006 年第 12 期。

45. 谭满益、唐小我：《产权扭曲：矿难的深层次思考》，《煤炭学报》2004 年第 6 期。

46. 王启明：《非煤矿山安全生产形势、问题及对策》，《金属矿山》2005 年第 10 期。

47. 王力争：《村镇建筑安全问题分析及对策建议》，《调查研究》2007 年第 16 期。

48. 王力争：《加强建筑安全管理的对策建议》，《调查研究》2006 年第 5 期。

49. 王绍光：《煤矿安全生产监管：中国治理模式的转变》，《比较》第 13 辑。

50. 王显政：《完善我国安全生产监督管理体系研究》，煤炭工业出版社 2005 年版。

51. 王显政：《美国煤矿安全监察体系》，煤炭工业出版社 2001 年版。

52. 王显政：《安全生产与经济社会发展报告》，煤炭工业出版社 2006 年版。

53. 王志平：《杜邦公司的安全信念与管理实践》，《外国经济与管理》2004 年第 4 期。

54. 魏后凯：《市场竞争、经济绩效与产业集中》，经济管理出版社 2003 年版。

55. 吴正明：《建筑事故防范措施》，《劳动保护》2005 年第 9 期。

56. 吴宗之：《20 世纪安全科学的形成与发展》，《劳动保护》1999 年第 12 期。

57. 肖健康：《安全生产的深层次问题及对策》，《调查研究》2006 年第 4 期。

58. 杨庆生、李豪文、解士英：《创新安全文化建设推进企业安全发展——山东枣庄矿业集团公司安全文化建设调查报告》，《调查研究》2006 年第 1 期。

59. 杨增夫：《彻底关闭乡镇小煤矿促进新一轮经济发展——对江苏关闭整顿乡镇小煤矿的调查》，《煤炭企业管理》2005 年第 9 期。

60. 余立中、刘大千：《建筑行业安全投入问题分析与对策》，《建筑经济》2007 年第 1 期。

61. 约翰·伊特韦尔等：《新帕尔格雷夫经济学大辞典》，中译本，经济科学出版社 1992 年版。

62. 张景钢：《安全科学的发展现状和趋势》，《建筑安全》2006 年第 3 期。

63. 张志刚、王四赖：《安全监管工作面临的矛盾和对策》，《调查研究》2007 年第 5 期。

64. 赵铁锤：《中国煤矿安全监察实务》，中国劳动社会保障出版社 2003 年版。

65. 中国科学技术协会、中国职业安全健康协会：《安全科学与工程学科发展报告（2007—2008)》，中国科学技术出版社 2008 年版，前言。

66. 中国煤炭工业协会编著：《中国煤炭经济研究（2001—2004)》，煤炭工业出版社 2005 年版。

67. 中国安全生产科学院：《中国职业安全卫生概况》，中国劳动社会保障出版社 2006 年版。

68. 中华安全信息港：《工业领域安全文化的发展》，http：//www.anquangang.org/News Details. asp？bd = 32&sd.

69. HSC：The health and safety system in Great Britain. http：//www.hse.gov.uk/aboutus/hsc/index.htm.

70. International labour office, Yearbook of labour statistics, Geneva.

71. OSHA: Occupational Safety and Health Act of 1970, http://www.osha.gov/pls/oshaweb/owasrch.search_form?p_doc_type=OSHACT&p_toc_level=0&p_keyvalue=.

72. OSHA: OSHA Standards, http://www.osha.gov/pls/oshaweb/owasrch.search_form?p_doc_type=STANDARDS&p_toc_level=0&p_keyvalue=.

73. OSHA: About OSHA, http://www.osha.gov/about.html.

74. Reason, J.: Managing the Risks of Organizational Accident, Ashgate Publishing Limited, 1997.

75. 日本厚生劳动省:《劳动安全卫生法》, http://www.jaish.gr.jp/anzen_pg/hou_det.aspx?joho_no=15.

76. 日本厚生劳动省:《劳动安全卫生法实施行令》, http://www.jaish.gr.jp/anzen_pg/hou_det.aspx?joho_no=21.

77. 日本厚生劳动省:《劳动安全卫生基本调查》(平成17年), http://www.dbtk.mhlw.go.jp/toukei/kouhyo/indexkr_13_9.html.

78. 国际安全卫生中心:《劳动安全卫生法》, http://www.jaish.gr.jp/anzen_pg/hou_det.aspx?joho_no=15.

79. 国际安全卫生中心:《劳动灾害防止团体法》, http://www.jaish.gr.jp/anzen_pg/hou_det.aspx?joho_no=289.

80. 国际安全卫生中心:《英国的职业安全卫生》, http://www.jniosh.go.jp/icpro/jicosh-old/japanese/country/uk/index.html.

81. 国际安全卫生中心:《加拿大的职业安全卫生》, http://www.jniosh.go.jp/icpro/jicosh-old/japanese/country/canada/index.html.

82. 国际安全卫生中心:《法国的职业安全卫生》, http://www.jniosh.go.jp/icpro/jicosh-old/japanese/country/france/index.html.

83. 国际安全卫生中心:《德国的职业安全卫生》, http://www.jniosh.go.jp/icpro/jicosh-old/japanese/country/germany/index.html.

84. 国际安全卫生中心:《美国的职业安全卫生》, http://www.jniosh.go.jp/icpro/jicosh-old/japanese/country/usa/index.html.

85．国际安全卫生中心：《澳大利亚的职业安全卫生》，http：//www. jniosh. go. jp/icpro/jicosh－old/japanese/country/australia/index. html.

86．奥西好夫：《劳动安全卫生管制》，载《社会性管制经济学》，NTT出版社 1997 年版。

87．盐见弘监译：《组织事故》，日科技连，1999 年。

88．日本内阁府：《原子能安全白皮书》（平成 17 年），http：//www. nsc. go. jp/hakusyo/hakusyo17/mokuji. htm.

89．原子能安全机构：《关于原子能安全的国际机构、国外管制当局及我国的措施》（平成 17 年），http：//www. meti. go. jp/committee/materials/downloadfiles/g50908a06j. pdf.

90．国际劳工组织（ILO）：《安全劳动与安全文化》（2004 年“国际劳动安全健康日”报告），http：//www. ilo. org/public/japanese/region/asro/tokyo/conf/2004osh/report. htm.

后 记

本书是2006年中国社会科学院重点课题《中国企业安全生产管理问题研究》的最终成果，课题负责人是中国社会科学院经济学部工作室主任黄群慧研究员，课题组成员包括中国社会科学院工业经济研究所郭朝先副研究员、刘湘丽副研究员。该课题研究经过了课题设计、文献资料收集与理论研究、实地调查和数据分析、论文和研究报告写作、专著写作等诸阶段。课题组成员先后在《中国工业经济》、《经济管理》、《文汇报》、《中国经济时报》等重要报刊上发表了一系列阶段性研究成果。本项研究从一个新的视角研究了我国的安全生产问题，把我国的安全生产问题置于我国快速工业化进程的背景下，研究了工业化进程与安全生产的对应关系，并揭示了相应的理论逻辑，分析了中国工业化的进程及其对我国安全生产状况产生的影响，并进一步研究了在我国工业化阶段下产业结构、市场结构、安全投入、管理体制、企业管理、法律法规等关键影响因素与安全生产的关系。

本书的写作提纲由黄群慧提出，全体课题组成员反复讨论拟定，各章作者为：导论、第一章、第三章由黄群慧执笔；第二章由黄群慧、郭朝先共同执笔；第四章、第六章、第七章由郭朝先执笔；第五章由郭朝先、刘湘丽执笔；第八章、第九章由刘湘丽执笔；附录一由郭朝先整理；附录二、三、四由刘湘丽整理。全书由黄群慧审阅、修改和定稿。

本书在写作过程中参阅了大量的中外文献，在此特向这些文献的作者表示感谢。在本课题实际调研过程中，还得到了一些实际工作部门的支持，这里一并表示谢意。我国工业化进程中的安全生产问题是一个具有重要的理论价值和现实意义的重大课题，我们的研究仅仅是初步的，我们的研究深度可能还有待加大，我们的一些研究结论、建议可能会不准确或错误，诚恳希望读者给予批评指正。

黄群慧

2008 年 8 月